Burgen und Schlösser in Kärnten

Verfasser und Verlag danken nachfolgenden Institutionen und Personen für ihre Unterstützung:

Amt der Kärntner Landesregierung, Abt. 20 – Landesplanung
Bundesdenkmalamt/Landeskonservatorat für Kärnten
Barbara Deuer, Klagenfurt am Wörthersee
Gemeinde Großkirchheim
Geschichtsverein für Kärnten
Peter Günzl, Velden am Wörthersee
Hotel Dermuth, Pörtschach am Wörthersee
Hotel Post Villach
Johann Jaritz, Klagenfurt am Wörthersee
Kärnten Werbung
Kärntner Landesarchiv
Landesmuseum Kärnten
Familie Liechtenstein, Rosegg
Marktgemeinde Liebenfels
Marktgemeinde St. Paul im Lavanttal
Mediacom ART, Irschen
Ferdinand Neumüller, Klagenfurt am Wörthersee
Seevilla Elli, Pörtschach am Wörthersee
Stadtarchiv Friesach
Tourismusbüro Obervellach

KULTURWANDERUNGEN

Wilhelm Deuer

Burgen und Schlösser in Kärnten

VERLAG johannes
heyn

Dieses Buch ist in drei Ausführungen mit drei unterschiedlichen
Titelbildern erschienen:
Buchhandelsausgabe: Schloss Frauenstein, Foto: Johann Jaritz.
Ausführung für das Amt der Kärntner Landesregierung,
Abt. 20 – Landesplanung: Hochosterwitz, Foto: Archiv Kärnten
Werbung.
Ausführung für die Wörthersee Tourismus GmbH: Schloss
Velden, Foto: Wörthersee Tourismus GmbH.

Karten: ilab Crossmedia, Klagenfurt, Kartographie Huber

© 2008 by Verlag Johannes Heyn, Klagenfurt
Lektorat: Barbara Deuer, Susanne Gudowius
Grafik, Layout und Satz: ilab crossmedia, Klagenfurt
Druck: Druckerei Theiss GmbH, St. Stefan
Printed in Austria
ISBN 978-3-7084-0307-6

Inhaltsverzeichnis

Vorworte

Alte Gemäuer, gespenstische Räume mit prunkvollen Kronleuchtern und knarrenden Holztüren – so stellt man sich ein Schloss, eine Burg oder ein Herrenhaus in seiner ursprünglichen Form vor. Viele davon werden heute als Hotel, Restaurant oder Museum genützt. Ebenso finden zahlreiche Veranstaltungen in Kärnten auf Burgen und Schlössern statt.

Das EU-Projekt „Burgen, Schlösser & Baukultur" fördert die Erhaltung, Revitalisierung und insbesondere die touristische Nutzung von Burgen und Schlössern in der Region.

Durch die grenzüberschreitende Zusammenarbeit von Kärnten, Slowenien und der Steiermark im Rahmen dieser Initiative setzen wir uns verstärkt dafür ein, unsere kostbaren kulturellen Zeitzeugen zu erhalten und den Kärntnerinnen und Kärntnern wie auch unseren Gästen zu präsentieren.

Es handelt sich dabei um kein statisches Projekt, sondern um einen kontinuierlichen Prozess der Weiterentwicklung für die Nutzung der kulturellen Kostbarkeiten im Alpen-Adria-Raum. Die Vernetzung und der Erfahrungsaustausch zwischen den Ländern über die Grenzen hinaus sind uns dabei wichtige Anliegen.

Ziel ist es, dass die Burgen und Schlösser in unserer Region letztendlich ein ähnlich starkes Image und eine ebenso große Anziehungskraft haben sollen, wie z. B. die Loire-Schlösser in Frankreich.

Ich hoffe, mit dem vorliegenden Reiseführer Ihre Neugierde und Interesse geweckt zu haben, und lade Sie ein, Kärnten mit seinen Kulturjuwelen zu entdecken.

Dipl-Ing. Scheuch, Referent für Landesplanung und Regionalentwicklung

Geschätzte Kulturliebhaber und Kulturliebhaberinnen!

Burgen und Schlösser sind kulturelle Zeitzeugen. Sie haben über Jahrhunderte hinweg unsere Kultur und Geschichte geprägt und sind auch wesentlicher Teil der gemeinsamen kulturellen Identität Europas. Das Kärntner EU-Projekt „Burgen, Schlösser & Baukultur" will gemeinsam mit Partnern aus Slowenien und der Steiermark dieses wertvolle Kulturerbe erhalten, revitalisieren und mit einer zeitgemäßen Nutzung einen positiven Beitrag zur Entwicklung der gesamten Region leisten. Wir freuen uns sehr, dass sich zahlreiche Eigentümer von Burgen, Schlössern und Herrenhäusern in Kärnten engagiert an dieser Kooperation beteiligen. In diesem EU-Projekt, das nach einer Laufzeit von zwei Jahren nun abgeschlossen ist, wurden insgesamt rund 500.000 Euro umgesetzt, die vom Land Kärnten und der Europäischen Union gemeinsam zur Verfügung gestellt wurden.

Neben dem Ausbau der Homepage www.burgenundschloesser.at wurde im August 2007 eine dreisprachige Landkarte (Deutsch, Englisch, Slowenisch) erstellt, die 109 Burgen & Schlösser in Kärnten, Slowenien und der Steiermark zeigt. In dieser handlichen Karte sind alle Objekte mit Kontaktdaten angeführt. Um den Gästen möglichst kompakt einige besondere Kärntner Burgen & Schlösser, Villen & Herrenhäuser ans Herz zu legen, wurden benachbarte Objekte zu gut „erfahrbaren" Ausflugszielen zusammengefasst und verlockende Reisetouren beschrieben. Der vorliegende Band der KULTURWANDERUNGEN gibt Ihnen zu diesen und einigen weiteren Beispielen der historischen Kärntner Baukultur detaillierte Beschreibungen und hilfreiche Anregungen.

Mein besonderer Dank gilt dem gesamten Projektteam und den Projektpartnern sowie vor allem Herrn Dr. Deuer vom Kärntner Landesarchiv. Und allen kulturinteressierten Kärntnerinnen und Kärntnern oder Gästen wünsche ich viel Freude bei der Entdeckung der baukulturellen Zeitzeugen unserer Region.

DI Peter Fercher, Leiter der Landesplanung Kärnten

Burgen, Schlösser und Edelsitze in Kärnten

Ein (kunst-)historisch-typologischer Überblick

Residenzen, Burgen, Schlösser, Landhäuser, Villen und Stadtpalais, ja sogar Klöster und manche Pfarrhöfe haben eines gemeinsam – sie sind Herrschaftsarchitekturen und damit Bühne und Kulisse für die gesellschaftliche Oberschicht früherer Epochen. Ihr fortschreitender Wandel in Typus und Stil ist daher auch untrennbar mit der Veränderung der sozialen, wirtschaftlichen und kulturellen Verhältnisse verbunden. Gerade Kärnten ist besonders reich an Burgen und Schlössern, womit sowohl die jahrhundertelang zersplitterten Herrschaftsverhältnisse als auch wirtschaftliche Eigenheiten wie die bedeutende Rolle des Bergbaues zum Ausdruck kommen.

Das Mittelalter als Blütezeit der Burgen

Seit der Karolingerzeit lebte der adelige Herr mit seinem Gesinde gemeinsam auf einem – gemessen an späteren Jahrhunderten – weitläufigen Gutshof. Ein hochrangiges Beispiel dafür war die königliche Pfalz zu Karnburg, in welcher König Arnulf 888 das Weihnachtsfest feierte. Erst im Laufe des 11. Jahrhunderts erfolgte im mitteleuropäischen Raum die folgenschwere Trennung des herrschaftlichen Gutshofes – der zusehends in bäuerliche Besitzeinheiten aufgeteilt und somit zum Dorf wurde – vom adeligen Wehr- und Wohnbau. Die kühnen Felsenburgen, die im 12. und 13. Jahrhundert ihre Blütezeit erlebten, sind über ihre bloße Wehr- und Verteidigungsfunktion hinaus Symbole der ritterlich-feudalen Herrschaft geworden. Errichtet, bewohnt und verteidigt wurden sie im Auftrag der Territorialherren – in Kärnten waren das neben dem Herzog der Erzbischof von Salzburg, der Bischof von Bamberg, die Grafen von Görz-Tirol und einige wenige edelfreie Geschlechter – von deren Ministerialen, den Dienstleuten. Als Sitz von Rechtsprechung und Verwaltung – womit oft auch die Einhebung

Der Friesacher Petersberg.

von Mauten, Zöllen und Geleitrechten verbunden war – blieben die Burgen bis zum Aufkommen der Städte im 13. Jahrhundert neben den Klöstern auch Schauplätze der wichtigsten politischen Entscheidungen. Burgen schützten Händlersiedlungen oder sicherten wichtige Verkehrswege und -knotenpunkte, z. B. an Flussübergängen, am Beginn von Tälern oder Passstraßen. An den Grenzen herrschaftlicher Machtbereiche, in Gebieten mit zersplitterten Herrschaftsrechten oder im Umkreis von Residenzen (St. Veit) sind sie in größerer Dichte anzutreffen.

Hochmittelalterliche Burgen waren im Regelfall zweckorientiert und besaßen neben einem massiven Bergfried – dem letzten Zufluchtsort, der nicht immer für Wohnzwecke geeignet war – und dem Palas als eigentlichem beheizbaren Wohnbau nur eine Ummauerung (den Bering) und zuweilen eine freistehende Kapelle. Ihre Form nimmt auf die Gegebenheiten des Bauplatzes (Felsklippe oder Hügel) Bezug. Solche Burgen sind aufgrund ihrer charakteristischen Mauertechnik zwar datierbar, weisen aber im Gegensatz zu den Sakralbauten nur selten explizite Stilmerkmale der Romanik oder Gotik auf. Eine Ausnahme sind die Fenster und Gewölbe von Kapellen (wie in Stein bei Dellach im Drautal) sowie zuweilen Portale und Fenstergewände (wie in Finkenstein). Nur besonders wichtige Burgen – wie der Petersberg als Nebenresidenz des Salzburger Erzbischofs oder Freiberg bei St. Veit

Die eindrucksvollen Ruinen vom Palasbau Erzbischof Eberhards II. am Friesacher Petersberg, wie sie Markus Pernhart Mitte des 19. Jahrhunderts gesehen hat.

als Hauptschloss des Kärntner Herzogs – waren geräumiger, von regelmäßiger Form und mit repräsentativen Elementen (z. B. gekuppelten Fenstern) versehen. Oft wurde eine Hauptburg durch einzelne oder mehrere Vorwerke (Türme) geschützt, die später zu selbständigen Burgen ausgebaut werden konnten (Hochkraig, Unterfalkenstein bei Obervellach, Geiersberg bei Friesach). Besonders im 14. und 15. Jahrhundert wurden diese Burgen – nicht zuletzt aufgrund von Teilungen oder zumindest gemeinsamer Nutzung mehrerer Zweige oder Generationen einer Familien – schrittweise ausgebaut, d. h. je nach Bedarf um einzelne Räume und Trakte (Gaden) unregelmäßig erweitert. Die strategisch wichtigsten Burgen mancher geistlicher Territorialherren wurden überdies noch an der Wende vom Mittelalter zur Neuzeit um 1500 durch neue Befestigungsanlagen geschützt (Griffen, Taggenbrunn bei St. Veit) – sowohl zur Absicherung der eigenen Herrschaft bei lokalen Fehden als zur Abwehr der drohenden Gefahr, die über zwei Jahrhunderte hindurch von den Eroberungsversuchen der Türken ausging.

Die mächtige Burgfestung Griffen zur Zeit Valvasors (um 1680).

Die Renaissance als Blütezeit des Edelsitzbaues (16. Jahrhundert)

Schon im Spätmittelalter ist ein Rückgang der Bedeutung der Burgen festzustellen. Ritter und Adelige begannen, in den aufblühenden Städten feste und rechtlich privilegierte Häuser (Freihäuser) zu errichten – womit die Burgen zwar Träger der Herrschaftsrechte (Landgericht, Urbarialgaben) blieben, aber nur mehr temporär bewohnt wurden und nach und nach sogar verfielen. Zu dieser Entwicklung trugen die schwere Erreichbarkeit und die isolierte Lage der Höhenburgen, der geringe Wohnkomfort – man denke an die Wasserversorgung! – sowie die attraktiveren Infrastrukturen der Stadt wesentlich bei. Seit dem 16. Jahrhundert bewirkten mehrere Faktoren eine tiefgreifende Änderung der adeligen Herrschafts- und Wohnkultur: Zum einen beeinflusste die italienische Renaissance nachhaltig den Lebensstandard und die Repräsentation (Selbstdarstellung) des europäischen Adels.

Zum augenfälligsten Motiv der Erneuerung wurde der Arkadenhof, der sich – zunächst noch mit gotischen Detailformen (wie in Frauenstein bei St. Veit) – auch in vielen Burgen Kärntens durchsetzte, zuletzt im ausgehenden 17. Jahrhundert auf der Straßburg. Der Arkadenhof von Schloss Spittal an der Drau (Schloss Porcia) gilt als einer der schönsten des gesamten Ostalpenraumes (s. S. 172) Zum anderen bewirkten aber auch neue Rechtsformen

Der Schlosshof von Wernberg.

– insbesondere der Wandel der Adeligen von Rittern zu Grundrentnern – und Änderungen in der Kriegsführung – bedingt etwa durch die Entwicklung der Artillerie –, dass man die Burgen entweder überhaupt verließ oder sie aber entscheidend umbaute. Beispiele für einen solchen Umbau sind Landskron bei Villach, das mit neuzeitlichen Bastionen versehen wurde, und vor allem Hochosterwitz. Hier schuf die Familie Khevenhüller zwischen 1571 und 1586 bewusst ein weithin sichtbares Symbol ihrer Bereitschaft zur Landesverteidigung – in wehrtechnischer Hinsicht war die Anlage schon zur Zeit ihrer Neuerrichtung ein Anachronismus!

Die Angst vor Türkeneinfällen bewirkte im 16. Jahrhundert zunächst den Bau massiver Turm- oder Rondellbauten (z. B. Wolfsberg oder Hohenstein über dem Glantal), während sich in der Folge – durch italienische Bautechniker vermittelt – Basteien als Standardform der Befestigung durchsetzten (Landskron, Ehrenfels bei Bad St. Leonhard). Auch in den Stadtbefestigungen ist diese Entwicklung klar ablesbar: Rundtürme befinden sich in St. Veit und Völkermarkt, Basteien etwa in Klagenfurt.

War eine Burg vor allem durch ihre Wehrfunktion und exponierte, d. h. sichere Lage bestimmt, so sollten bei einem Schloss sowohl Herrschaftsrechte (Landgericht, Untertanen) als auch Repräsentation zum Ausdruck gebracht werden. Die Wehrhaftigkeit nahm immer mehr symbolischen Charakter an. Ein über die Grenzen

13

Der Kanonenturm bei der „Neuen Burg" in Völkermarkt aus der Zeit um 1530.

Kärntens hinaus bedeutendes und wohlerhaltenes Beispiel für einen Mischtyp zwischen Burg und Schloss am Ende des Mittelalters ist Frauenstein bei St. Veit (um 1500 – 1521).

Viele Adelige ließen sich seit dem 16. Jahrhundert jedoch in anmutiger Tallage – bevorzugt in der Umgebung von Städten und Märkten – Edelmannsitze (Edelsitze) errichten, bei denen die Funktion des angenehmen Wohnens über wehrtechnischen Aspekten dominierte. Im Zuge des Ausbaues Klagenfurts als ständische Residenz und Hauptstadt sind in ihrem Umkreis allein im 16. Jahrhundert an die zwei Dutzend Edelsitze „auf grünem Wasen" (als Neubau) oder durch den Umbau mittelalterliche Burgen entstanden (z. B. Hallegg oder Tanzenberg zwischen Klagenfurt und St. Veit). Aufgrund der im Vergleich zum Osten Österreichs bescheidenen materiellen Grundlagen des örtlichen Adels – deren Basis die Abgaben der grunduntertänigen Bauern und sonstige Einkünfte aus Gerichten und anderen Herrschaftsrechten waren – entstanden meist kleine hoflose Herrenhäuser mit angeschlossenen Gesinde- und Wirtschaftsbauten. Sie folgten meist dem aus dem oberitalienisch-venezianischem Raum übernommenem dreiteiligen Grundrissschema des durchgängigen Querlaubenhauses: Beidseitig

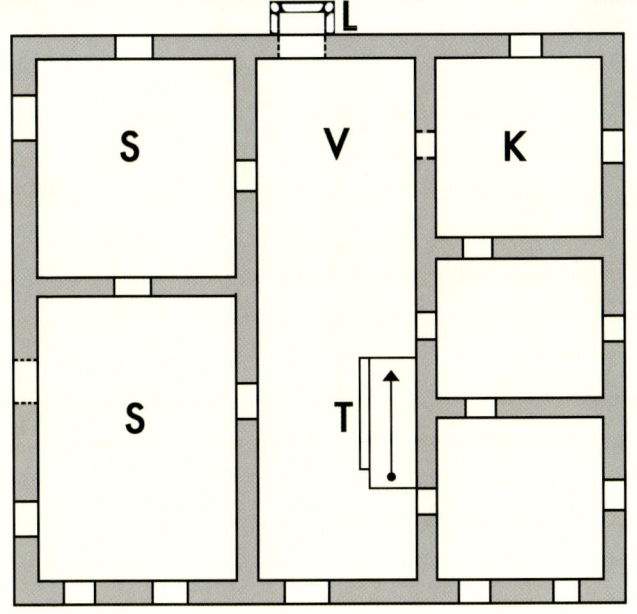

Ein typisches Querlaubenhaus zeigt der Grundriss des Stiegerhofs (Beletage): V=Saal, S=Stube, K=Kammer, T=Treppe, L=Loggia. Die „Labn" im Erdgeschoss befindet sich unter dem Saal.

einer gewölbten „Labn" (Vorhalle oder Diele) erstreckten sich im Erdgeschoss teilweise ebenfalls gewölbte Wirtschaftsräume, denen im herrschaftlichen Obergeschoss – der Beletage – ein Saal mit den repräsentativen getäfelten Wohnstuben entsprach.

Wurde ein solches Schloss Mittelpunkt einer ausgedehnten Herrschaft (z. B. durch Schaffung eines Fideikommisses wie in Ebenthal), lag es in der Nähe der Hauptstadt (wie Hallegg) oder kamen seine Besitzer durch Montanunternehmungen zu Reichtum (wie in Trabuschgen bei Obervellach), so wurde seine ursprüngliche Ausstattung – z. B. eine Vertäfelung der Spätgotik oder Renaissance – später meist modernisiert, etwa mit Barockstuck und Freskenprogrammen. Gerade in abgelegenen Gebieten blieben solche Umbauten jedoch aus, weshalb deren Schlösser und Edelsitze ältere Formen der Adelskultur besser bewahren konnten. Ein schönes Beispiel dafür ist Großkirchheim bei Döllach im Mölltal.

Das kleinere der beiden Herrenhäuser von Großkirchheim („Putzenschlössl").

Im Jahre 1518 schenkte Kaiser Maximilian I. den Kärntner Landständen – der Gesamtheit des grundbesitzenden
Adels und der hohen Geistlichkeit – seine bislang bedeu-
tungslose Stadt Klagenfurt, welche daraufhin vor allem
durch italienische Bauleute zur ständischen Residenz und
Hauptstadt ausgebaut wurde. Besonders großen Wert
legte man dabei auf eine moderne Stadtbefestigung mit
Basteien („stadtgepew"), während die vier – leider später abgetragenen – Tore mit Wappen, Allegorien etc. zu
Trägern der Repräsentation wurden. Mit dem Landhaus
errichteten die Landstände ab 1574 gleichsam ihre eigene
Residenz und versuchten damit, zumindest teilweise einen Ersatz für den seit Jahrhunderten fehlenden landesfürstlichen Hof zu schaffen. Die künstlerisch höchstwer-
tige Leistung der Renaissance in Kärnten war allerdings
der Neubau des Schlosses von Spittal an der Drau, nach
der späteren Besitzerfamilie auch Schloss Porcia genannt:
Begonnen ab 1534 von Gabriel Salamanca, Schatzmeister König Ferdinands I., konnte erst die Enkelgeneration
fast sechzig Jahre später die hochgesteckte Bauaufgabe
vollenden.

Neben der Verbesserung der Wohnverhältnisse (Thürn,
Gmünd, Wasserleonburg), war vor allem die Türkenabwehr ein baufördernder Faktor. Viele Türme oder Turmer-
ker von Edelsitzen (Wernberg, Mageregg, Welzenegg,
Wiesenau) zeigen vom 16. zum 17. Jahrhundert einen

Blick auf Schloss Porcia und seinen Park.

Wandel dieses Motivs von einer tatsächlichen Wehrfunktion zu einer immer stärker symbolisch bestimmten. Das von Paul Khevenhüller erbaute Schloss Velden, das sich u. a. am erzherzoglichen Lustschloss Karlau in Graz orientierte, verkörpert knapp vor 1600 einen letzten Höhepunkt protestantischer Renaissancekultur, in dem auch der Wörthersee als Kulisse und Bühne eine wichtige Rolle spielte. In der „Khevenhüllerchronik" um 1620 (Bibliothek des Museums für Angewandte Kunst in Wien) ist die farben- und sinnenfrohe Welt des Adels in vielen Abbildungen mit den zahlreichen Schlössern und Burgen im Besitze dieser Familie anschaulich festgehalten.

Vom Barock zum Klassizismus
(17. bis Mitte des 19. Jahrhunderts)

Mit dem erfolgreichen Voranschreiten der Gegenreformation seit 1600 ging die Baulust des Adels in Kärnten zunächst merkbar zurück, um dann noch vor der Mitte des 17. Jahrhunderts erneut einzusetzen. Nun war es eine neue katholische Funktionärsschicht, welche in Typ und Form den Renaissancebauten sehr ähnliche Schlösser und Edelsitze erbauen ließ (Grafenstein, Ehrental, Neues Schloss in Gmünd). Am Ostufer des Wörthersees entstand 1652 auf einer Halbinsel das Ensemble von Maria Loretto, in welchem die phantasievolle Park- und Gartenanlage „auf italienische Manier" – leider nur in alten Abbildungen überliefert – das bescheidene Herrenhaus an Bedeutung bereits übertraf.

Die barocke Bautätigkeit fiel in Kärnten verspätet und bescheiden aus. Lange Zeit klammerte man sich noch an Stilformen der italienischen Renaissance und des Manierismus, welche durch die Berufung italienischer Baumeister für die Klagenfurter Stadtbefestigung heimisch wurden (Torbau der Hollenburg, Innenhoffassade von Wasserleonburg). Es hat den Anschein, als ob der landständische Adel durch diese altertümliche – in Form einer Rückbesinnung auf seine große Zeit geradezu retrospektive – Bauweise seinen im Zuge des landesfürstlichen Absolutismus offenkundigen politischen Bedeutungsverlust kompensieren wollte. Die Macht ging auf den Hof über; weil aber in Kärnten eine landesfürstliche Hofhaltung und der dazugehörige auftragsfreudige Adel fehlten, kam es zu keinem Bau von Residenzschlössern wie in Wien (Belvedere) oder Graz (Eggenberg). Nur Ebenthal – entstanden aus einem Edelsitz der Renaissance – kommt als Fideikommisssitz der Grafen Goëss durch einen Umbau in den dreißiger Jahren des 18. Jahrhunderts solchen Anforderungen nahe.

Überhaupt dominierten in Kärnten im 18. Jahrhundert Umbauten oder Neufassadierungen älterer Schlösser (Stadlhof bei St. Donat, Ehrental bei Klagenfurt), wenngleich im letzten Drittel des Jahrhunderts drei Neubauten

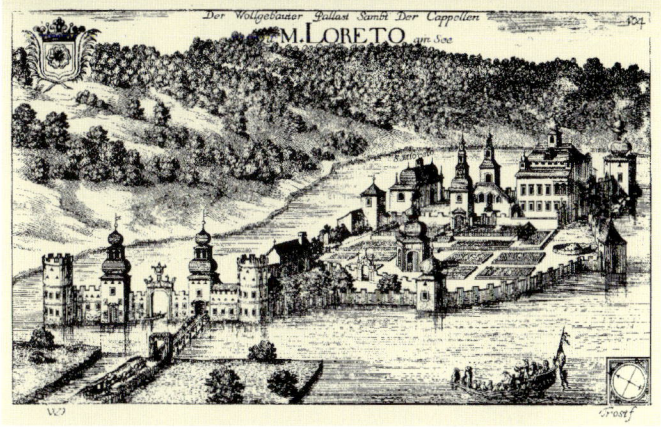

Das Schloss und die prächtige Gartenanlage von Maria Loretto bei Klagenfurt zur Zeit Valvasors (um 1680).

herausragen: So ließ Erzherzogin Maria Anna, eine Tochter Maria Theresias, 1769 bis 1776 durch den Wiener Hofbaumeister Nikolaus Pacassi ein Palais in der Nähe des Klosters der Klagenfurter Elisabethinen errichten – die heutige bischöfliche Residenz. Der auch in Hofkreisen hochangesehene Fürst Franz Orsini-Rosenberg erbaute zu Rosegg nach dem Muster italienischer Landhäuser das Lustschloss „Lukrezia"; und in Zwischenwässern entstand um 1780 mit Pöckstein eine neue Residenz für den Gurker Fürstbischof. Dieses wohl bemerkenswerteste frühklassizistische Schloss Österreichs besitzt eine einzigartige Form und hat – wegen der Übersiedlung des Bischofs bereits wenige Jahre später nach Klagenfurt – seine vorzügliche Ausstattung der Repräsentativ- und Festräume bewahren können, die – im Gegensatz zum strengen Außenbau – noch ein wenig vom Geist des Spätbarock und Rokoko spüren lassen.

Josephinismus und Franzosenkriege bewirkten im späten 18. und frühen 19. Jahrhundert einen starken Rückgang der Bautätigkeit. Erst im Laufe des Biedermeier kam sie im zweiten Viertel des 19. Jahrhunderts wieder in Schwung, wurde dann allerdings zumindest quantitativ schon von Bürgern und Bauern dominiert. Bisherige Herrschaftsformen wie Säule und Giebel wurden nun Allgemeingut, und mit dem „Stöckl" setzte sich in der bäuerlichen Architektur ein Typ durch, der im lokalen Edelmannsitz der Renaissance wurzelt. Fürst Hugo Henckel-Donnersmarck und seine Frau Laura ließen ab 1847 das alte

Schloss Wolfsberg in einer Bleistiftzeichnung Markus Pernharts von 1844.

bambergische Schloss Wolfsberg in eine romantische „Burg" umbauen, in Formen der englischen Spätgotik, jedoch mit modernstem Wohnkomfort. Sie folgten damit einer romantischen Zeitmode, welche den tatsächlichen Machtverlust des Adels durch eine besonders intensive Auseinandersetzung mit mittelalterlichen Bauformen auszugleichen suchte. Auch andere Gewerken wie die Grafen Christalnigg, die in ähnlicher Form das Schloss Eberstein umbauen ließen, nutzten solcherart die letzte Blüte des Kärntner Bergbaues.

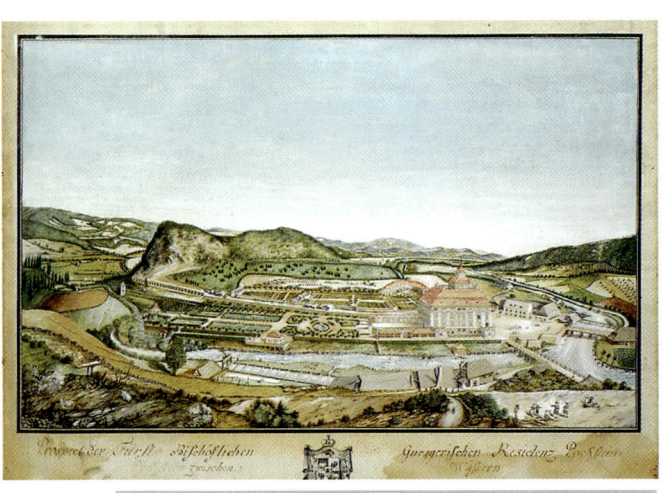

Die fürstbischöfliche Residenz Pöckstein in Zwischenwässern mit ihren gerühmten Gartenanlagen um 1783, Zeichnung in Mischtechnik von M. de Reinfröde (Landesmuseum Kärnten).

Schloss Wolfsberg nach dem romantischen Umbau von 1847 – 1853, ebenfalls gezeichnet von Markus Pernhart.

Vom Schloss zur Villa – die Zeit nach 1848

Mit der Revolution des Jahres 1848 endete die Feudalzeit mit dem bäuerlichen Untertänigkeitsverhältnis, den herrschaftlichen Gerichten und anderen adeligen Privilegien. Die Schlösser verloren ihre gesellschaftliche Basis und wurden definitiv zu Trägern historischen Bewusstseins und der Denkmalpflege. Adel und Bürgertum, die einen wie die anderen, erbauten nun Villen, deren Größe und Ausstattung nicht mehr vom Stand, sondern von der Finanzkraft und vom Kulturbewusstsein des Bauherrn abhing. Diese Villen standen kunstgeschichtlich im Zeichen des Historismus – die Architekten konnten je nach Aufgabe bzw. Ambiente des Objekts und nach Neigung des Bauherrn den Stil des Gebäudes (Gotik, Renaissance, Barock) beliebig wählen, austauschen oder sogar kombinieren.

In Kärnten sollte bei der Verbreitung der gründerzeitlichen Villa auch der Sommerfremdenverkehr eine immer stärkere Rolle spielen; auch manche Hotels übernahmen Elemente mittelalterlicher oder neuzeitlicher Herrschaftsarchitektur (Karawankenhof bei Ferlach). Während das 19. Jahrhundert ansonsten für Kärnten eine immer stärkere politische, wirtschaftliche und kulturelle Provinzialisierung innerhalb des Habsburgerreiches mit sich brachte, erweisen gerade die Wörtherseevillen noch heute die immense Bedeutung des damaligen Sommerfrischenfremdenverkehrs, weil er zumindest für einige Monate das Bildungsbürgertum der politischen Zentren

Die wiederaufgebaute Burg Geiersberg bei Friesach auf einer Postkarte von 1927.

nach Kärnten brachte. Im Zuge romantischer Vorstellungen wurden bis zum Ersten Weltkrieg auch immer wieder Ruinen mittelalterlicher Burgen und Türme nach idealen Vorstellungen neu aufgebaut (Unterfalkenstein bei Obervellach, Geiersberg bei Friesach).

Mit dem Ende der Monarchie wurde der Schlossbau nach 1918 endgültig zum historischen Erbe, wenngleich gerade in den letzten Jahren der Individualwohnbau im postmodernen Sinne wieder Vokabular der Herrschaftsarchitektur wie Türme, Erker und Giebel übernimmt – ein schönes Beispiel für die latente und sozialromantisch verklärte Vergangenheitssehnsucht ist „Schloss Elberstein" in Globasnitz. Und parallel dazu hat man erkannt, dass gerade historische Herrschaftsarchitektur besonders imstande ist, anschaulich Geschichte zu vermitteln.

Burgen und Schlösser aus ideologiepolitischen Gründen, nämlich als Relikte feudaler Unterdrückung, aus dem öffentlichen Bewusstsein zu verdrängen, wie noch vor wenigen Jahren versucht, ist heute gottlob passé. Noch wird nicht ausreichend gewürdigt, dass viele Gemeinden sogar ihre Namen einer Burg oder einem Schloss verdanken (Ebenthal, Neuhaus, Liebenfels etc.) und in vielen Gemeindewappen entweder Elemente der lokalen Herrschaftsarchitektur (Moosburg, Frauenstein, Winklern) oder die Wappen der Besitzerfamilien Niederschlag gefunden haben (Wernberg, Albeck, Ebenthal). Die Burgen, Schlösser und Edelsitze zu erhalten und ihre Geschichte sowohl zu erforschen als auch dieses Wissen zu vermitteln, sollte einer aufgeschlossenen Gesellschaft Verpflichtung und Auftrag sein!

Das 1960 verliehene Wappen der Marktgemeinde Ebenthal in Kärnten mit dem vollständig übernommenen Wappenschild des Schlosserbauers Christoph von Neuhaus.

Ein Schloss, ein Park und viele Tiere

TIERPARK ROSEGG SCHLOSS

Kärntens größter Tierpark
Schloss mit Wachsfiguren
und Labyrinth

Gestaltung: graphic art Lamprecht, Fotos: Tierpark & Schloss Rosegg, Dr. U. Reichmann, Figuren: Werkstätte U. Mertel

Das Freizeiterlebnis nahe dem Wörtherse
A-9232 Rosegg 1, Kärnten, Austria
Tel: +43(0)4274/52357, www.rosegg.a

Reiserouten zu Burgen, Schlössern, Edelsitzen und Villen in Kärnten

Die nachfolgenden elf Kulturwanderungen bauen auf jenen Routen auf, die im Zuge des EU-Projekts „Burgen, Schlösser & Baukultur" erarbeitet und 2007 vom Amt der Kärntner Landesregierung, Abt. 20 – Landesplanung in einem 16-seitigen Landkarten-Folder „Burgen & Schlösser. Kärnten, Slowenien und Steiermark" veröffentlicht wurden.

Die darin beschriebenen Kärntner Objekte wurden hier – auch mit ihren Objektnummern (A1 – J6) und zugehöriger Legende (nebenstehend) – übernommen, um dem interessierten Publikum das Erschließen dieser Kulturgüter zu erleichtern. Ergänzt wurden die im Folder genannten 71 Ansitze um eine Reihe weiterer historisch oder baulich bemerkenswerter Burgen, Schlösser und Palais, die wiederum nur als repräsentative Auswahl des reichen Bestandes an Kärntner Herrschaftsarchitektur zu verstehen sind und keinen Anspruch auf Vollständigkeit erheben.

Um die 28 neu aufgenommenen Objekte wahrnehmbar, doch nicht störend in die schon publizierte Landschaft der Burgen und Schlösser zu integrieren, wurden sie hier mit abweichenden Kürzeln (Ba – Jh) versehen. Die Neuaufnahme hat zu entsprechend veränderten Routenverläufen geführt, die jeweils auf der doppelseitigen Karte am Beginn jedes Kapitels abzulesen sind. Darüber hinaus wurde die sehr lange Route „Oberkärnten" (H) geteilt. Nur in einem einzigen Fall wurde bewusst von den Routen des Folders abgewichen: Eines der „Wörtherseeschlösser" (E) ist hier den „Wörtherseevillen" (F) zugeordnet.

Legende

☀ Sommersaison

❄ Wintersaison

👁 Von außen zu besichtigen

🏛 Museum|Ausstellung

🍴 Gastronomie

🛏 Beherbergung

〰 Bademöglichkeit im Umkreis von 5 km

🚲 Radroute

🚶 Wanderroute

⛳ Golfplatz im Umkreis von 10 km

Aussichtspunkt im Umkreis von 5 km

Das Rosental – wie das Drautal zwischen Rosegg und dem Freibach östlich von Ferlach gemeinhin bezeichnet wird – verdankt seinen Namen nicht der Königin der Blumen, sondern einem mächtigen, zunächst edelfreien Adelsgeschlecht, das von einer Burg nahe St. Jakob stammte und sich erst mit zunehmendem Machtanspruch auf dem markanten Hügel nahe der Drau niederließ. Die Raser auf Rosegg und die Hollenburger auf der gleichnamigen Burg am Südabhang der Sattnitz – welche auf einer Lehne die Straße von Klagenfurt auf den Loibl kontrollierten – waren die dominanten Grundherren des Tales. Sie ließen neben sich keine anderen Burgen aufkommen und bereits bestehende sogar abkommen, weswegen das Rosental, seiner landschaftlichen Reize zum Trotze, eines der an Burgen ärmsten Gebiete Kärntens geblieben ist.

Burgruine Rosegg
Zugang über Tierpark
Wildparkweg
9232 Rosegg

Information:
Schloss Rosegg 1
9232 Rosegg
+43(0)4274-52357
www.rosegg.at

Burgruine Rosegg (A2)

Der Burgberg von Rosegg war vermutlich bereits der dritte Standort, den das einflussreichste regionale Adelsgeschlecht des 12. und 13. Jahrhunderts zum Herrschaftssitz erwählte. Ihr Aufstieg begann auf einer nur spärlich erhaltenen Burgstelle an der Gratschützen am Nordabhang der Karawanken; später saßen sie auf einer Burg süd-

lich von St. Jakob im Rosental. Als Dienstleute der Herzöge von Steier und als Sympathisanten der Kärntner Herzöge vermochten sie sich bedeutende Lehensgüter zu verschaffen und begründeten im oberen Rosental einen bedeutenden Herrschafts- und Landgerichtssprengel. Der berühmte steirische Minnesänger Ulrich von Liechtenstein (um 1200 – 1275/76) beschreibt – anlässlich des übrigens nur bei ihm überlieferten Friesacher Turniers von 1224 – das damalige Oberhaupt der Familie folgendermaßen:

„... her Ruodolf von Ras, der fri von allens schanden was, er was milte küene gout getriu vil ritterlich gemuot ..."

Drei Jahre später, so behauptet jedenfalls Ulrich, traten die beiden im Turnier gegeneinander an – anlässlich seiner sogenannten „Venusfahrt", bei welcher Ulrich als Frau verkleidet zahlreiche Ritter zum Zweikampf aufforderte. Rudolfs gleichnamiger Sohn zettelte bald danach eine spektakuläre Fehde mit dem Bischof von Bamberg als Territorialherrn von Villach und dem Kanaltal an und vermochte 1255 immerhin einen ehrenvollen Friedensvertrag zu erringen. Nach den 1318 im Mannstamm ausgestorbenen Roseggern kam die Burg in den Besitz einer Reihe landfremder Adels-

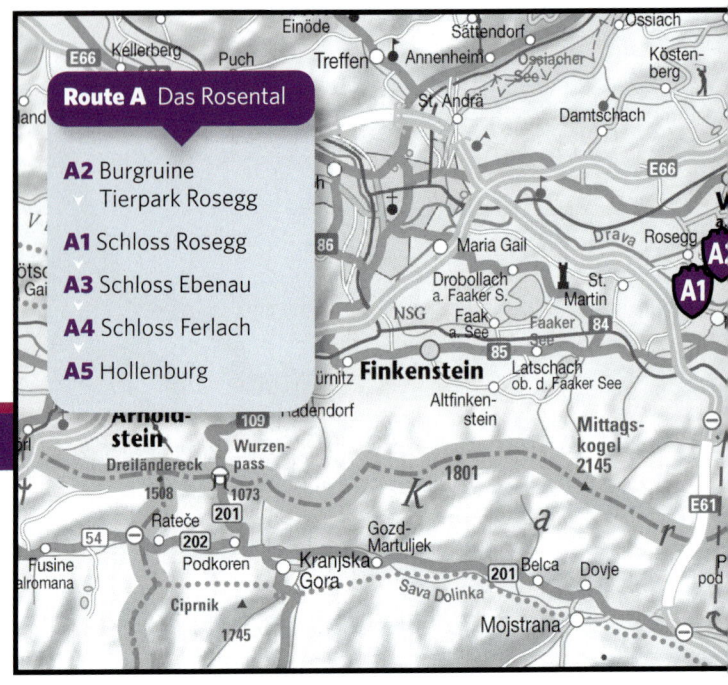

geschlechter, die Verwalter einsetzten. Einen von ihnen, den Burghauptmann Andreas Raunacher, überhäufte der sonst kritische Paolo Santonino 1486 – als Begleiter des Bischofs Peter von Caorle anlässlich einer Visitationsreise – ob seiner hervorstechenden Charaktereigenschaften mit höchstem Lob. 1605 brachte der jüngere Bruder des Salzburger Erzbischofs Wolf Dietrich von Raitenau Leben auf die Burg, und selbst noch unter den Grafen Orsini-Rosenberg, welche die Burg 1686 erwarben, hielt man sie instand.

Die Erbauung der erstmals 1171 genannten Burg Rosegg ist wohl in der ersten Jahrhunderthälfte anzusetzen. Dabei wurde das Gelände wehrtechnisch bestmöglich ausgenutzt. Dem Palas war an der Angriffseite im Nordwesten ein mächtiger Turm vorgelagert, der noch heute die Silhouette des Schlossberges bestimmt. Bis ins 17. Jahrhundert haben die Besitznachfolger die Burg immer wieder ausgebaut, dabei den alten Palas zu einem

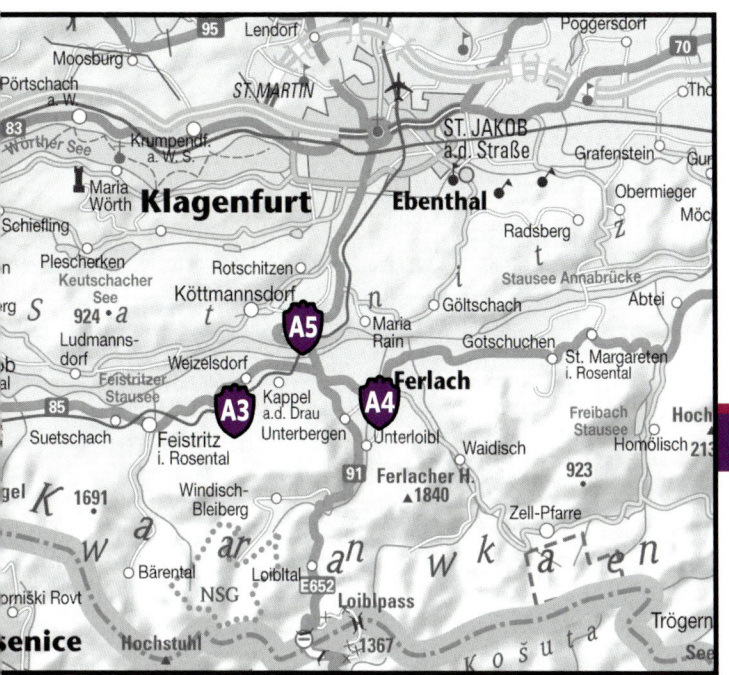

vermutlich viergeschossigen Wohntrakt umgebaut und auch anstelle des alten Berings neue Wehrtürme und -mauern errichten lassen. Selbst nach der Erbauung des Talschlosses Lukrezia ab etwa 1772 ließ man sie nicht verfallen. Als aber die Dorfbewohner 1806/7 für einen Turmneubau der Pfarrkirche Baumaterial benötigten, gestattete Fürst Orsini-Rosenberg die Verwendung von Steinen aus der alten Burg unter der aus heutiger Sicht kuriosen, aus der zeitgenössischen Romantik erwachsenen Bedingung, es solle beim Abbruch ein Kunstsachverständiger beigezogen werden, „... *damit die Ruinen der Gemäuer durch das Abbrechen selbst eine für das Auge angenehme Gestalt erhalten ...*"!

Tatsächlich wurde für den Wiederaufbau des im Zuge von Kampfhandlungen zwischen Österreichern und Franzosen 1813 beschädigten Dorfes Baumaterial von der Burg verwendet; nur der Bergfried ist weitgehend verschont geblieben.

Ansicht (um 1800) der Herrschaft Rosegg mit Burg und Schloss Lukrezia (im Tal).

Peter Ritter von Bohr, der 1829 Rosegg ersteigerte und sich viel später als begnadeter Geldfälscher erwies, hat dem Burghügel durch die Anlage eines Tierparks eine bis heute nachhaltige
neue Funktion verschafft. 1833 erwarb Fürst Johann von Liechtenstein die umfangreiche Herrschaft; dessen Nachkommen besitzen Ruine,
Schloss und Tiergarten noch heute.

Im Wesentlichen ist nur mehr der mächtige romanische Bergfried einigermaßen erhalten, dazu
Reste der Ringmauer und Türme späterer Erweiterungen aus dem 14. bis frühen 16. Jahrhundert.
Auf dem Weg vom Talgrund zur Ruine passiert
man etwa auf halber Höhe das Stöckl und das Jägerhaus, zwei wohlerhaltene spätgotische Wohnbauten, die Wolf von Perkheim um 1520 errichten ließ.

Schloss Rosegg (Lukrezia) (A1)

Schloss Rosegg
Schloss Rosegg 1
9232 Rosegg
+43(0)4274-52357
www.rosegg.at

Im September 1772 begann Franz Xaver Wolf Graf
von Orsini-Rosenberg – ein enger Vertrauter der
Kaiserin Maria Theresia und ihres Sohnes Joseph
II. und als Oberstkämmerer und Konferenzmini-
ster Inhaber höchster politischer Ämter – im Talgrund nördlich des Burgberges von Rosegg, halbwegs zwischen dem Pfarrdorf St. Michael (heute
Rosegg) und Duel, mit dem Bau eines „Wohn-
oder Gschloßgebäudes", das die Bequemlichkeiten einer Villa mit den praktischen Anforderungen eines Herrschaftssitzes verbinden sollte.
Das noch vor 1780 fertiggestellte Schloss, dessen
Name „Lukrezia" (auch „Lukrezobica") wohl auf

Schloss Rosegg, Gartenseite.

die privat-rekreative Funktion der Anlage zu beziehen ist, hatte laut zeitgenössischem Urteil sowohl wegen seiner Raumaufteilung als auch hinsichtlich seiner Möblierung in Kärnten nicht seinesgleichen.

Das rechteckige zweigeschossige Hauptgebäude mit den beiden niedrigeren, seitlich in gleicher Flucht angesetzten Wirtschaftstrakten (für Küche, Hauswirtschaft und Personal) ist nicht nur im damals äußerst provinziellen Bauschaffen Kärntens, sondern auch im Umfeld des Kaiserhauses singulär geblieben. Es muss hier offen bleiben, ob die Vorbilder nun in der Toskana lagen – zu welcher der auch als „Musikgraf" bekannte Bauherr enge Kontakte pflegte – oder in der Terra Ferma (dem Hinterland) Venedigs – wo seine zweite Gemahlin Justina Wynne über die Villa und Gutswirtschaft Altichiero des venezianischen Patriziers und Kunstsammlers A. Querini bei Padua ein reich illustriertes Werk verfasste. Das Herrenhaus verzichtet nicht nur auf vertikale Gliederungselemente und erhält seine noble Wirkung allein durch den gartenseitigen Mittelrisalit mit Giebel. Es widersetzt sich auch dem bis dahin üblichen Prinzip, wonach die herrschaftliche Beletage im Obergeschoss zu sein hatte: Im Schloss Rosegg dominiert das höhere luftige Untergeschoss, wie etwa in den Gartenpalästen in und um Wien. Es entwickelt sich um einen Ovalsaal in einer französischen Raumfolge, die in leichter, weiß-golden gefasster Rokokovertäfelung in den Supraporten eine Reihe anmutiger antiker und römischer Veduten birgt. Eine verhältnismäßig unspektakuläre Treppe führt ins niedrige Obergeschoss, welches der Notwendigkeit, und nicht der Repräsentation gewidmet war.

Die Prinzen Liechtenstein haben das gut erhaltene Schloss 1997 wieder bezogen, dabei der Öffentlichkeit zugänglich gemacht und engagiert mit Leben erfüllt: In den Repräsentationsräumen erinnern Wachsfiguren an Episoden aus der Geschichte von Rosegg (z. B. an den Geldfälscher Bohr oder an die Zeit Napoleons), während im Obergeschoss Platz für Sonderausstellungen geboten wird. Leider ist weder die einst großartige barocke Gartenanlage mit ihren eindrucksvollen Sichtachsen erhalten geblieben, an die noch Kupferstiche und Lithographien erinnern, noch die seinerzeit gerühmte Parkinsel in der Drauschlinge östlich von Duel, die nach englischem Muster mit Pavillon und chinesischer Brücke um 1800 entstand. Eine repräsentative Einfahrt und ein gartenseitiger Park geben aber noch heute eine Vorstellung vom Glanz des Schlosses am Übergang zwischen Barock und Klassizismus. Seit 2001 bildet ein Gartenlabyrinth in der Manier englischer Schlossparks eine zusätzliche Attraktion.

Ebenau (A3)

Schloss Ebenau
Galerie Judith Walker
Weizelsdorf 1
9162 Strau
+43(0)4228-2110
www.galerie-walker.at

Die Herrschaftsinhaber der Hollenburg duldeten in ihrem Landgerichtsbezirk keine anderen Schlösser. Eine Ausnahme war lediglich der Ansitz Ebenau in Weizelsdorf, der bezeichnenderweise von einem Angehörigen der Familie Dietrichstein zu Hollenburg, vermutlich Leonhard, im späten 16. Jahrhundert als „adeliger Edelmannsitz" errichtet worden war, jedoch bereits 1604 in bürgerlichen Besitz überging und 1670 vom Stift Viktring erkauft wurde. Die Zisterzienser betrieben hier eine Meierei, die später auch zeitweilig verpachtet wurde, während das Herrenhaus dem Abt als standesgemäßer barocker

Die westliche Schauseite von Schloss Ebenau.

Sommersitz diente. Nach mehrmaligem Besitzer- und Funktionswechsel ist das anmutige Schlösschen 1996 in den Besitz der Familie Walker gelangt, welche das Schloss vorbildlich instand hält. Auf vier Ebenen und insgesamt mehr als 500 Quadratmetern Ausstellungsfläche präsentiert Judith Walker eine Galerie mit österreichischer und internationaler Kunst, wobei Werke bedeutender Kärntner Künstler (Kiki Kogelnik, Hans Bischoffshausen, Bruno Gironcoli) einen Schwerpunkt bilden. Auch der Schlosspark präsentiert sich mit über zwanzig Plastiken von Bildhauern aus dem Alpen-Adria-Raum als Kunstort und lädt den Besucher zu einem Rundgang ein.

Ebenau liegt im Talgrund am Westrand von Weizelsdorf und ist seit der Zeit um 1900 im Westen beidseitig von Wirtschaftstrakten eingefasst. Das Herrenhaus erhebt sich über rechteckigem Grundriss und besitzt den typischen dreiteiligen Grundriss der Edelsitze dieser Zeit: Die Mitte bildet eine durchgängige gewölbte „Labn", an die beidseitig Wirtschaftsräume wie Küche, Speis und Meierstube anschlossen. Eine enge und steile Treppe führt ins eigentliche herrschaftliche Obergeschoss, wo sich noch eine originale Holzbalkendecke des 16. Jahrhunderts erhalten hat, während die übrigen Räume immer wieder den Ausstattungsmoden ihrer Zeit angepasst wurden, aber noch Malereireste des 18. bzw. 19. Jahrhunderts aufweisen. Sehenswert ist der Dachstuhl, der teilweise in den Galeriebetrieb einbezogen ist. Die beiden zierlichen Türme an der Westfront haben mehr symbolischen als wehrtechnischen Wert, sie erinnern überhaupt eher an die Taubenkobel italienischer Gutshöfe. Sie wurden um 1900, als das Schloss seine neue sezessionistische Fassade mit dem Balkon erhielt, um hübsche kleine Viertelkreiserker ergänzt. Alles in allem ist Ebenau ein erfreuliches Beispiel einer zeitgemäßen Adaptierung eines historischen Gebäudes, bei dem alt und neu in einer harmonischen Beziehung stehen.

Schloss Ferlach (A4)

Schloss Ferlach
Sponheimerplatz 1
9170 Ferlach
+43(0)4227-4920
office.schloss@
ferlach.net

Die Stadt Ferlach kann auf eine reichhaltige Industriegeschichte zurückblicken, die in den Hammerwerken des 16. Jahrhunderts wurzelt und mit der Büchsenmacherei bis zum heutigen Tag Bestand hat. Francesco Locatelli, ein Triester Handelsmann, erwarb hier 1651 einen Streckhammer und begann in den folgenden Jahren mit dem Bau eines „adelichen Wohnstockhs", den sein Sohn 1687 angesichts wirtschaftlicher Schwierigkeiten unvollendet zurückließ. Dieser zeittypische Bau mit dreiteiligem Grundriss besaß in der Mitte eine durchgängige Querlaube mit seitlich anschließenden Wirtschaftsräumen im Erdgeschoss und einem Saal mit Wohnstuben im Obergeschoss. Hammer und Wohngebäude kamen 1692 in den Besitz der Gewerkenfamilie Huebmershofer, welche das Gebäude zunächst fertigstellte und – mittlerweile als Huebmershofen von Silbernagel geadelt – um 1780 zu einem spätbarocken Edelsitz umbaute, dem „unteren Schloss" (im Gegensatz zum Painerhof, dem „oberen Schloss").

Dabei wurde dem rechteckigen Wohnstock, dessen oberen Saal man bei dieser Gelegenheit unterteilte, im Nordwesten ein etwas schmälerer Zubau mit übereck gestellten Erkern angefügt und das gesamte Gebäude mit einer einheitlichen spätbarocken Fassade versehen. Eine Kapelle von 1861 wurde leider um 1960 beim Einbau einer Zentral-

Die Hauptfassade des Ferlacher Schlosses.

heizung zerstört. Von der Einrichtung blieb lediglich ein zylindrischer Kachelofen der Biedermeierzeit im nördlichen Salon des Obergeschosses erhalten (zweites Viertel 19. Jahrhundert). Ab den achtziger Jahren des 19. Jahrhunderts setzte sich mit den neuen Eigentümern die Bezeichnung „Voigtsches Schloss" durch, bis das Gebäude im 20. Jahrhundert zunehmend für Kanzlei- und später Repräsentativzwecke der KESTAG bzw. VOEST-ALPINE Verwendung fand. Seit 1987 im Besitz der Stadtgemeinde Ferlach, wurde es im Umfeld der Landesausstellung „Alles Jagd…" 1997 für Ausstellungs- und Präsentationszwecke adaptiert und mit Zubauten versehen. Heute beherbergen das von einem ansehnlichen Naturpark umgebene Schloss und seine Nebengebäude das Ferlacher Büchsenmacher- und Jagdmuseum mit einer Büchsenmacherwerkstätte.

Talseitige Ansicht der Hollenburg.

Hollenburg (A5)

Die markante, breit hingelagerte Silhouette der mächtigen Hollenburg am felsigen Südabhang der Sattnitz zur Drau, welche hier seit dem 13. Jahrhundert von einer Brücke überspannt wird, ist zu einem Wahrzeichen des Rosentals geworden. Den kurzen Weg vom prächtigen Renaissancehof zum Söller mit seinem prächtigem Ausblick über das Rosental sollte kein Besucher der Anlage versäumen!

Hollenburg
Hollenburg 1
9161 Maria Rain
+43(0)4227-84011

Die Hollenburg wurde wohl um 1100 von Ministerialen der Markgrafen von Steiermark errichtet. Seit dem 13. Jahrhundert, als die Spanheimer als Herzöge von Kärnten den Loibl als Verkehrsweg ausbauen ließen, gewann die Hollenburg erheblich an strategischer Bedeutung. Ihre Besitzer (unter ihnen die Herren von Pettau und die Stubenberger) kamen immer wieder in Konflikte mit dem benachbarten Zisterzienserkloster Viktring, traten dann aber auch wieder als Stifter (etwa der bedeutenden gotischen Glasfenster) in Erscheinung. Kaiser Maximilian I. überließ die Burg 1514 käuflich seinem besonderen Günstling Siegmund von Dietrichstein und erklärte sie zur Freiherrschaft. Dessen Nachkommen blieben bis 1861 – als der letzte männliche Nachfahre starb und der umfangreiche, zu einem Fideikommiss zusammengefasste Besitz auf eine enorme Zahl von Erben mit teilweise winzigen Anteilen aufgeteilt wurde – im Besitz der im 16. und 17. Jahrhundert repräsentativ ausgebauten Burg. Über die Familie Maresch-Wittgenstein kam die Hollenburg in den Besitz der Familie Kyrle.

Die unregelmäßige Form der Burganlage spiegelt noch den Verlauf des mittelalterlichen Berings wider, der in den späteren Jahrhunderten ver- und überbaut wurde. Der Besucher betritt die Anlage über einen originellen Torbau mit illusionistischen Malereien und einem Treppengiebel (Mitte 17. Jahrhundert). Ein langgestreckter und gedeckter Gang führt als Brücke über einen tiefen Halsgraben zum eigentlichen Burgbereich, der hangseitig fast völlig schmucklos ist und nur talseitig einige Zwillingsfenster der Renaissance aufweist. Der unregelmäßige Innenhof besitzt im Osten bemerkenswerte Säulenarkaden, während im Westen ein spätgotischer Saalbau anschließt. Die Wände des Hofes wurden 1581 mit lutherischen Bibel- und Sinnsprüchen versehen; sie tragen sowohl Bauinschriften des 16. Jahrhunderts (1516 – 1588) als auch römerzeitliche Steine. Im Erdgeschoss des Ostflügels befindet sich die Burgkapelle zum heiligen Nikolaus, die mit bemerkenswerten Wandmalereien des 14. Jahrhunderts versehen ist. In den Laubengängen sind vor allem ein gemalter Riesenwels und ein Eichhörnchen als Jagdbeute von 1616/18 zu erwähnen.

Die Herzogstadt St. Veit an der Glan ist nicht nur ein idealer Ausgangspunkt für Kulturwanderungen, sie bietet dem Kunst- und Geschichtsinteressierten auch eine Fülle an Eindrücken und Informationen. An einem alten Siedlungsplatz mit bereits bestehender, letztlich für die Stadt namengebender Kirche (genannt 1131) ließen die aus Rheinfranken stammenden Spanheimer als Herzöge von Kärnten seit dem ausgehenden 12. Jahrhundert auf regelmäßigem Grundriss eine neue Marktsiedlung entstehen. Diese wurde zum herzoglichen Vorort bzw. zur Residenz und 1224 bereits als Stadt bezeichnet. Spätestens mit dem Anfall an das Haus Habsburg dieser Funktion entkleidet, war St. Veit im Spätmittelalter zwar noch ein wichtiger Umschlagplatz für Eisen, versank aber ab dem 16. Jahrhundert, als auch die Hauptstadtfunktion auf Klagenfurt überging, in eine Art Dornröschenschlaf – weswegen die (spät-)mittelalterliche und frühneuzeitliche Bausubstanz überdurchschnittlich gut erhalten geblieben ist.

Der Grundriss der Stadt zeigt, mit Ausnahme des ältesten Siedlungsbereiches um die Kirche,

ein weitgehend regelmäßiges Rechteck, in dem zwei repräsentative Platzanlagen (Oberer Platz = Hauptplatz, Unterer Platz) die Längsachse und zwei rechtwinkelig kreuzende Straßen die Querachse bilden. An deren Enden befanden sich jeweils die im 19. Jahrhundert abgetragenen Stadttore. Am Schnittpunkt der Straßen und Plätze, also dem städtebaulich wichtigsten Punkt, steht isoliert ein dominantes Haus (Hauptplatz 10), das mit einiger Wahrscheinlichkeit bereits im frühen 13. Jahrhundert als repräsentatives **Stadthaus der Herzöge** errichtet, später allerdings völlig umgebaut wurde. Spätromanische Knospenkapitelle und Basen, vermutlich von den gekuppelten Fenstern dieses Gebäudes, sind in den Hofarkaden des Hauses Unterer Platz 19 in Zweitverwendung erhalten geblieben. Zwischen den Plätzen und der Stadtmauer verlaufen parallele Wirtschaftsstraßen. Die gesamte Stadt ist von einer erstmals 1228 genannten, im heutigen Erscheinungsbild bis ins 16. Jahrhundert mehrfach erneuerten **Stadtmauer** umgeben. Sie ist über eine Länge von mehr als einem Kilometer in einer Höhe von durchschnittlich 9 – 10 Meter erhalten, während der Stadtgraben später parzel-

liert und auch aufgeschüttet wurde. Die Angst vor
türkischen Streifscharen führte 1532 zur Errichtung dreier Rundtürme an den Ecken, die auch mit
Geschützen versehen werden konnten. Von ihnen
ist jedoch nur der westliche erhalten geblieben,
er wird heute als Lokal genutzt.

Die sogenannte Herzogsburg in St. Veit (B1)

Zwischen 1523 und 1529, als die Stadt Klagenfurt bereits den Landständen gehörte, aber ihr
Aufstieg zur neuen ständischen Residenz und
Hauptstadt noch keinesfalls ersichtlich war, hat
der Landesvizedom, der herzogliche Stellvertreter und Güterverwalter, in der Nordostecke der
St. Veiter Stadtmauer ein neues Zeughaus sowie
einen repräsentativen Amtssitz für sich selbst
und seine Amtsnachfolger errichtet. Der hakenförmige Wohntrakt im Westen erhielt im Obergeschoss, das über eine Freitreppe betreten wird,
Arkaden auf polygonalen Säulchen, die schmale

Herzogsburg

Burggasse 9

9300 St. Veit a. d. Glan

+43(0)664-1562903

www.burgkulturstveit.com

40

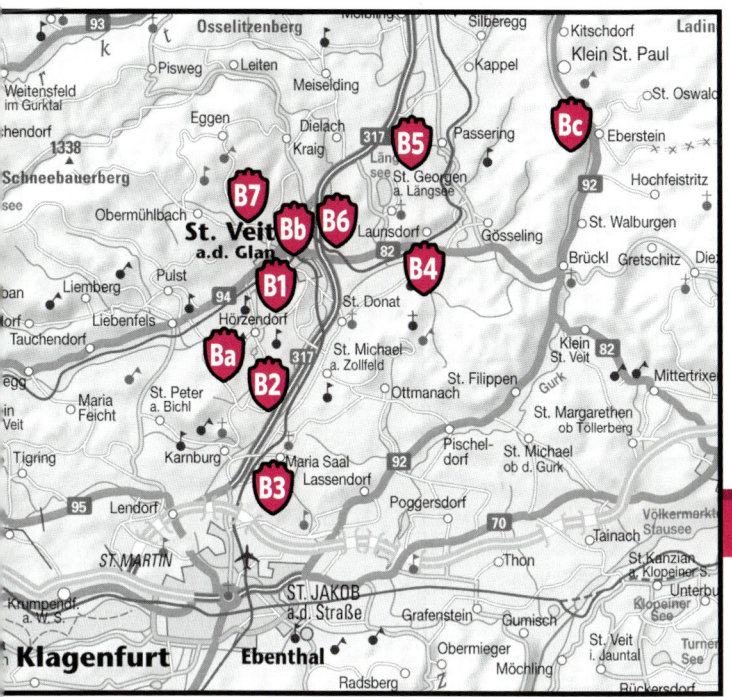

Sterngratgewölbe tragen. Dahinter schließt eine Raumflucht an, deren Gewölbe im Untergeschoss Wirtschafts- und Lagerzwecken dienten, während darüber der Vizedom und seine Beamten residierten. An einen bereits seit dem 13. Jahrhundert bestehenden und bei dieser Gelegenheit erhöhten Eckturm wurde südöstlich entlang der Mauer ein langgestreckter Trakt angebaut, der in drei Geschossen das landesfürstliche Zeughaus und wohl auch die Abgaben an den Herzog aufnehmen sollte (Schüttkasten). An seiner Fassade blieb eine Sonnenuhr mit der Jahreszahl 1529 bestehen – ein österreichisches Schicksalsjahr angesichts der Abwehr der ersten Wiener Türkenbelagerung! Das Untergeschoss besitzt sechs kreuzgratgewölbte Joche, die Geschosse darüber aber Holzdecken. Selbst die kleinen Fenster mit abgefasten Steingewänden sind aus der Bauzeit erhalten. Eine hohe Mauer mit einem Wappenstein (Bindenschild und Kärntner Wap-

41

Der Wohnbau der sogenannten Herzogsburg in St. Veit.

pen, datiert 1524) schirmt den einstigen Amts-
bezirk, der schon 1619 in Privatbesitz kam, von
der Burggasse ab.

Vermutlich befanden sich schon vor der Errichtung von Zeughaus und Vizedomamtswohnung
hier Teile der landesfürstlichen Hofhaltung (Ställe
oder vielleicht auch Werkstätten). Eine Burg im
engeren Sinne des Wortes hat es hier aber nie gegeben, da der Herzog am Schmalende des Hauptplatzes residierte. 1948 übersiedelte das St. Veiter Stadtmuseum in das Zeughaus, bis es 2003
seinen neuen Standort im Hause Hauptplatz 29
bezog.

Schloss Tanzenberg (B2)

Schloss Tanzenberg
Tanzenberg 1
9063 Maria Saal
+43(0)4223-2230
marianum.tbg@utanet.at

Anstelle des heutigen weit ins Zollfeld hinein
sichtbaren, doch ein wenig düsteren Gebäude-
komplexes auf dem Höhenrücken zwischen dem
Glantal und dem Zollfeld stand im Spätmittelalter
eine viel kleinere Burganlage. Diese wurde von den
Brüdern Sigmund und Wolfgang von Keutschach
mit tatkräftiger Unterstützung ihres Onkels, dem
Salzburger Erzbischof Leonhard (1495 – 1519),
von Grund auf umgebaut und unter Wolfgangs
gleichnamigem Sohn bis 1563 zum gewaltigsten
Renaissanceschloss Kärntens ausgestaltet. Dabei
entstand ein Vierflügelbau, dessen Regelmäßig-
keit bis zum heutigen Tag nur im Norden durch
einen charakteristischen älteren Halbrundturm

Schloss Tanzenberg mit Kirche und Schul-
gebäuden.

mit einem Wehrgang auf Kragsteinen durchbro-
chen wird. Die aus kleinadeligen Verhältnissen
südlich des Wörthersees stammenden Keut-
schacher – welche die immer wieder abgebildete
Runkelrübe im Wappen führten – konnten mit
dem gerade zur Erbhuldigung Erzherzog Karls II.
fertiggestellten Prachtbau an die gesellschaftliche Spitze des Landes aufsteigen. Karl verlieh
ihnen nämlich aus Anlass seines Aufenthaltes
im Schloss das Erblandhofmeisteramt, doch
hatte sich der Bauherr mit Tanzenberg derart
verschuldet, dass sich seine Familie auch später
nicht mehr daraus lösen konnte und in Verarmung
endete. Auch die nachfolgenden Besitzer – unter
denen vor allem die Familie des bedeutenden Hi-
storikers und ersten Geschichtsvereinsdirektors
Gottlieb Freiherr von Ankershofen (1795 – 1860)
zu nennen ist – konnten dem gewaltigen Schlossbau keine entsprechende Funktion mehr bieten,
sodass es allmählich verfiel. Der großartige Brunnen von 1563 mit Reliefs aus Ovids Metamorpho-
sen und anderen römischen Liebesszenen wurde
1802 am Friesacher Hauptplatz aufgestellt.

1898 erwarb die benediktinische Kongregation
der Olivetaner das vernachlässigte Gebäude
und wandelte es in ein Kloster um. Das gesamte
Gebäude wurde dabei aufgestockt und mit einer völlig neuen historisierenden Renaissance-
fassade versehen. Leider wurde der Westtrakt

mit seinem riesigen Festsaal und den anschließenden Prunkräumen – unter denen sich auch
ein reich vertäfeltes sogenanntes Kaiserzimmer
befand – abgebrochen und an seiner Stelle die
mächtige dreischiffige Emporenbasilika im Stile
der Neuromanik errichtet, deren Fassade heute
die Schauseite ins Zollfeld bestimmt. In ihrem Inneren hat der Kärntner Künstler Valentin Oman
1980 – 1987, eingedenk seiner dortigen Schul-
zeit, aufsehenerregende figurale Wandmalereien
an den Chorwänden sowie einen Hauptaltar in
der Art eines Triptychons geschaffen. Der Gurker Fürstbischof Josef Kahn hat auf Tanzenberg
seinen Lebensabend verbracht und 1915 in einem
Mausoleum unterhalb des Schlosses seine letzte
Ruhe gefunden.

Durch den Erwerb des Bistums Gurk im Jahre
1953 und der folgenden Einrichtung eines Gymnasiums mit Internat kehrte neues Leben ins Schloss
ein, das in allerlei An- und Zubauten sichtbaren
Ausdruck gefunden hat – nicht immer zum Vor-
teil des Gebäudes. Lediglich das Rustikaportal
an der Westfront und die beiden unteren Geschosse des Arkadenhofes vermitteln noch eine
vage Vorstellung von seiner Pracht am Höhepunkt
der Renaissance.

Das Kollegiatkapitel Maria Saal (B3)
Maria Saal gilt als die Wiege des Christentums
in Kärnten. Hier weihte der Salzburger Chorbi-
schof Modestus der Überlieferung nach vor 763
eine erste Marienkirche, bei der er sich auch be-
statten ließ und bald als Heiliger verehrt wurde.
Auf einem Plateau am Westrand des Zollfeldes
– und damit Maria Saal in geringer Entfernung
direkt gegenüber – ließen die Karolingerkönige
im 9. Jahrhundert eine Pfalz errichten, von der
sich die Kirche zu Ehren der Apostelfürsten Peter und Paul als bemerkenswertes Baudenkmal
der Vorromanik erhalten hat. Vor 1116 wurde in

**Kollegiatkapitel
Maria Saal**
Pfarre Maria Saal
Domplatz 1
9063 Maria Saal
+43(0)4223-2254
www.kath-kirche-
kaernten.at/mariasaal

45

Blick vom Maria Saaler Hauptplatz mit der Mariensäule auf das Kapitelhaus (heute Haus der Begegnung).

Maria Saal ein Kollegiatkapitel gegründet – eine Vereinigung von Kanonikern (Priestern), die sich zwar zum gemeinsamen Chorgebet und zu bestimmten liturgischen Verrichtungen trafen, die in Statuten festgelegt waren, aber im Gegensatz zu den Regularkanonikern (Augustiner-Chorherren) nicht in einem gemeinsamen klösterlichen Haushalt lebten. Die Zahl der Dignitäten (Inhaber der Kanonikerpfründen) mit dem Propst an der Spitze schwankte im Laufe der Jahrhunderte; im 15. Jahrhundert umfasste sie sieben Personen. Zu dieser Zeit wurde die heutige Wallfahrtskirche (Maria Saaler Dom) als eine der großartigsten spätgotischen Kirchen des Landes neu errichtet. Die Türkenabwehr führte vermutlich seit den achtziger Jahren des 15. Jahrhunderts zu umfangreichen Befestigungen und weitgehenden Neubauten der Kapitelgebäude, die bis heute das Bild des Marktzentrums von Maria Saal bestimmen.

Die auf einem sanften Hügel am Ostrand des Zollfeldes liegende **Wallfahrtskirche,** deren auffallend altertümliches Westturmpaar einen weithin sichtbaren Akzent setzt, ist von einem richtiggehenden Kranz an Gebäuden umgeben, die mit dem Kollegiatkapitel in Beziehung standen und heute eine ausgesprochen malerische Gesamtwirkung ausüben. Wir betreten die Anlage vom Hauptplatz im Osten und überqueren auf einer Brücke (ursprünglich als Zugbrücke gebaut) den Wehrgraben, welcher an der leicht zugänglichen Ost- und Südseite das Stift schützen sollte. Ein **Torbau** des 15. Jahrhunderts, dessen kräftig profiliertes Spitzbogenportal als „Flüsterbogen" bei Jung und Alt beliebt ist, führt auf den Kirchplatz mit seiner beachtenswerten spätgotischen Lichtsäule, welche der St. Veiter Vikar Erasmus Khapawn 1497 stiftete. Das um 1620 angefertigte Wappen über dem Tor erinnert an den damaligen Salzburger Dompropst und späteren Erzbischof Paris Lodron. Südlich schließt an den Torbau der hakenförmige Trakt des **Kapitelhauses** an, das mit einem halbrund nach außen vortretenden Turm die Südostecke der Stiftsbefestigung einnimmt. Das zweigeschossige Gebäude stammt im Kern aus der Zeit um 1500. Es beherbergte früher Kanonikerwohnungen und wurde 1997 zum Haus der Begegnung mit Ausstellungs- und Veranstaltungsräumen umgebaut.

Inmitten der Südseite des Dombezirkes erhebt sich das **Kanonikerstöckl**, dessen Untergeschoss mit Sterngratgewölbe und polygonalem Abschluss als Refektorium der Kanoniker gedient haben soll und jetzt als Aufbahrungshalle verwendet wird. Daran angebaut ist der um 1500 mit einem Umgang und Fresken versehene romanische Rundkarner, im Volksmund fälschlich als „Heidentempel" bezeichnet.

An der Südwestecke des Dombezirkes steht der mächtige und repräsentative Gebäudekomplex der **Dechantei** (Pfarrhof) mit Resten von Sgraffitoornamentik aus dem 16. Jahrhundert. Der Dechant war der Stellvertreter des Propstes und zugleich Ortspfarrer. Nordwestlich der Stiftskirche fällt das schlanke, isoliert stehende **Kapuzinerstöckl** auf, das vor oder um 1500 als durchaus behaglicher Wohnturm errichtet wurde und seinen Namen erst viel später nach den zeitweiligen Betreuern der lokalen Wallfahrt erhielt. Es dient schon lange als Vereinslokal und Aufenthaltsraum für Jugendliche und soll demnächst umfassend saniert werden.

Etwas tiefer liegend erhebt sich im Nordosten des Stiftshügels schließlich die **Propstei**, die Residenz des Propstes, der als Prälat zugleich Sitz und Stimme im ständischen Landtag hatte. Laut Bauinschrift ließ der salzburgische Vizedom (erzbischöflicher Stellvertreter und Güterverwalter) das damals verfallene Gebäude 1550 in seiner heutigen Form neu errichten. Der Rechteckbau mit einer Arkadenreihe im Untergeschoss wurde lange von der Marktgemeinde als Schule genutzt und 1976 dem Verein Kärntner Freilichtmuseum in Klagenfurt geschenkt, der die Propstei nach einer umfassenden Renovierung als Kanzlei, Bibliothek und für Sonderausstellungen des nahegelegenen Freilichtmuseums nutzt.

Ruine und Schloss Karlsberg (Ba)

**Ruine &
Schloss Karlsberg**
Karlsberg
Projern
9300 St. Veit an der Glan

Am höchsten Punkt einer Bergkuppe unterhalb des Ulrichsberges, zwischen dem Glantal und dem Zollfeld mit beidseitiger idealer Sichtverbindung ließ im zweiten Viertel des 12. Jahrhunderts ein gewisser Karl, Sohn des Edelfreien Liutpold von Projern, eine Burg errichten, die seitdem seinen Namen trägt. Obwohl aus der Ministerialität des Erzbischofs stammend, traten Karl und seine Nachkommen in die Dienste der Spanheimer und erlangten unter den herzoglichen Hofämtern die Marschallwürde; sie waren also für die Pferde und Stallungen verantwortlich. Ein Bruder des Marschalls Heinrich II. von Karlsberg namens Wölfl

Schloss Karlsberg.

beteiligte sich jedoch am Aufstand des Grafen von Heunburg gegen die Kärntner Landesfürsten, die Grafen von Görz-Tirol. Er wurde deshalb gemeinsam mit Konrad von Freiberg 1292 am St. Veiter Hauptplatz hingerichtet; der genaue Ort an der Nordseite des Platzes blieb zur Erinnerung bis ins 19. Jahrhundert im Besitz der Herrschaft. Selbst Heinrich, der am Aufstand nicht direkt beteiligt war, wurde unter diesen Umständen zur Niederlegung der Marschallwürde genötigt, sie ging zusammen mit der Burg an den mächtigen, aus Tirol stammenden Parteigänger der Görzer, Konrad von Aufenstein, über. Von ihm stammt der mächtige Bergfried, den er – wie die von ihm und seiner Frau um 1323 gestiftete St. Veiter Klarissenkirche – mit charakteristischen Steinreliefs schmücken ließ, unter denen ein Uhu besonders auffällt: Der Uhu oder „Auf" war das Wappentier der Aufensteiner. Auch Konrad von Aufensteins Nachkommen verloren ihren Besitz 1368 im Zuge einer Verschwörung, woraufhin die Burg lange Zeit in landesfürstlichem Besitz blieb und mehrmals als Pfandobjekt diente.

Erst 1586 verkaufte Erzherzog Karl von Innerösterreich die Burg an Siegmund Khevenhüller, dessen Nachkommen jedoch 1629 als Protestanten die habsburgischen Lande verlassen mussten. Da Paul Khevenhüller überdies im Dreißigjährigen Krieg auf der Seite Schwedens gegen den Kaiser kämpfte, konfiszierte dieser den noch ausste-

49

henden Rest des Kaufpreises. Die neuen Inhaber konnten im Lande nicht Fuß fassen. Das gelang erst dem aus Belgien stammenden und in kaiserlichen Diensten zu Ansehen und Reichtum gelangten Bischof von Gurk, Kardinal Johann von Goëss (1611 – 1696), der seine beiden Neffen in Kärnten ansiedelte und ihnen seine Erwerbungen vermachte. 1687 erwarb er die Herrschaft Karlsberg, zu der auch ein Freihaus am Alten Platz in Klagenfurt gehörte. Einer der beiden Neffen begründete den Kärntner Zweig der Grafen Goëss, die bis ins 20. Jahrhundert in der Politik und Kultur des Landes eine wichtige Rolle spielten. Als Fideikommisssitz der umfangreichen Besitzungen des Erstgeborenen wurde südöstlich von Klagenfurt Ebenthal zu einer kleinen, aber feinen barocken Residenz ausgebaut.

Von der Burg an der Spitze des bewaldeten Hügels stehen außer der Ruine des von Konrad von Aufenstein nach 1292 erbauten, mächtigen Bergfrieds – der aufgrund seiner charakteristischen Form nach der Sprengung im 17. Jahrhundert als „Zahn" bezeichnet wird – nur mehr bescheidene Reste. Überaus idyllisch in geduckter Hanglage mit Blick auf das Glantal erstreckt sich das Schloss, das aus dem Burgmeierhof hervorgegangen ist und das unter den Khevenhüllern – an die noch ein hübscher Wandbrunnen von 1585 aus dem Schloss Hunnenbrunn nordöstlich von St. Veit erinnert – zu einem Vierflügelbau ausgebaut wurde. Im 17. Jahrhundert wurde der zweigeschossige Bau in die heutige Form gebracht und 1728 um einen Kapellenanbau zu Ehren des heiligen Karl Borromäus erweitert. Zwei Reliefsteine von der Burg aus der Zeit des Aufensteiners sind im Hofbereich eingemauert.

Der Kölnhof von der Zufahrt aus gesehen.

Schloss Kölnhof (B7)

Das heutige Schloss am Ende einer Allee, die vom Kölnhofer Kreuz von der Friesacher Straße gegen Westen abzweigt, ist wohl aus einem Gutshof entstanden, der erstmals 1378 „Cholendorff" genannt wird. Ausdrücklich erwähnt wird er als Besitz von St. Veiter Bürgern bzw. Gewerken (Montanunternehmer) im Jahre 1594. Ein Netzgratgewölbe sowie geschmiedete Fenstergitter im Erdgeschoss sind Indizien, dass beim Umbau zu einem Ansitz der Renaissance – den wir als hoflosen zweigeschossigen Rechteckbau mit durchgängiger Querlaube rekonstruieren können – wohl ältere Bauteile mitverwendet wurden. Dieser Ansitz soll um 1780, am Übergang vom Barock zum Klassizismus, entscheidend umgebaut worden sein, und zwar vom Salzburger Hofbaumeister Johann Georg Hagenauer, dem wir auch die eindrucksvolle, wenngleich nur kurzfristige bischöflich-Gurker Residenz Pöckstein in Zwischenwässern verdanken. Schon vorher war der Zufahrtsseite ein symmetrisches Turm- bzw. Risalitpaar angefügt worden; nunmehr setzte man ein Mezzaningeschoss auf und versah die Fassade, typisch für den frühen Klassizismus, mit Zopfgehängen. Als Auftraggeber gilt Propst Gottfried (III.) Mayerhofer, der letzte Abt des Prämonstratenserklosters Griffen (1779 – 1786).

Schloss Kölnhof
Medizinisches Zentrum
Kölnhofallee 17
9300 St. Veit
an der Glan
+43(0)4212-6911-0
www.koelnhof.at

Schloss Weyer.

Nach mehreren Besitzerwechseln erbte Dr. Arthur Lemisch, der spätere Landesverweser und eine der wichtigsten Persönlichkeiten des Kärntner Abwehrkampfes (1865 – 1953), das Schloss, das kurz zuvor eine neue Dachdeckung in Stilformen des späten Historismus erhalten hatte. Nach Lemischs Tod verwahrlosten Schloss und ummauerter Park zusehends, bis ein Besitzerwechsel 1990 bis 1996 zu einer grundlegenden Sanierung des respektablen Schlossgebäudes führte, das nunmehr eine Ärztepraxis beherbergt.

Schloss Weyer (Bb)

Schloss Weyer
Tierklinik
Weyerstraße 19
9300 St. Veit
an der Glan
+43(0)4212/2220

Wo weit östlich der Altstadt von St. Veit die Wimitz den einst sumpfigen Talgrund durchfließt und schließlich in die Glan mündet, wurde in den letzten Jahrzehnten des 20. Jahrhunderts ein ehrgeiziges St. Veiter Wohnraumbeschaffungsprogramm verwirklicht. Nichts mehr erinnert an den Weiher, nach dem ein bereits 1399 urkundlich nachweisbarer Gutshof seinen Namen erhielt. Lange Zeit hatten die Schenken von Osterwitz den mittlerweile als Schloss bezeichneten Hof inne; nach deren Abstieg und Aussterben (1478) kam Weyer in die Hände von St. Veiter Bürgern. Noch immer erzählt man, der Dichter Rainer Maria Rilke habe Weyer besucht, weil er glaubte, vom Besitzer Hans Rülko, dem Vormund des schwachsinnigen Konrad von Kraig, abzustammen. Dabei steht heute fest, dass keine solche direkte Verwandtschaft bestand. 1585 kam Weyer an Anna von Khuenburg, die mit ihrem Gemahl, dem Kärntner Erblandmarschall Rudolf von Liechtenstein, das spätmittelalterliche Gebäude zu einem überaus malerischen Renaissanceschloss umbauen ließ, das bis zum heutigen Tage weitgehend unverändert erhalten ist. Über das Bistum Gurk kam Weyer 1628 in den Besitz des Klosters St. Georgen am Längsee und blieb es bis zu dessen Aufhebung 1783. Weitere Besitzer waren die Grafen von Egger sowie Landesverweser Dr. Arthur Lemisch. In den neunziger Jahren des 20. Jahrhunderts wurde im – bei dieser Gelegenheit adaptierten – Schloss eine Tierklinik eingerichtet.

Der Wassergraben, der Weyer umgab, ist zwar längst trockengelegt, doch bietet sich dem Besucher besonders an der Eingangsfront eine vielteilige und abwechslungsreiche Schaufront. Zwischen zwei turmbewehrten Wohnbauten, die mittels zweier Wehrgänge zu einem trapezförmigen Hof mit Säulenarkaden verbunden sind, erhebt sich ein Torturm. Das ganze Ensemble bezieht seinen Reiz nicht zuletzt durch die Unregelmäßigkeit und ist ein schönes Beispiel für die Vorliebe des heimischen Adels der Renaissance, seine Edelsitze stückweise (additiv) nach Bedarf zusammenzufügen, und nicht wie in den oberitalienischen Schlossanlagen nach einem übergeordneten abstrakten Schema zu planen (Palladio).

Burgruine Taggenbrunn (B6)

Die mächtige Burgruine Taggenbrunn auf einem felsigen Hügel über der Talsohle östlich von St. Veit ist das erzbischöflich-salzburgische Gegenstück zur herzoglichen Burg Freiberg. Ihr 1157 erstmals nachgewiesener Name geht auf ihren Erbauer, den Ministerialen Tageno, zurück. Im Gegensatz zum benachbarten Hochosterwitz konnte der Erzbischof Taggenbrunn behaupten; und der

Burgruine Taggenbrunn
Taggenbrunn 11
9300 St. Veit an der Glan
+43(0)664-6337183
www.mittelalterpark.at

Taggenbrunn, Rundturm des äußeren Berings.

Ausbau von St. Veit zum herzoglichen Residenzort verstärkte sogar die Bedeutung der Burg als Schutzschild der eigenen Besitzungen, sodass der Erzbischof nur verlässliche Burgpfleger einsetzte. Bereits 1268 im Zuge von Auseinandersetzungen zerstört, wurde hier im Jahre 1292 – anlässlich des Aufstandes Kärntner Adeliger und des Erzbischofs gegen die Grafen von Görz als Kärntner Herzöge – der junge Ludwig Graf von Görz-Tirol vorübergehend in Haft gehalten. Während die Türken die Burg unbehelligt ließen, wurde sie bei den Auseinandersetzungen zwischen Kaiser Friedrich III. und Matthias Corvinus 1480 von Kaiserlichen belagert und zur Übergabe gezwungen. Erzbischof Leonhard von Keutschach ließ sie zwischen 1497 und 1503 noch einmal nach modernen Erkenntnissen neu befestigen.

Schon am Fuße des Burgberges verrät ein mächtiger dreigeschossiger Schüttkasten mit spätgotischen Details die Bedeutung der Burg; das zugehörige Herrenhaus wurde erst in der zweiten Hälfte des 19. Jahrhunderts erbaut. Die gut erschlossene und gesicherte Burganlage am Gipfel des Hügels besteht aus einem unregelmäßigen und länglichen Bering des 12. Jahrhunderts, der schrittweise verbaut wurde, und einer konzentrisch herumgeführten äußeren Ummauerung, deren rechteckige Kanonenbastei beim Tor – ebenso wie die drei vorspringenden Rundtürme

Ansicht des ehemaligen Damenstiftes
St. Georgen am Längsee vom Nordwesten.

– bei ihrer Erbauung um 1500 neuen Erkenntnissen entsprachen. Die Hauptburg besaß keinen Bergfried, sondern ein an den Bering angebautes „Festes Haus", das später mehrmals verändert wurde. In den auffällig regelmäßigen Zwinger zwischen den beiden Ringmauern war die Kapelle eingestellt. Noch heute verbindet eine Bogenbrücke über diesen Zwinger die Hauptburg mit dem südöstlichen Rundturm. Im Innenhof der Burg finden wir schließlich auch noch den namengebenden Brunnen.

Das ehemalige Damenstift und Benediktinerinnenkloster St. Georgen am Längsee (B5)

Über dem Längsee, der in den Sommermonaten stark frequentiert ist, im übrigen Jahr aber von Wanderern und Kulturinteressierten nahezu ungestört erlebt werden kann, erhebt sich in malerischer Lage die hauptsächlich durch die Barockzeit geprägte, noch immer eindrucksvolle und heute als Bildungs- und Gästehaus genutzte Anlage des ehemaligen Benediktinerinnenklosters St. Georgen am Längsee.

Die edle Wichpurg stiftete als Witwe nach dem Grafen Otwin zwischen 1002 und 1018 ein adeliges Damenstift, das im 12. Jahrhundert der Benediktsregel unterworfen wurde und bis zu seiner Aufhebung unter Kaiser Josef II. 1783 als mächtige Grundherrschaft und als Kulturzentrum

Stift St. Georgen
Schlossallee 6
9313 St. Georgen
am Längsee
+43(0)4213-2046
www.stift-stgeorgen.at

55

eine wichtige lokale Rolle spielte. Die bemerkenswerte Stiftungsurkunde wird im Landesarchiv in Klagenfurt verwahrt. Die mittelalterlichen Klosterbauten wurden zunächst unter Äbtissin Dorothea Rumpf Mitte des 16. Jahrhunderts gegen Norden umgebaut und erweitert sowie vor allem durch den frühbarocken Umbau des bedeutenden oberitalienischen Baumeisters Pietro Francesco Carlone zwischen 1654 und 1658 ersetzt. Nach der Aufhebung des Klosters erwarben die Grafen von Egger, die damals bereits als Montangewerken bedeutend waren und Wälder zur Holzkohlenproduktion benötigten, die Stiftsgebäude und nutzten sie als herrschaftliches Schloss. Sie legten außerdem einen englischen Park samt Orangerie und Glashaus an. Leider wurde auch der Ostflügel des Kreuzganges abgerissen. In den achtziger Jahren des 19. Jahrhunderts richtete die Gutsverwaltung in den ehemaligen Klostergebäuden ein Hotel mit über siebzig Betten ein, wodurch St. Georgen bereits vor dem Ersten Weltkrieg eine gewisse Bedeutung als Fremdenverkehrsort genoss. Nach einem Zwischenspiel der Mariannhiller Missionskongregation beherbergte das Schloss im Zweiten Weltkrieg kurzfristig das Gurker Priesterseminar und ein Erholungsheim, de facto Lazarett der NS-Arbeitsorganisation Todt. 1959 verkauften die Vorbesitzer die Räumlichkeiten dem Bistum Gurk, welches hierauf das bis heute vielfältig wirkende Bildungshaus St. Georgen einrichtete.

Der Besucher betritt vom Süden das im 18. Jahrhundert um ein Geschoss erhöhte und am Ende des Barock sparsam neu fassadierte Stiftsgebäude. Der durch den Abbruch des Kreuzgangosttraktes in seinen Dimensionen noch vergrößerte Stiftshof besticht durch die umlaufenden Arkaden, hinter denen sich großteils modernisierte und dem Seminarbetrieb angepasste Räumlichkeiten befinden, darunter auch eine neue Kapelle

Die Stiftskirche mit dem ehemaligen Kreuzgang.

mit altem Kunstinventar. Reste von Fresken sind bereits im Zweiten Weltkrieg zerstört worden. Die Stiftskirche, welche den frühbarocken Südteil vom unregelmäßigen Wirtschaftsteil der Renaissance im Norden trennt, ist ein hochbarocker Neubau über den Baulinien der frühromanischen Kirche – man beachte besonders das später veränderte romanische Nordportal. Auffallend ist der Turm in der Südecke des Chores, der gemäß Inschriftsteinen 1676 erneuert wurde. Im Stiftshof nördlich der Kirche befindet sich ein Lapidarium mit unterschiedlichsten römischen bis neuzeitlichen Steinen. An der südöstlichen Ecke finden wir unter anderem noch ein romanisches Kapitell.

In der Nähe des Stiftes ist auf zwei weitere beachtenswerte Gebäude hinzuweisen: zunächst auf die im Osten des Stiftes gelegene historistische **Villa Rottenstein**, welche um 1870 von Gustav Graf von Egger in Auftrag gegeben wurde. Sie besitzt einen bemerkenswerten, leider verwahrlosten Park mit Pavillon, Kapelle und Gruft; die Ökonomie (Meierhof) wird als Außenstelle eines Gefangenenhauses genutzt! Weiters ist der dreigeschossige spätgotische Turmbau von **Drasendorf** am Ostufer des Längsees hervorzuheben, der seit 1282 als Ansitz ritterlicher Dienstleute nachgewiesen werden kann.

Hochosterwitz vom Magdalensberg aus gesehen.

Burg Hochosterwitz
Hochosterwitz 1
9314 Launsdorf
+43(0)4213-
2020/ -2010
www.burg-
hochosterwitz.at

Burg Hochosterwitz (B4)

Hochosterwitz ist wohl eines der bekanntesten Fotomotive Kärntens. Der „scharfe Berg" – so die sinngemäße Übersetzung des slowenischen Ortsnamens Osterwitz – erhebt sich unvermittelt rund 170 Meter aus der Talniederung der Gurk. Er war bereits in der Bronzezeit besiedelt und wird 860 anlässlich einer Güterschenkung Kaiser Ludwigs des Deutschen an das Erzbistum Salzburg erwähnt. Seit dem 12. Jahrhundert residierten auf der noch kleinen Burg bis zu ihrem Aussterben 1478 die Schenken von Osterwitz als Gefolgsleute des Kärntner Herzogs, welcher seinen neuen Vorort St. Veit durch einen Burgenkranz zu schützen versuchte. Ihren Namen führten die Burgherren als Verantwortliche für die herzoglichen Weinvorräte. Dieses Hofamt berechtigte sie bei festlichen Anlässen zum Einschenken an der Hoftafel. Die weithin bekannte Sage, wonach Margarethe Maultasch, die Erbin der Grafschaft Tirol, die Burg belagert haben soll, entbehrt allerdings jeglicher Grundlage.

Der Bauherr von Schloss Hochosterwitz, Georg Khevenhüller, kniet vor einem Renaissancealtar in einem Schauraum des Hochschlosses.

Schon Christoph Khevenhüller, dessen aus Franken stammende Familie erst kurz zuvor zu großem Ansehen gelangt war, dürfte nach 1541 als Pfandinhaber der Burg den Bau neuer Bastionen geplant haben. Doch erst sein Neffe Georg Khevenhüller, damals Landeshauptmann, der die Burg 1571 käuflich erwarb, ließ Hochosterwitz in den folgenden 15 Jahren zu einer der eindrucksvollsten Wehranlagen Mitteleuropas umbauen – unter Abwägung eigener, familiärer und vor allem staatlicher Interessen aus eigenen Mitteln, so der Text einer marmornen Gedenktafel im Großen Burghof. Der kriegserfahrene Bauherr wollte damit nicht nur eine Schutzfestung gegen die Türken schaffen (wie am siebenten, seiner Familie gewidmeten Burgtor zu lesen ist), sondern auch sich und seiner Familie symbolhaft ein Denkmal für die Opferbereitschaft zur Landesverteidigung und damit seinen Anteil am Gemeinwohl ins rechte Licht setzen. Denn wehrtechnisch war Hochosterwitz bereits zur Bauzeit völlig überholt!

Das Durchschreiten der 14 individuell gestalteten Toranlagen, die den sich schlangenförmig emporwindenden Burgweg sichern, ist in mehrfacher Hinsicht ein Erlebnis. Zum einen ist es ein ästhetischer Genuss durch den Farbakkord von rotem Sandstein, grünem Chloritschiefer und weißem

Kalkstein, wozu sich bei einigen Toren eine inhaltliche Aussage gesellt: So ist das fünfte Tor der Erlösersymbolik Christi gewidmet, das siebente Tor der Familie des Bauherrn, das achte Tor dem Land Kärnten und seinen Ständen und das zehnte Tor dem Landesfürsten Karl II. Zum Zweiten besticht der Weg durch den wunderbaren Fernblick und zum Dritten lässt er den Besucher diese Burg atmosphärisch erleben, man vermeint beständig das Klirren von Waffen und Rüstungen der Landsknechte zu hören. An der Bergspitze erhebt sich das noch einmal durch Rundtürme besonders gesicherte Hochschloss mit einem geräumigen Burghof. Hier kann eine Reihe von acht Schauräumen mit Rüstungen, Waffen und Familiendokumenten besichtigt werden. Etwas tiefer liegt die bemerkenswerte Burgkirche St. Georg, die in ihren Grundformen noch in mittelalterlicher Tradition, in den Fassadendetails aber bereits im Banne der neuen Formen und neuen Inhalte der Renaissance steht.

Hochosterwitz ist eine touristische Attraktion allerersten Ranges, mustergültig für die Öffentlichkeit erschlossen und weitestgehend zugänglich. Als Gesamtkunstwerk von außerordentlichem Symbolwert verkörpert die Burg mit dem sich um den Berg herum windenden Burgweg samt allen Toren überdies einen Hauptwesenszug des zeitgenössischen Manierismus, nämlich die „serpentinata" (die schlangenförmige Drehung). Der Bauherr bestimmte testamentarisch, dass Hochosterwitz für immer im Besitz der Familie bleiben müsse, woran sich seine Nachkommen gehalten haben: Als die meisten von ihnen 1629 als überzeugte Protestanten das Land verlassen mussten, konvertierte der Hochosterwitzer Zweig zum Katholizismus und konnte so bis heute das Wahrzeichen Kärntens als Eigentum bewahren!

Schloss Eberstein oberhalb des gleichnamigen Marktes.

Schloss Eberstein (Bc)

In beherrschender Lage auf einem von der Görtschitz umspülten Felsen erhebt sich über dem Markt Eberstein, der seit dem Spätmittelalter ein Zentrum der Hammerindustrie war, eine fast märchenhafte Schlossanlage nach den idealen Vorstellungen des 19. Jahrhunderts – eine mit „Pfefferbüchsen", d. h. kleinen bezinnten Erkertürmchen und Treppengiebeln abwechslungsreich gestaltete vielteilige Anlage. Die Burg wurde im 12. Jahrhundert von Dienstleuten der Grafen von Görz-Tirol errichtet und später geteilt. Von den Görzern fiel die obere Burg gemäß dem Frieden von Pusarnitz 1460 an das Haus Habsburg. Die aus der Obersteiermark stammenden Welzer waren in der ersten Hälfte des 15. Jahrhunderts durch Heirat in den Besitz der unteren Burg (dem heutigen Schloss) gekommen und hatten etwas später auch die obere Burg erwerben können. Durch geschickte Heiratspolitik stiegen die Welzer im 16. Jahrhundert zu einer der politisch führenden Familien des Landes auf und spielten als Renaissancebauherren neben den Khevenhüllern eine wichtige Rolle. Auch Eberstein wurde in dieser Zeit wesentlich umgebaut und erweitert. 1630 kaufte der Montangewerke David Christalnigg von Gillitzstein das Schloss, in seiner 1721 in den Grafenstand erhobenen Familie blieb das Schloss bis in die dreißiger Jahre des 20. Jahrhunderts. Offenbar in Anlehnung an den Eindruck,

Schloss Eberstein
Schlossberg 1
9372 Eberstein
www.eberstein.at

den der Umbau von Schloss Wolfsberg machte, hat Baumeister Anton Bierbaum das etwas nüchterne Renaissanceschloss 1851 und 1868 – 72 zu einer romantischen Anlage im Tudorstil umgebaut, die vor allem in ihrer Silhouettenwirkung und weniger im Detail beeindruckt.

Die Burg sollte den Eingang ins obere Görtschitztal sichern und nutzte dabei eine Talenge aus. Von der oberen Burg ist nichts mehr erhalten. Über einen im Kern „echten", doch romantisch fassadierten Torturm betritt man vom Westen her den geräumigen Hof, der durch zwei – in der Art mittelalterlicher Palasbauten (vgl. Neuschwanstein) – um 1870 neu gestaltete Wohngebäude mit Verbindungstrakten gebildet wird. Auch die Innenräume wurden im 19. Jahrhundert neu gestaltet. In der Schlosskapelle zu Ehren des Ritterheiligen Georg – die ab der Mitte des 13. Jahrhunderts sogar Pfarrrechte innehatte und vom Bautyp her einen später mehrfach veränderten gotischen Saalraum repräsentiert – ist an der Nordseite ein 1562 von Wenzel Aichler geschaffenes Fresko bemerkenswert. Es zeigt den auf Lucas Cranach den Älteren zurückgehenden protestantischen Bildtyp „Gesetz und Gnade" (Gegenüberstellung von Motiven des Alten und Neuen Testaments).

Markus Pernhart

Eine Monografie · Arnulf Rohsmann

104 ganzseitige Farbabbildungen der Ölbilder, 24 zweifärbige Abbildungen der Zeichnungen, Stahlstiche und Grisaillen, 80 Seiten Text und SW-Bilder, Ganzleinen mit Schutzumschlag und Schuber.

ISBN: 3-85366-707-4

€ 260,–

Ein Blick auf die Kärntner Malerei des 19. Jahrhunderts zeigt zwei Höhepunkte: Markus Pernhart und die Brüder Willroider. Was Pernharts Sonderstellung in einem Land ausmacht, das nicht durch stilistische Erfindungen, sondern durch Spätblüten brilliert, zeigt diese Monografie. Sie verfolgt den Weg des Malers an Hand zahlreicher Skizzen und Dokumente aus einer von ernsthaften Amateuren beherrschten Künstlergruppe um Eduard von Moro, über die Münchner Akademie und die Auseinandersetzung mit dem österreichischen Biedermeier, bis zu einem autarken Oeuvre, dessen Stellenwert in der österreichischen Kunst sie neu definiert.

Hollenburg

Eberstein

VERLAG johannes heyn

www.verlagheyn.at

9020 Klagenfurt, Friedensgasse 23, Tel. 0463/33631, Fax 0463/33631-33, e-mail: office@verlagheyn.at

Nördlich von St. Veit erreicht der Burgenkranz, mit dem die aus Rheinfranken zugewanderten Spanheimer als Herzöge von Kärnten (1122 – 1269) ihren Vorort St. Veit abzusichern suchten und zugleich ihre eigene Gefolgschaft ansiedeln konnten, seine größte Dichte. Politisch stark geschwächt schon seit dem Anfall Kärntens an das Haus Habsburg 1335 – in dessen Folge keine Herzöge mehr im Lande residierten – verlor St. Veit samt seinem Hinterland endgültig jegliche politische Bedeutung durch den Ausbau von Klagenfurt zur neuen ständischen Residenz und Hauptstadt im 16. Jahrhundert – wodurch aber die mittelalterliche Herrschaftsarchitektur besser konserviert wurde als in den aufsteigenden Gebieten. So haben Wanderer wie Kunstfreunde gleichsam vor den Toren der St. Veiter Altstadt vielfältige Gelegenheit zum Erleben von Geschichte und Natur.

Schloss Hunnenbrunn (C1)

An der alten Bundesstraße von St. Veit nach Friesach, kurz vor der Abzweigung nach Kraig, erhebt sich linker Hand auf einer Terrasse der Edelsitz Hunnenbrunn, ein langgestreckter hofloser Rechteckbau der Renaissance, der sein unverwechselbares Aussehen den an die Schmalseiten angesetzten Rundtürmen mit ihren flachen Dachzwiebeln verdankt. Mehrere Restaurierungen haben dem Hauptgebäude seit dem späten 19. Jahrhundert jedoch viel an Charme genommen. Einen malerischen Anblick gewährt hingegen nach wie vor der turmartige Renaissancepavillon mit seinem übereck gestellten Erker und barocker Zwiebelhaube, der sich an der Umfassungsmauer der Straße gleichsam entgegenstellt. Bereits vor vielen Jahren hat die Neutrassierung der Straße die ehemals an der Abzweigung der Schlosszufahrt errichtete barocke Wegkapelle mit ihrem hübschen geschwungenen Giebel unter dem Steinplattldach etwas ins Abseits gedrängt. Darum ist die mehrfigurige Kreuzigungs-

Schloss Hunnenbrunn
9300 Hunnenbrunn
Schlossweg 2
+43(0)4212-27510
www.frauenstein.at

gruppe – ein Werk der regional bedeutenden St. Veiter Schnitzwerkstätte des Johann Pacher um 1750 – nicht mehr gut einsehbar. Jünger als das Schloss ist der dahinter liegende mächtige Meierhof über hufeisenförmigem Grundriss mit hofseitigen Arkadenbögen.

Der romantisch verbrämte Ortsname Hunnenbrunn hat eine nüchterne Wurzel: Hier gab es einen „Hungerbrunnen", der in Trockenperioden zu versiegen, zu „verhungern" pflegte. Wie in Weyer und Kölnhof befand sich hier zuvor ein Bauerngut, unter dessen Besitzern wir 1546 sogar einen St. Veiter Bürgermeister nachweisen können. Im späteren 19. Jahrhundert änderte ein Besitzer den Namen in das wohlklingendere „Hunnenbrunn" – woraufhin die Stadt St. Veit im Jahre 1901 die Tausendjahrfeier einer legendenhaften Hunnenschlacht begehen wollte und nur durch entsprechende Klarstellungen des Landesarchivars August Jaksch davon abgehalten werden konnte.

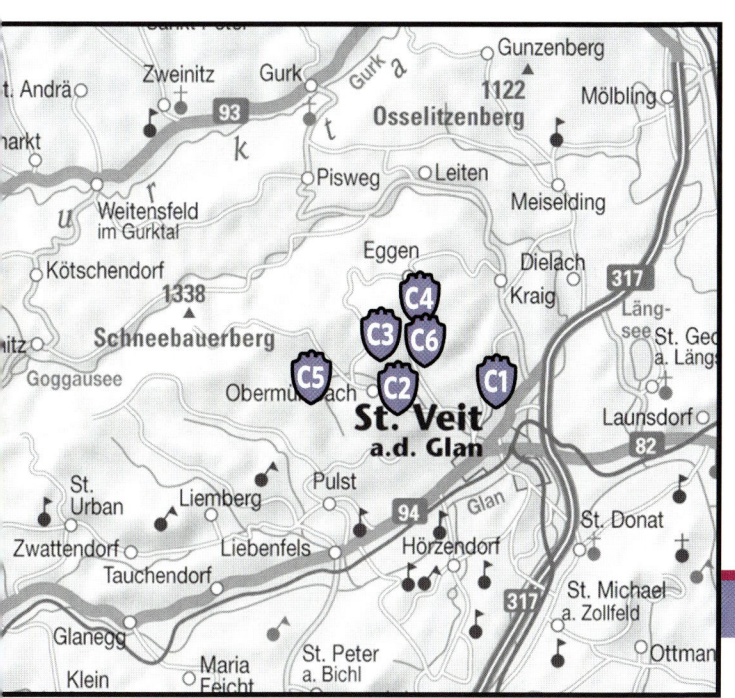

Bauherr des Edelsitzes dürfte um 1585 – knapp vor seinem Tode – Landeshauptmann Georg Khevenhüller (1530 – 1587), einer der bedeutendsten Vertreter seiner Familie und Bauherr von Hochosterwitz, gewesen sein. Ein kunstvoller Wandbrunnen aus diesem Jahr wurde 1948 nach Karlsberg übertragen. Die Besitzer, darunter die Perro, die Albl von Albenburg, die Gewerkenfamilie von Mayerhoffen und Werthenpreiß sowie die Grafen Goëss, wechselten bis ins 20. Jahrhundert sehr rasch. 1924 vermeinte man in der Nähe ein Erdölvorkommen entdeckt zu haben, was aber aus geologischer Sicht unmöglich ist.

Nachdem schon im Zweiten Weltkrieg eine Schule des weiblichen Arbeitsdienstes in Hunnenbrunn untergebracht war, erwarb das Land Kärnten das Schloss 1964 und richtete hier eine landwirtschaftliche Fachschule ein. Das führte in der Folge zwar zu einer Revitalisierung, deren Umbauten Hunnenbrunn 1972 jedoch viel historische

Schloss Hunnenbrunn.

Substanz und Atmosphäre nahmen. Seit wenigen Jahren ist das Schloss wieder in Privatbesitz.

Schloss Dornhof (C2)

Schloss Dornhof
Dornhof 1
9300 St. Veit
an der Glan
+43(0)4212-27510
www.frauenstein.at

Auf einer Rückfallkuppe des Lorenziberges westlich von St. Veit liegen die bescheidenen Reste einer mittelalterlichen Burg, die seit dem späten 12. Jahrhundert im Zuge des Aufstieges dieser Stadt zum Hauptort der herzoglichen Hofhaltung auf den Resten einer prähistorischen Wallanlage erbaut worden sein dürfte. Ein quadratischer Turm in einem Bering bildete westlich davon die Vorburg.

Nördlich dieser Burganlage entstand, ausgehend von den Grundmauern eines spätmittelalterlichen Gebäudes, im 16. Jahrhundert ein wuchtiger Rechteckbau mit ursprünglich vier vorspringenden Ecktürmen, von denen die beiden mit einem offenen Laubengang verbundenen östlichen – ein eckiger und ein runder, den ein Kragsteinerker ziert – erhalten geblieben sind. Dieses neue Schloss Dornhof dürfte von der landständischen Familie der Herren von Staudach erbaut worden sein, auf welche 1589 die Eisengewerken Mägerl folgten, die noch im gleichen Jahr geadelt wurden und später das Prädikat „von und zu Dornhof" führten. Unter Baron von Söll kam

Schloss Dornhof.

es 1732 zur Errichtung einer Schlosskapelle, die Mitte des 19. Jahrhunderts neugotisch verändert wurde. Später war die Stadt St. Veit im Besitz des Schlosses, sie verkaufte es 1797, im Jahr der ersten französischen Besatzung Kärntens, um 6.200 Gulden an Josef Hartmann. Durch jüngere Wirtschaftsgebäude ist das baugeschichtlich interessante, da durchaus eigenwillig geplante Schloss in seiner Wirkung heute zwar etwas beeinträchtigt, fügt sich aber harmonisch in die bergige Landschaft westlich der alten Herzogstadt ein.

Burgruine Nußberg (C5)

Den Eingang in den Schaumboden bewacht auf einer felsigen Rückfallkuppe des Gauerstalls eine kühne Ruine, deren Mauerwerk noch mehrgeschossig erhalten und weithin gut sichtbar ist. Die Nußberger – unter denen ein gewisser Ruodeger der 1148 urkundlich bezeugte älteste ist – waren herzogliche Ministerialen, aber auch solche des steirischen Nonnenklosters Göß. Die nächste bedeutende Besitzerfamilie waren die Verber (Färber). Im August 1487 konnten ungarische Söldner, denen der Salzburger Erzbischof seine Schlösser geöffnet hatte, die Burg in einem Handstreich einnehmen, weil die Besatzung den Kirchtag von St. Oswald am Fuße des Nußberges besuchte. Kaiserliche Söldner belagerten darauf-

Burgruine Nußberg
Nußberg 4
9300 St. Veit an der Glan
+43(0)4212-27510
www.frauenstein.at

Burgruine Nußberg, Bleistiftzeichnung von Markus Pernhart um 1850.

hin die Burg und konnten nach drei Wochen, als den Ungarn die Munition ausging, wieder die Übergabe erzwingen. Die Herrschaftsrechte an der spätestens im 17. Jahrhundert verfallenen Anlage wurden in der Folge mit der Herrschaft Kraig vereinigt und kamen im Jahre 1822 an die Grafen von Goëss. Seit mehreren Jahrzehnten bemüht sich mit Ing. Dario Drida ein engagierter Besitzer um die Instandhaltung bzw. Konservierung der markanten Ruine.

Der älteste Teil der wohl schon um 1100 erbauten Burg war ein mehrgeschossiges „Festes Haus", das später zum Torbau samt darüber liegender Kapelle umfunktioniert wurde. Daran schloss sich westlich ein ummauerter Hof an. Im 13. Jahrhundert – der Blütezeit der Kärntner Herzöge aus dem Geschlechte der Spanheimer – erweiterte man die Anlage beträchtlich und schuf dem festen Haus gegenüber ein frühgotisches Wohngebäude mit Pultdach. Noch um 1500 verbesserten beträchtliche Umbauten die Wohnqualität der Burg auf ein lokal bemerkenswertes Maß. Und auch die Wehranlagen wurden durch den Bau eines neuen Zwingers noch einmal auf den neuesten Stand gebracht, bevor entscheidende gesellschaftspolitische Veränderungen zum Verfall der kühnen Burg führten.

Schloss Frauenstein.

Schloss Frauenstein (C3)

Wer sich aus Obermühlbach dem Schloss von Westen nähert, dem bietet sich unter den Wäldern des Kraigerberges auf einer niedrigen Felskuppe ein nahezu unwirklich schönes Bild einer vieltürmigen, mit Erkern, Zinnen und Wehrgängen ausgestatteten romantischen Ritterburg. Während aber viele solcher Objekte über ganz Europa hinaus Produkte der Vergangenheitssehnsucht des 19. Jahrhunderts sind, haben wir es in Frauenstein mit einem originalen Beispiel spätmittelalterlicher Schlossbaukunst zu tun! Nach seiner Errichtung versank es wegen der baldigen Verlagerung der politischen Macht von St. Veit nach Klagenfurt gleichsam in einen Dornröschenschlaf, und auch seit der romantischen Wiederentdeckung der ritterlichen Kultur im 19. Jahrhundert wurde es von verständigen Besitzern liebevoll instand gehalten und blieb so von leichtfertigen Umbauten verschont.

Die Felskuppe mit dem Schloss war früher zumindest teilweise von einem Wassergraben umgeben. Ein Vorwerk, heute Verwalterstöckl genannt, sperrt die Auffahrtsrampe zur Hauptburg, die leider für Besucher nicht zugänglich ist. Sie ist um einen trapezförmigen Hof angelegt und besteht aus zwei rechteckigen, von insgesamt fünf

Schloss Frauenstein
Frauenstein 1
9300 St. Veit
an der Glan
+43(0)4212-27510
www.frauenstein.at

71

Gedenktafel über dem Hauptportal von Schloss Frauenstein.

Rundtürmchen und übereck gestellten Erkern eingefassten Wohnstöcken mit Verbindungsbauten. Unter der malerischen Dachlandschaft mit den intakten Steinplattln und dem sehenswerten alten Dachstuhl finden wir noch umlaufend holzgezimmerte Wehrgänge, wie sie sonst in den Wehrkirchen besonders auf der Saualpe erhalten sind. Im Hof beeindrucken die spitzbogigen und kreuzgewölbten Lauben am Übergang von der Gotik zur Renaissance, die sich über drei Seiten des Hofes erstrecken.

Auch die Gemächer der Burg haben viel von ihrer früheren Atmosphäre bewahrt. So befinden sich im herrschaftlichen Hauptgeschoss, dem ersten Stock, Räume mit Vertäfelungen und Holzkassettendecken des 16. Jahrhunderts. Eine solche aus dem Jahre 1560 wurde im 20. Jahrhundert vom Schloss Großkirchheim hierher übertragen. Besonders heimelig ist das „Zirbenkabinett" im nordöstlichen Turm. Im Jägerzimmer des östlichen Wohntraktes sind Wandmalereien erhalten, die Gobelins imitieren und Schäferszenen zeigen, in anderen Räumen befinden sich barocke Stuckdecken. Der mittlere Rundturm am nördlichen Arkadengang birgt die Allerheiligenkapelle, in welcher das spätgotische Sterngewölbe von 1521 mit dem rund zwei Jahrhunderte jüngeren barocken Rankenstuck eine bemerkenswerte Symbiose eingegangen ist.

Der erste urkundlich belegte Herr der Burg – mit schönem höfischen Namen – war zwischen 1195 und 1227 der herzogliche Dienstmann Gundachir von „Frovnstaine". Die Blütezeit des Schlosses begann aber erst unter der bedeutsamen Familie Welzer von Eberstein, die 1499 in die Besitzerfamilie Färber einheiratete. Christoph V. Welzer (gest. 1539), der bis zum Landesverweser aufstieg, und seine Gemahlin Agnes, eine Hohenwarterin, brachten Frauenstein 1519 bis 1521 im Wesentlichen in die heutige Form. Ihre Wappen und Bauinschriften sind am Schloss mehrfach zu finden. Den Eingangstrakt haben vielleicht erst ihr Enkel Christoph (IX.) und dessen Ehefrau Anna Turzo, eine reiche nordungarische (slowakische) Gewerkentochter, 1554 ausführen lassen, das lässt sich aus einer Gedenktafel über dem Hauptportal schließen. Unter den späteren Besitzern sind die Grafen von Trauttmannsdorff (1588 – 1636), die Gabelkhover (1636 – 1800) und die Grafen von Abensperg-Traun zu nennen (ab 1863). Im Besitz der Nachkommen des Oberkärntner Holzhändlers und Gutsbesitzers Otto Wirth befindet sich Frauenstein noch heute. Für die 1973 neu geschaffene Gemeinde Frauenstein ist das Schloss nicht nur namengebend, es stellt auch seit 1982 das Wappenmotiv.

Die Kraiger Schlösser – Hochkraig und Niederkraig (C4)

**Ruinen Hoch-
& Niederkraig**
Kraigerschlösser
9311 Kraig
+43(0)4212-27510
www.frauenstein.at

Sowohl von Kraig als auch von Obermühlbach über Frauenstein aus erreichbar, sind die beiden Kraiger Schlösser heute sehenswerte und viel besuchte Ruinen. Ihre Entstehung fällt mit dem Aufstieg St. Veits als Vorort der herzoglichen Hofhaltung unter den Spanheimern in der zweiten Hälfte des 12. Jahrhunderts zusammen. Als Erbauer gelten, wenn man nicht die Spanheimer selbst als Auftraggeber in Betracht ziehen will, die Herren von Kraig, die aus einem der ältesten und wichtigsten herzoglichen Ministerialengeschlechter Kärntens hervorgingen. Seit dem frühen 13. Jahrhundert hatten sie das Amt des Truchsessen am herzoglichen Hof inne, bis ihre Familie um die Mitte des 16. Jahrhunderts mit dem schwachsinnigen Konrad in männlicher Linie ausstarb.

Allem Anschein nach sind das kleinere Hochkraig und das ausgedehnte **Niederkraig** in nur geringem zeitlichen Abstand um die Wende vom 12. zum 13. Jahrhundert entstanden. Die Hauptburg war Niederkraig. Durch einen ersten wenig befestigten Torbau erreicht man heute eine lang gestreckte Terrasse, an deren südlichem Ende sich über steilem Abfall die spätbarocke Johannes-Nepomuk-Kapelle mit zahlreichen eingemauerten römerzeitlichen Inschriften- und Reliefsteinen erhebt. Es ist nicht ausgeschlossen, dass ihr mittelalterlicher Vorgängerbau gleichfalls schon eine Rotunde war. Ein zweites Tor führt auf eine höher gelegene Terrasse, an deren östlichem Abschluss sich der Bergfried mit umgebenden Wohnbauten, darunter noch ein Palasbau der frühen Neuzeit, erstreckt. Davon ursprünglich völlig isoliert, im Laufe der großzügigen Erweiterungen des Spätmittelalters aber mit diesen Trakten verbunden, erhob sich ein weiterer Turm, an dem einige Details einen verhältnismäßig hohen wohnlichen

Die Kraiger Schlösser um 1680, Kupferstich von Valvasor.

und repräsentativen Anspruch verraten, so in den Sitznischen und den auffällig gekuppelten Trichterfenstern. Letztere wurden wohl fälschlich als Signalfenster gedeutet, dürften aber eher dekorative Zwecke erfüllt haben. Ein eindrucksvoller, bis an die zehn Meter hoher Aquädukt auf gemauerten Bögen versorgte die Burg mit Wasser – ein hoher Aufwand für eine wichtige Burganlage der politischen Führungsschicht.

Die höher gelegene Ruine **Hochkraig** ist nur mehr schwer zugänglich. Der steile Burgplatz hinter einem breiten Halsgraben umfasst auf engem Raum einen massiven Bergfried mit auffallend abgerundeten Ecken, die dem leichteren Abprall bzw. der Ablenkung von Wurfgeschossen bei Belagerungen dienten. An den Bergfried schließt sich ein enger Bering an. Diese Anlage war wohl zunächst ein Vorwerk von Niederkraig, und erst ein kleiner Palaszubau des 14. Jahrhunderts schuf begrenzten Wohnraum. Eine etwas tiefer liegende gotische Burgkapelle stammt gleichfalls aus dieser Zeit. Als weiteres Vorwerk ist etwa 200 Meter nördlich und oberhalb der Hauptburg der viergeschossige, nur eingeschränkt bewohnbare „Fallturm" erhalten, der zugleich oder bald nach den beiden Burganlagen im frühen 13. Jahrhundert errichtet worden sein dürfte.

Mit dem Tod des letzten Kraigers kam die Burg über die Herren von Hardegg und Georg Graf von Nogarol für rund sechzig Jahre an die Kheven-

Blick auf den Bergfried von Freiberg.

hüller. Nach ihrer Ausweisung als Protestanten gingen die Kraiger Schlösser für etwa ein halbes Jahrhundert an die Freiherren von Grottenegg und nach weiteren Besitzerwechseln an die Familie von Mayerhofen. Während uns Valvasor um 1680 Oberkraig bereits verfallen zeigt, blieb Niederkraig bis zur Wende ins 19. Jahrhundert bewohnbar und verfiel erst später zur sehenswerten, aber gefährlichen Ruine. Seit 1822 sind die Kraiger Schlösser im Besitze der Grafen von Goëss.

Die landschaftlich überaus schön gelegenen Burgen von Kraig bieten bei aller Erschwernis ihrer Erkundung – ihre Begehung ist aus Sicherheitsgründen nicht gestattet – noch heute eine gute Vorstellung der lokalen mittelalterlichen Burgenbaukunst.

Burgruine Freiberg (C6)

Burgruine Freiberg
Grassen 7
9300 St. Veit
an der Glan
+43(0)4212-27510
www.frauenstein.at

Unter allen Burgen und Schlössern, die in dem fast sprichwörtlichen Kranz die Herzogstadt St. Veit umgaben, gebührt Freiberg ein besonderer Rang. Möglicherweise stand hier eine erste Burg schon an der Wende vom 11. zum 12. Jahrhundert, als der Investiturstreit zwischen Papsttreuen und Kaiserlichen zur verstärkten militärischen Absicherung ihrer Besitzungen führte. Sie war einer der zentralen Stützpunkte der ansonsten beschränkten herzoglichen Macht der Dynastie der rheinfränkischen Spanheimer im Lande (1122 – 1269) und muss um 1200 über erstaunlich regelmäßigem Grundriss für Repräsentations- und Wohnzwecke ausgebaut worden sein. Noch im Erbvertrag der beiden letzten dieser Familie – dem Herzog Ulrich und seinem Bruder Philipp, erwähltem Erzbischof von Salzburg – wird Freiberg 1256 als eines ihrer sechs Hauptschlösser („castra capitalia") bezeichnet. Dass die 1181 erstmals ausdrücklich genannte Burg die Entscheidung der Spanheimer mitbestimmte, St. Veit zum Zentrum ihrer Hofhaltung zu machen, ist anzunehmen.

Als im Jahre 1292 der Salzburger Erzbischof und ein Teil des einheimischen Adels unter Führung des mächtigen Jauntaler Grafen Ulrich von Heunburg gegen den neuen Landesfürsten Graf Meinhard von Görz-Tirol – und damit indirekt auch gegen die habsburgische Herrschaft über die österreichischen Lande – rebellierte, stellte sich der herzogliche Burggraf Konrad von Freiberg auf die Seite der Aufständischen. Nachdem sich der Heunburger während der Kampfhandlungen auch mit dem Erzbischof entzweit und der Freiberger die Partei des Ersteren ergriffen hatte, kam es im Spätsommer sogar zu einer – allerdings vergeblichen – Belagerung der Burg durch salzburgische und bayerische Gefolgschaft. Der Herzogssohn Otto von Görz-Tirol konnte die Revolte niederschlagen, und Konrad von Freiberg wurde mit seinen Mitverschwörern in St. Veit hingerichtet (s. a. Karlsberg, S. 48/49).

Das Schloss war Mittelpunkt eines Landgerichtes und wurde in der Folge öfters als herzogliches Pfandobjekt eingesetzt. Als die politisch im Lande sehr engagierte Adelsfamilie der Welzer im Laufe der ersten Hälfte des 16. Jahrhunderts das nahe gelegene Frauenstein zu einem prächtigen Schloss der frühen Renaissance ausbauen ließ, war Freiberg bereits verfallen.

Die Ruine liegt auf einem felsigen Kegel nordwestlich von St. Veit. Das eigentliche Hochschloss des 12. Jahrhunderts auf dem an drei Seiten durch einen Steilabfall geschützten Plateau ist mittlerweile völlig verwachsen, nur mehr geringe Mauerreste erinnern an die um einen rechteckigen Hof gelegenen Wohn- und Wehrbauten. Südlich fällt das Gelände in Stufen ab, hier bewacht noch heute ein mächtiger Turm – der Bergfried oder ein Vorwerk – den Burgweg. Einige Meter entfernt blieben die Grundmauern der Burgkapelle erhalten – ein zweigeschossiger Saalraum mit halbrunder Apsis und Trichterfenstern, gleichfalls aus dem 12. Jahrhundert. Das obere Geschoss diente wohl der Herrschaft, das untere dem Gesinde und der niederen Gefolgschaft als Aufenthaltsraum bei der Messfeier. Der St. Veiter Architekt Robert Caldera, seit 1982 Besitzer der Ruine, hat Turm und Kapelle seitdem mit viel Einfühlungsvermögen rekonstruiert und zu seinem privaten Refugium umgestaltet. Die Baureste zeigen, dass Freiberg während der spanheimischen Herrschaft eine beträchtliche Ausdehnung hatte und eine repräsentative Anlage gewesen sein muss, eines Herzogs wohl würdig.

HEMMA PILGERWEGE
Kärnten zu Fuß erleben

Auf der Suche nach „Entschleunigung" erlebt das Pilgern nach Gurk einen neuen Aufschwung. Von Sveta Ana und Črna in Slowenien, von Admont in der Steiermark, von Millstatt, Ossiach, Karnburg und der Turrach in Kärnten führen beschilderte Wege ans Grab der heiligen Hemma.

Der Wallfahrtsort Gurk fasziniert durch seine romantische Lage im Herzen Kärntens. Das Leben und Wirken der Gräfin Hemma von Friesach und Zeltschach begründeten den Ruhm des Ortes.

Mit dem **Handbuch Hemma-Pilgerwege** im Gepäck, das ausführliches Karten- und Infomaterial beinhaltet und neben den **sieben Pilgerrouten** nach Gurk die profanen und kulturellen Sehenswürdigkeiten am Weg beschreibt, gelangen alle Wanderer sicher ans Ziel.

www.hemmapilgerweg.com

KÄRNTEN

Dieses Projekt wird von EU, Bund und Land Kärnten kofinanziert.

Nicht nur für den Mittelalter- und Burgenfreund ist die in einer markanten Beckenlandschaft, wenige Kilometer vor der steirischen Grenze gelegene malerische Kleinstadt Friesach ein Glücksfall. Als Nebenresidenz des Salzburger Erzbischofs seit dem 12. Jahrhundert überreich mit Burgen, Kirchen und bald darauf mit einer eindrucksvollen Stadtbefestigung ausgestattet, hat der spätestens im 16. Jahrhundert einsetzende politisch-repräsentative Bedeutungsverlust und wirtschaftliche Rückgang den Ort gleichsam konserviert, sodass er heute ohne große rekonstruierende Maßnahmen eine mittelalterliche Musterstadt darstellt.

Burgruine Petersberg (D1)

Friesach wird vom Petersberg beherrscht, einer weitläufigen Burganlage auf der lang gestreckten Rückfallkuppe des Pirkerkogels, die wohl von Erzbischof Gebhard – im Zuge der Bedrohung salzburgischer Gebiete während des Investiturstreites – um 1080 angelegt und dann unter seinen Nachfolgern bis Eberhard II. (1200 – 1246) im Wesentlichen in die heutige Gestalt gebracht wurde. Von hier aus verwaltete seit 1187 ein Vizedom den Kärntner Besitz des Erzbistums. Letzte Befestigungen erfolgten unter dem aus dem Kärntner Kleinadel stammenden Leonhard von Keutschach (1493 – 1519), danach setzte ein Bedeutungsverlust der Burg ein, die im 18. und 19. Jahrhundert zum Verfall führte. Nachhaltige Wiederherstellungsmaßnahmen setzten erst im ausgehenden 19. Jahrhundert ein, als sich Friesach als Sommerfrischenort zu profilieren begann. Durch die Burgfestspiele rückte der Petersberg seit den fünfzi-

Burgruine Petersberg
Petersbergweg 18
9360 Friesach

Information:
Tourismusinformation
Fürstenhofplatz 1
9360 Friesach
+43(0)4268-2213-40/-43
www.friesach.at

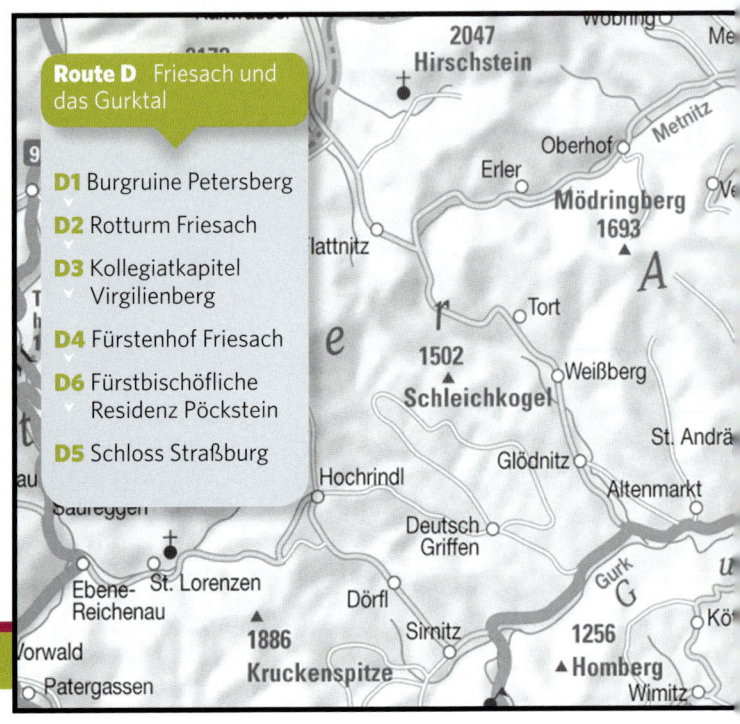

ger Jahren des 20. Jahrhundert in den Blickpunkt kulturellen Interesses, seitdem ist er auch museal und gastronomisch ein wichtiger Faktor des lokalen Selbstbewusstseins.

Die für Hügel und Burg namengebende **Peterskirche** überragt markant auf einem Felssporn die Stadt. Bauforschungen der letzten Jahre haben sie als schrittweise gewachsene spätromanische Anlage des 13. Jahrhunderts erwiesen. Der älteste Teil des kombinierten Kirchenbaues mit Langhaus, eingezogenem, turmartig erhöhtem Chorquadrat und Halbrundapsis (wie er uns auch auf der Straßburg begegnet) sind das neuzeitlich gewölbte Chorquadrat und die Apsis aus dem frühen 13. Jahrhundert, in welche Triumphbögen mit typischen romanischen Kämpferprofilen führen. Das Langhaus mit seiner barock stuckierten Kassettendecke und den noch erhaltenen Trichterfenstern (spätes 13. Jahrhundert) betritt man

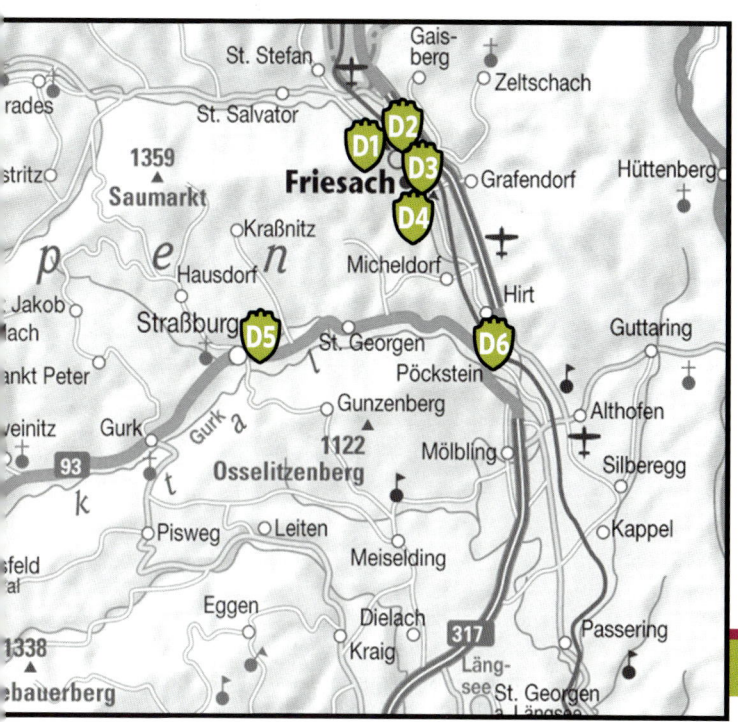

durch ein aus Spolien eines älteren Portales zu-
sammengesetztes Rundbogenportal.

Das eindrucksvollste Gebäude am Petersberg
ist aber der mächtige sechsgeschossige, dreisei-
tig freistehende **Bergfried**. Er wurde um 1180 als
flachgedeckter Kapellenturm mit umlaufendem
Zinnenkranz errichtet, bald nach 1200 gewölbt
und um ein Geschoss erhöht und wiederum nur
wenige Jahre später zu einem Wohnturm umgebaut, indem das obere Geschoss einen noch
heute eindrucksvollen Mantelkamin erhielt (um
1225). Der Turm war nach seiner Abdeckung 1830
bereits zur Ruine verfallen und wurde erst 1883
restauriert und dabei neu gedeckt. Heute beherbergt er das **Stadtmuseum**, das unter anderem
aufwarten kann mit einer spätromanischen
Madonna lactans aus Marmor, dem hochroma-
nischen Fresko des heiligen Romanus aus dem
Apsiserker einer ersten zweigeschossigen Kapelle

Blick auf den Friesacher Petersberg.

der Zeit Erzbischof Konrads I. (1106 – 47, die Reste dieses Kapellenbaues befinden sich westlich des jüngeren Bergfrieds); dann mit einer Eisentüre vom Portal des 1845 abgetragenen Rundkarners bei St. Bartlmä (um 1200) sowie mit verschiedenen Spolien, wie etwa einem Doppelkapitell vom Palas aus dem frühen 13. Jahrhundert. Darüber hinaus zeigt die Schausammlung die Bedeutung der „Friesacher Pfennige", einen Überblick über die Stadtgeschichte, über das lokale Kunstschaffen und die Friesacher Bürgerkultur sowie eine Waffensammlung.

Der eindrucksvollste Raum im Turm ist aber im dritten Geschoss die zweijochige lang gestreckte **Rupertikapelle** mit Resten eines hohen Kreuzrippengewölbes und Fresken eines christologischen Programmes aus dem frühen 13. Jahrhundert. Auch wenn vom **Palas**, dem eigentlichen repräsentativen Wohnbau des Erzbischofs Eberhard II. aus der Zeit um 1220, nur mehr die Grundmauern nördlich des Bergfrieds erhalten sind, so geben doch vor allem die gekuppelten Fenster mit den zierlichen Doppelsäulchen im Obergeschoss eine Vorstellung vom Glanz und der Bedeutung Friesachs am Ende des Hochmittelalters. Selbst die **Umfassungsmauern** des Oberhofes und Teile der Mauern und Türme um die Peterskirche, innerhalb derer sich früher ein Friedhof befand, stammen noch aus dem 13. Jahrhundert, wie das Mauerwerk erweist.

Betritt man heute den Petersberg über den ursprünglichen Burgweg vom Norden her, kommt man vor dem Haupttor an einer mittlerweile unscheinbaren, in Privatbesitz befindlichen Bautengruppe vorbei, die seit dem 13. Jahrhundert die **Burg Lavant** bildete. Hier residierte von der Schaffung des Eigenbistums durch den Salzburger Erzbischof im Jahre 1228 bis ins 17. Jahrhundert der von ihm in strenger Abhängigkeit gehaltene Eigenbischof von Lavant! Bausymbolisch aussagekräftig ist, dass der Vizedom als erzbischöflicher Bevollmächtigter von der Hochburg im wahrsten Sinne des Wortes auf den Salzburger Suffragan hinuntersehen und ihn solcherart kontrollieren konnte.

Hatten die selbstbewussten Salzburger Erzbischöfe im Mittelalter noch die Exterritorialität ihres Streubesitzes in Kärnten und der Steiermark durch den Bau von Festungen behaupten können, so vermochten die habsburgischen Landesfürsten und die in ihrer Bedeutung stetig wachsenden Landstände eben diese Besitzungen im Jahre 1535 durch einen Vergleich (Rezess) in ihre Oberhoheit des Herzogtums Kärnten einzubinden. Damit war aber auch die starke Befestigung der Salzburger Burgen obsolet geworden, wie sie noch Erzbischof Leonhard von Keutschach (1495 – 1519) massiv betrieb. Mit Ausnahme der sogenannten **Burghauptmannschaft** – einem im Norden an die beiden romanischen Bergfriede angefügten langrechteckigen und dreigeschossigen Gebäude mit vorgelegten Renaissancearkaden von 1588, das heute gastronomisch und als Jugendgästehaus genutzt wird – finden wir am Petersberg kaum neuzeitliche Bauspuren.

Rotturm
Mathias-v.-Lexer-Weg
9360 Friesach
+43(0)4268-
2213-40/-43
www.friesach.at

Die Stadtbefestigung mit dem Rotturm (D2)

Die Stadt Friesach ist nicht zuletzt ob ihrer intakten mittelalterlichen Stadtbefestigung berühmt – der Stadtmauer und dem noch immer gefüllten Stadtgraben. Ein erster Mauerring wurde bereits gegen 1200 errichtet; er umzog die Stadt in einem weiten Bogen vom Virgilienberg bis zur Burg Lavant und schloss sogar das nördlich vor dem Stadtgraben liegende Dominikanerkloster ein. Diese zu optimistisch konzipierte Stadtbefestigung, die sich nach mehreren erfolgreichen Belagerungen zwischen 1275 und 1292 als nur schwer zu verteidigen herausstellte, wurde in der zweiten Hälfte des 13. Jahrhundert durch die heutige abgelöst, die vom Virgilienberg an zunächst etwa hundert Meter und ab dem Dominikanerkloster bis zum Petersberg etwa 200 Meter weiter stadteinwärts angelegt wurde. Sie umfasste die eigentliche, zehn bis elf Meter hohe Mauer, eine davor liegende niedrigere Zwingermauer in etwa neun Meter Entfernung und daran anschließend den etwa 15 Meter breiten, fast zehn Meter tiefen Stadtgraben. Zwei Stadttore wurden schon 1845 abgetragen und zuletzt 1873 das Olsator, das in mehreren Gemälden überliefert ist. Als festungstechnische Spezialität sind die ebenfalls noch aus dem späten 13. Jahrhundert stammenden, als Rotturm bezeichneten drei mächtigen Türme hinter der Heiligblutkirche hervorzuheben, welche die schwer zu verteidigende Bergseite schützen sollten (s. Abbildung S. 80/81).

Die Ruine des hochgotischen Kirchenchores am Virgilienberg.

Virgilienberg (D3)

Von besonderem landschaftlichen Reiz ist die isoliert auf einem Hügel südlich der Altstadt gelegene Kirchenruine des ehemaligen Kollegiatkapitels St. Virgil. Hier gründete Erzbischof Eberhard II. wohl zwischen 1233 (dem Jahr der Heiligsprechung des Salzburger Missionsbischofs Virgil) und 1240 (dem Jahr der ersten Nennung eines Propstes) eine zu gemeinsamen Chorgebeten verpflichtete Gemeinschaft von Kanonikern aus seinem Hofklerus, die auch für diplomatische und sonstige anspruchsvolle Aufgaben herangezogen werden sollten. Mit der Aufhebung des Kapitels im Jahre 1606, nach der eine bloße Titularpropstei übrig blieb, verfielen zuerst die ummauerten Wohnbauten und schließlich auch die aus dem 14. Jahrhundert stammende Kapitelkirche, bis 1894 erste Sicherungsmaßnahmen einsetzten. Die hochgotische dreijochige Chorruine mit polygonalem Schluss ist seitdem unverzichtbarer Bestandteil der Friesacher Burgensilhouette geworden.

Virgilienberg
Virgilienbergweg
9360 Friesach
+43(0)4268-2213-40/-43
www.friesach.at

Blick auf den nächtlich erleuchteten Fürstenhof mit Schüttkasten.

Fürstenhof in Friesach (D4)

Fürstenhof

Fürstenhofplatz 1
9360 Friesach
+43(0)4268-
2213-40/-43
www.friesach.at

Auch die Bausubstanz der Profanbauten ist in Friesach stärker als in anderen Kärntner Städten mittelalterlich bestimmt. Als besonders repräsentatives Beispiel sei der nördlich der Kollegiatstifts- und Pfarrkirche St. Bartlmä erbaute Fürstenhof des Erzbischofs (Fürstenhofplatz Nr. 3, heute Rathaus und Gemeindeamt) genannt, der 2001 im Rahmen der Landesausstellung „Schauplatz Mittelalter" untersucht und saniert wurde. Dabei erwies sich die Westecke als später verbauter Wohnturm des 13. Jahrhunderts. Diesem ältesten Kern einer fürsterzbischöflichen Residenz im Talgrund wurde noch in der zweiten Jahrhunderthälfte nordöstlich ein Zubau angefügt, an den man wiederum wenig später – im zweiten Viertel des 14. Jahrhunderts (zur Zeit der lokalen hochgotischen Kunstblüte unter Propst bzw. Bischof Gerold von Gurk) – einen Kapellenraum mit Polygonalchor anschloss. Zur Zeit der Renaissance – nachdem man den Petersberg aufgrund geänderter politischer und kultureller Parameter als Fürstenresidenz aufgegeben hatte – wurde dem Turm südöstlich eine Loggia mit Stiegenaufgang angebaut und weiter südlich ein neuer Renaissancewohnstock errichtet, den man erst im 17. Jahrhundert durch einen Zwischentrakt mit „Labn" (Einfahrtshalle) mit den älteren Bauteilen verbunden hat.

Besonders bemerkenswert ist der hinter dem Fürstenhof gelegene, in die Nordostecke der Stadtbefestigung eingebaute ehemalige **Schüttkasten** des Erzstifts, der 1582 vollständig abbrannte. In der Folge wurde er als mächtiger viergeschossiger Speicherbau mit Pferdestallungen im Untergeschoss und Flachdecken in den Obergeschossen sowie einem neunachsigen Pfeilervorbau mit Pultdach wiedererrichtet. Seit seiner Sanierung im Zuge der Landesausstellung 2001 finden in ihm Ausstellungen statt.

Außerhalb der Stadtmauer verdient noch die auf einem eigenen Hügel im 13. Jahrhundert errichtete Burg **Geiersberg** Beachtung, die aus dem Bergfried, dem Palas und einem Bering mit Torturm bestand. Die ruinöse Anlage wurde 1911/12 unter Verwendung der Altbauten weitgehend neu errichtet, insbesondere der Palas. Der im Kern noch romanische Bergfried erhielt gekuppelte Fenster mit neuromanischen Kapitellen und der Torturm wurde zur Kapelle umgebaut. Die Anlage ist nicht zu besichtigen.

Die ehemalige Residenz des Gurker Fürstbischofs Pöckstein in Zwischenwässern (D6)

Am Zusammenfluss von Gurk und Metnitz, wo der seit alters her bedeutende Verkehrsweg des „Schrägen Durchganges" eine Engstelle passiert, bestand seit dem Jahre 1606 ein Hammerwerk samt zugehörigem Herrenhaus. Dieses ließ der Gurker Fürstbischof Joseph II. Anton Graf von Auersperg – der seine Diözese nach den Grundsätzen eines aufgeklärten Katholizismus leitete und wesentlich zur Umsetzung staatskirchlicher Reformen im Sinne Kaiser Josefs II. beitrug – abreißen und an seiner Stelle zwischen 1778 und 1782 eine der ungewöhnlichsten Schlossanlagen des frühen Klassizismus errichten, welcher allmählich die barocke Formensprache abzulösen begann.

Pöckstein
Pöckstein 6
9330 Treibach-Althofen
+43(0)4213-34190

Der Speisesaal von Schloss Pöckstein mit illusionistischen Ausblicken auf ideale Landschaften.

Der im Grundriss nahezu quadratische Schlossbau
mit sieben bzw. neun Fensterachsen beeindruckt
zunächst durch seine schon von weitem erkenn-
bare kubische Geschlossenheit und das gewal-
tige Mansardwalmdach. Hinter der charakteristischen, dem Dach aufgesetzten breiten Laterne
befindet sich ein Raum, dessen Ausmalung seinen Besuchern die Illusion eines Sommerpavil-
lons mit Ausblick in eine ideale Landschaft bietet.
Gerade die einfache Würfelform des Schlosses –
ein signifikanter Bruch mit der Tradition mehr-
flügeliger Bauten mit monumentalen Ehrenhöfen
für fürstliche Residenzen und somit ein symbol-
haftes Bekenntnis zur Aufklärung – dürfte Kaiser
Josef II. zur spöttischen Bemerkung veranlasst
haben, *„das Haus sehe sehr einem Kanarienvo-
gelhäusel ähnlich"*! Pöckstein steht demnach in
der Tradition süddeutscher geistlicher Kleinre-
sidenzen und der sogenannten „Kavaliershäus-
chen" des Barock.

Die geschlossene Würfelform stellte den aus
Salzburg stammenden, in erzbischöflichen
Diensten stehenden Architekten Johann Georg
Hagenauer vor ein schwieriges Belichtungspro-
blem, erleichterte dafür aber die Planung eines
effizienten Heizungssystems, sodass am Dach
nur mehr vier gebündelte Kamine in Form von
taubenkobelartigen Häuschen aufgesetzt werden
mussten. Besonders modern war die Sammlung

des Regenwassers im Mansarddach, welches für die Spülung der ersten Wasserklosetts im Lande Verwendung fand!

Die strenge, klar rhythmisierte Fassade mit scharf geformten Gesimsen und immer wiederkehrendem Zopfmotiv (wegen der Klassizismus auch als „Zopfstil" bezeichnet wird) besitzt drei Portale. Das östliche kann im ersten Obergeschoss vom Garten aus über eine Brücke betreten werden, welche die Bundesstraße überspannt. Das südliche Hauptportal führt zunächst in einen schmalen, langen und ein wenig düsteren Korridor, an den beidseitig Kanzleiräume anschlossen. Über ein repräsentatives Stiegenhaus mit Balustraden, Vasen und heidnisch-allegorischen Figurennischen – Diana, Ceres, Mars und Neptun, Werke Johann Baptist Hagenauers, einem Bruder des Architekten – erreicht man die beiden Hauptgeschosse. Eine versteckte Dienertreppe, wie sie das barocke Zeremoniell forderte, führt parallel dazu auch ins oberste Halbgeschoss (Mezzanin), wo sich einst weitere Kanzleien und Personalwohnungen befanden. Während das erste Obergeschoss die gewöhnlichen Arbeitsräume des Bauherrn und die zweigeschossige Kapelle beherbergt – Letztere mit schönen Arbeiten vermutlich von Johann Probst aus der Zeit um 1800 (Kruzifix mit dem heiligen Karl Borromäus und Engeln) –, befinden sich die fürstbischöflichen Paraderäume der Beletage im darüberliegenden zweiten Obergeschoss. Von einem ovalen Vestibül aus betritt man entweder im Westen die Empore der Kapelle oder im Osten zunächst das Eintrittszimmer und einen weiteren Warteraum für hohe Gäste (Nobelantichambre). Von hier gelangt man entweder in den geräumigen Speisesaal – dessen Decke und Wände eine phantasievolle afrikanische Küstenlandschaft mit Palmen, Vögeln und Affen ziert – oder in den Empfangssaal: Er befindet sich in der südöstlichen Ecke und ist ausgestattet mit symbolischen Darstellungen von Jagd, Fischerei, Astronomie, Musik, Schauspielkunst und Weinbau sowie einem Rosettenfries mit zahlreichen gemalten Blumenmotiven. Das kleinere Servierzimmer im Norden und Arbeitsräume mit der Bibliothek im Süden (mit zeittypischen Garderobeäumen dahinter) beschließen die überaus bedeutende Raumfolge, die der Wiener Franz Wagner noch im Charakter des Rokoko malerisch ausgestaltete und die aufgrund der später fehlenden repräsentativen Nutzung nie modernisiert wurde.

Nachdem der Bauherr bereits 1783 als Bischof nach Passau berufen wurde und auch sein Nachfolger Kardinal Franz II. Xaver Altgraf von Salm-Reifferscheidt-Krautheim (1783 – 1822) vier Jahre später in Klagenfurt zu residieren beschloss, verblieb Schloss Pöckstein, diesem „Musterbeispiel eines reifen klassizistischen Baues" (Karl Ginhart) nur mehr die bischöfliche Temporalienverwaltung – wodurch aber das Gebäude von Modernisierungen verschont blieb. 2007 hat das Bistum Gurk das Schloss verkauft, seine künftige Nutzung steht offen.

Die Straßburg (D5)

Die kleine Stadtgemeinde Straßburg entstand nur zwei Kilometer östlich des Gurker Domes nahe dem älteren Lieding in einem Gebiet, das schon 898 durch Schenkung des Kaisers Arnulf in den Besitz der Sippe der heiligen Hemma von Gurk kam. Die edle Imma, vermutlich die Großmutter Hemmas, erlangte 975 von Kaiser Otto II. für Lieding umfassende Markt-, Münz- und Zollprivilegien. Doch erst die Gurker Bischöfe begannen mehr als anderthalb Jahrhunderte später tatsächlich, etwas östlich den heutigen Ort Straßburg anzulegen. Den Anfang bildete die vor 1147 errichtete Burganlage, an deren Fuße sich bald eine Handwerkersiedlung entwickelte, die um

Straßburg
Schlossweg 6
9341 Straßburg
+43(0)4266-
223613/-27173
www.strassburg.at

Die Straßburg vom Süden.

1200 Marktrechte sowie eine Ummauerung und noch vor 1346 Stadtrechte erhielt. Aufgrund ihrer beschränkten politischen Bedeutung und verkehrsgeographischen Randlage hat die Stadt ihre mittelalterlichen Dimensionen später kaum mehr überschritten. An einem Stadtmauerrest beim ehemaligen Gurker Tor im Westen blieb ein Nischenbrustbild des Markt- und Bauherrn Bischof Walther von Vatz (1200 – 1213) in antikisierend-provinzialrömischer Relieftechnik mit erläuternder Majuskelinschrift erhalten.

Die namengebende und majestätisch über der Stadt gelegene Burg ist eine der mächtigsten und repräsentativsten mittelalterlichen Wehranlagen des Landes. Sie geht im Kern auf Bischof Roman I. von Gurk (1131 – 67) zurück, der auch als Bauherr des dortigen Domes gilt. Ihr polygonaler **Bering**, der im Norden noch heute bis in neun Meter Höhe erhalten ist, umschloss einen geräumigen Hof mit einem „Festen Haus" im Osten, das allerdings im 15. Jahrhundert völlig umgebaut wurde. Die bemerkenswerte **Kapelle** in der Südostecke ist etwas später (um 1200) entstanden. Sie umfasste ein querrechteckiges Langhaus mit aus der Flucht des Berings vorspringendem eingezogenen Chor samt halbrunder Erkerapsis. Sie wurde in Etappen bis um 1680 erhöht, gewölbt und dadurch in ihren Proportionen stark verändert, doch hat man bei der letzten Restaurierung noch die romanischen Kämpfer am Triumphbogen und das ursprüngliche Chorscheitelfenster freilegen können. Ebenfalls um 1200 entstand an

93

der Angriffs- und Zugangsseite im Westen der ursprünglich viergeschossige, später aufgestockte **Bergfried** über viereckigem Grundriss, der auf der Hofseite im zweiten Geschoss betretbar war. Die gesamte Südseite nahm ein in der ersten Hälfte des 13. Jahrhunderts errichteter langgestreckter **Palasbau** ein, der durch spätere Umbauten verändert wurde und 1915 fast zur Gänze einstürzte. Im Spätmittelalter erfolgten Zubauten im Westen. 1583/84 ließ Bischof Christoph Andreas von Spaur – durch den Steinmetz und Baumeister Johann Anton Verda aus der Gegend von Lugano im schweizerischen Tessin, den Erbauer des Klagenfurter Landhauses – den eindrucksvollen **Kasten- und Stallbau** der Renaissance – mit seiner siebenjochigen und dreischiffigen Erdgeschosshalle – errichten und durch einen Gang mit dem Hochschloss verbinden. Und im Jahre 1685 ließ Fürstbischof Johann Graf Goëss als letzter aktiver Bauherr der fürstbischöflichen Residenz zunächst die frühbarocke **Toranlage** in den westlichen Zwinger des Schlosses erbauen, und ein Jahr später das einfache Mauertor in die Hauptburg und wohl gleichzeitig den eindrucksvollen umlaufenden **Arkadengang** im Innenhof errichten. Ein Erdbeben im Jahre 1767 gab den Anstoß für Überlegungen zur Übersiedlung der bischöflichen Residenz. Seit der Verlegung des Bischofssitzes ins nahe Pöckstein (1780) und schließlich nach Klagenfurt (1787) verfiel die Straßburg, durch Blitzschläge und Erdbeben beschleunigt, allmählich zur Ruine. Erst ab 1920 bzw. 1956 setzten Sicherungsarbeiten und seit 1988 – als hier die Jubiläumsausstellung „Hemma von Gurk" stattfand – umfangreiche Sanierungsarbeiten für Ausstellungs-, Veranstaltungs- und Gastronomiezwecke ein.

SCHLOSS VELDEN™

A CAPELLA HOTEL
VELDEN, AUSTRIA

KÖNIGLICHER GENUSS

Schloss Velden, a Capella Hotel, verwöhnt Sie mit exklusivem Ambiente, das höchsten Erwartungen entspricht.

Erleben Sie perfekten Service und einmalige Kochkunst in Verbindung mit ausgesuchten, erlesenen Weinen in unserem Strandrestaurant „Seespitz" oder unserem mit einem Michelin-Stern ausgezeichneten Gourmetrestaurant „Schlossstern".

Das Auriga spa lädt Sie auf 3500 m² zum Hochgenuss für Körper und Geist ein.

Königlich genießen – Schloss Velden.

Schloss Velden, a Capella Hotel • Schlosspark 1 • 9220 Velden am Wörthersee, Austria
Telefon +43(0)4274-52000-0 • reservations.velden@capellahotels.com • www.schlossveldencapella.com

Das Wörtherseegebiet ist reich an Burgen, Schlössern, Edelsitzen und Villen, die Repräsentation und Wohnverhältnisse der jeweiligen Oberschicht im Laufe der Jahrhunderte recht anschaulich vor Augen führen. Im Mittelalter, vor allem im 12. und 13. Jahrhundert, überwachten die Burgen Verkehrswege, an denen Zölle und Mauten eingehoben wurden (Leonstein); oder sie wurden von ritterlichen Dienstleuten (Ministerialen) errichtet, um die Macht- oder Einflussbereiche der weltlichen oder geistlichen Territorialherren abzusichern (Hohenwart, Aichelberg, Wernberg). Schon seit dem 15., vor allem aber im 16. Jahrhundert, wurden die als unbequem empfundenen Höhenburgen – an denen nur mehr Herrschaftsrechte bestanden – verlassen und stattdessen großzügigere Talschlösser nach den Gepflogenheiten der Renaissance errichtet (Leonstain, Damtschach anstelle von Aichelberg). Lag die

Burg günstig, konnte sie nach neuer Mode umgebaut werden (Wernberg). Als wichtigste Bauherren zwischen Villach und dem Wörthersee
erwiesen sich die Khevenhüller, die im 15. und
16. Jahrhundert einen glänzenden politischen,
wirtschaftlichen und gesellschaftlichen Aufstieg
erlebten und diesen durch Schlösser gleichsam
„untermauerten" (Wernberg, Damtschach, Velden). Die so vielversprechende Renaissance-
baukultur – man denke an den Glanz Veldens im
späten 16. und 17. Jahrhundert – stagnierte jedoch, sodass die Gegend erst durch den mit der
Eisenbahn in der zweiten Hälfte des 19. Jahrhunderts ins Land gebrachten Fremdenverkehr aus
einem Dornröschenschlaf erwachte. Villa und
Hotel lösten als neue Bauaufgaben für gehobene
Sommergäste Schlösser und Edelsitze ab – ja, sie
übernahmen unter dem Stilbegriff des Historismus bis in die Jahre vor dem Ersten Weltkrieg

sogar Elemente der vorangegangenen Herrschaftsarchitektur (Türme, Erker). Eine besondere Rolle spielte dabei Schloss Velden, das nach 1891 von einem tatkräftigen Bauherrn als Luxushotel gleichsam rekonstruiert wurde und solcherart zu einem Symbol des Wörtherseetourismus aufstieg.

Kloster Wernberg (E1)

Kloster Schloss Wernberg
Klosterweg 2
9241 Wernberg
+43(0)4252-2216
www.klosterwernberg.at

„Wann ich von Wernberg und Osterwitz khomb, ist alda mein Burgenlust ...", schrieb 1581 Georg Freiherr von Khevenhüller (1534 – 1587), einer der wichtigsten Vertreter dieser aus Franken stammenden und seit dem 15. Jahrhundert in Kärnten zu großem politischen, wirtschaftlichen und kulturellen Einfluss gekommenen Familie. Der langjährige Kärntner Landeshauptmann hatte sich 1580 als überzeugter Protestant vom katholischen Hof Erzherzog Karls II. in Graz, wo er als Obersthofmeister und Kämmerer gewirkt hatte, wieder nach Kärnten zurückgezogen und erwies sich in der Folge als einer der bedeutendsten Bauherren der Renaissance und des Manierismus.

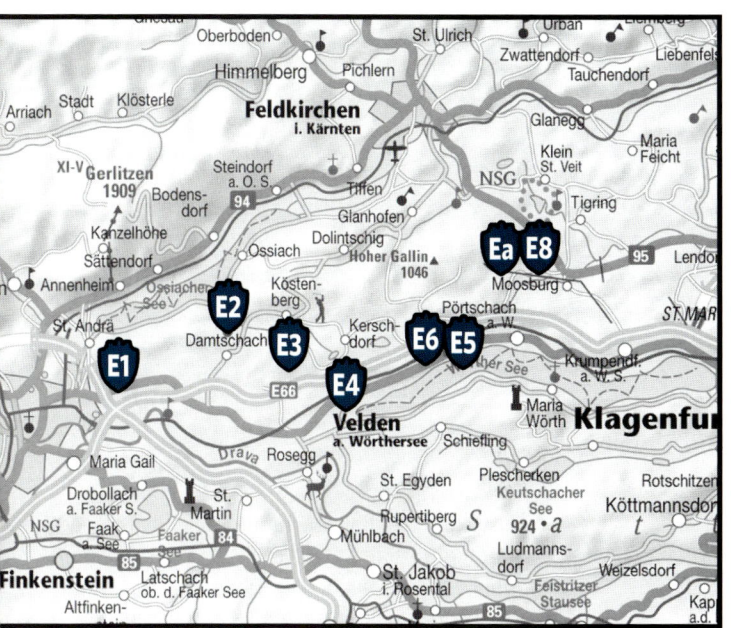

Die vor 1227 hoch über der markanten Drauschlinge zwischen Velden und Villach errichtete Burg Werdenberg (erst später zu Wernberg vereinfacht) – deren Name auf eine Drauinsel zurückgehen dürfte (mittelhochdeutsch „wierd" bedeutet „Insel") – sollte ursprünglich eine Brücke schützen, mit welcher Herzog Bernhard aus dem Geschlecht der Spanheimer den Weg durch Villach umgehen und so die wirtschaftliche Vormachtstellung des Hochstifts Bamberg entlang des „Schrägen Durchganges" brechen wollte. Da diese Absicht misslang, musste die Burg gemäß Schiedsspruch zunächst Bamberg übergeben werden. Später ist sie aber wieder als landesfürstliches Lehen nachweisbar, das vor 1519 in den Besitz der Khevenhüller kam.

Georg Khevenhüller ließ von ca. 1570 bis 1576 anstelle dieser Burg ein geräumiges dreiflügeliges, nach Süden zur Drau hin offenes Renaissanceschloss mit wuchtigen Ecktürmen und einem Säulenarkadenhof errichten. Über dem Hauptportal mit auffallender Diamantquaderumrahmung und in einem Bogenzwickel des Arkadenhofes blieben

99

Schlossportal Wernberg.

Brustbilder des Bauherrn mit den Reliefs seiner Ehefrauen erhalten. Obwohl in Wernberg der wohnliche Aspekt bereits überwiegt, verraten beispielsweise die an den Außenkanten spitzwinkeligen Türme und die umlaufenden mächtigen Befestigungen das militärische Interesse des auch als Kriegsherr gegen die Türken bewährten und erfolgreichen Auftraggebers.

Sein Enkel Paul musste – als überzeugter Protestant vom Landesfürsten zum Verlassen Innerösterreichs gezwungen – Wernberg 1629 an Hans Siegmund von Wagensperg verkaufen. Dessen Nachkommen übergaben das Schloss 1672 in einem Tausch an das Stift Ossiach, das es bis 1783 als Erholungsort und Sommersitz nutzte. Der gesamte Konvent übersiedelte übrigens nach dem Erwerb kurzzeitig hierher, da man das Ossiacher Seeklima und insbesondere das Wasser als ungesund erachtete. Die Äbte ließen die Innenräume barock umgestalten, so etwa den „Engelsaal" mit seinen stuckierten Engelsköpfen (heute Gästespeisesaal), den Prälatensaal mit gemalter Kuppel und bevölkerter Scheinbalustrade (um 1675) sowie das Refektorium und Turmzimmer (erste Hälfte 18. Jahrhundert). Abt Virgil Gleissenberger (1725 – 35) war der Auftraggeber einer geräumigen Kapelle zu Ehren der heiligen Katharina (heute Zum kostbaren Blut), die an den nordöstlichen Turm angebaut wurde und mit z. T. illusio-

Der barocke „Engelsaal" im Schloss Wernberg dient heute als Speisesaal.

nistischen Fresken von Josef Ferdinand Fromiller (Mariä Himmelfahrt und Heilige, gemalter Hochaltar und Scheinkuppel) und Stuck der Wessobrunner Schule ausgestattet ist. Seit dem Jahre 1935 beherbergt das Schloss die Kongregation der Missionsschwestern vom Kostbaren Blut, die hier Exerzitien und Seminare abhalten und eine Fremdenpension betreiben.

Schloss Damtschach (E2)

Schloss Damtschach liegt an der Landesstraße, die in Wernberg von der Wörthersee-Bundesstraße nach Köstenberg abzweigt. Beidseitig dieser Straße bilden das ehemalige Pflegerhaus – ein typisches nachbarockes „Stöckl" aus dem Jahre 1807 –, die Schlossmeierei mit Gesindehaus, Stadel, Pferde- und Schweinestall aus der Biedermeierzeit (erste Hälfte 19. Jahrhundert) und das Schlossgebäude selbst mit dem anschließenden Park ein stimmiges Ensemble. Letzteres ist eine unregelmäßige, seit dem frühen 16. bis ins ausgehende 17. Jahrhundert schrittweise in seine heutige Form gebrachte dreiflügelige Anlage, die sich nach Osten in einem klassizistischen Gartenportal öffnet.

Eine Besonderheit ist die im Südosten angebaute Schlosskapelle, die 1787 unter Kaiser Josef II. zur Pfarrkirche erhoben wurde. Der Saalraum mit angebautem Ostturm wurde im Zuge des ba-

Schloss Damtschach
Damtschacher Str. 18
9241 Wernberg
+43(0)4252-2225
www.damtschach.at

Schloss Damtschach im Winter.

rocken Umbaues von ca. 1680 bis 1695 von Maria Isabella Gräfin Galler in Auftrag gegeben und besitzt noch eine barocke Ausstattung. 2003 wurde nahe dem Schloss eine neue, bewusst modernistisch gestaltete Pfarrkirche nach Plänen von Gernot Kulterer eingeweiht.

Da die Türken die Aichlburg, etwa anderthalb Kilometer nördlich von Damtschach hinter Umberg, weitgehend zerstört hatten, gestattete Kaiser Maximilian dem Besitzer Augustin Khevenhüller 1511 die Errichtung von Damtschach als neuen herrschaftlichen Sitz. Vermutlich war hier bereits der Wirtschaftshof der Aichlburg gestanden. 1629 musste Paul Khevenhüller auch Damtschach wegen seiner Ausweisung als Protestant an Hans Siegmund Graf von Wagensperg verkaufen. Vor 1715 erwarb Clemens Ferdinand Graf Kaiserstein die Anlage von den Grafen Galler; im 18. Jahrhundert kam sie durch Heirat an die Jöchlinger von Jochenstein und von diesen an die Grafen Orsini-Rosenberg, die Damtschach bis heute innehaben und um eine kulturelle Nutzung (Konzerte, Aufführungen etc.) bemüht sind.

Bemerkenswerter als das Schloss ist sicherlich der südlich und südöstlich anschließende **Park**, dessen ursprünglich barocker Charakter im Jahre

1824 unter Baron Felix Jöchlinger von Jochenstein ein völlig neues Gesicht erhielt durch einen für Kärnten modellhaften Umbau in englischer Manier. Die Anlage ist in ihren Grundzügen noch erkennbar, doch haben die Wegführungen, Staffagebauten und Pflanzungen durch Reduzierungen und Rodungen beträchtlich gelitten. Seit den neunziger Jahren des 20. Jahrhunderts werden denkmalpflegerische Maßnahmen zur Erhaltung und teilweisen Rekonstruktion der Gartenanlage nach alten Abbildungen gesetzt. Über den Bach, der nahe am Schloss in einer kleinen Schlucht vorbeifließt, erhebt sich eine romantische Ruine in Form einer viaduktartigen Zinnenmauer mit Bögen. Aus leichter Hanglage erwächst hinter einem von Pilastern eingefassten Rundbogen eine kleine Grotte, etwas abgelegener findet sich noch ein Badehaus. Verschlungene Wege führen zu markanten Blickpunkten, die wie der „Parapluisitz" eine originelle schattige Sitzgelegenheit bieten können.

Ruine und Kirche Sternberg (E3)

Die weithin sichtbare Kirchen- und Burganlage von Sternberg nördlich der Wörthersee-Autobahn verteilt sich auf einen Zwillingsfelsen. Während der westliche, nach allen Seiten steil abfallende Felsblock die Ruinen der alten Burg trägt, steht auf dem östlichen die ehemalige Eigenkirche und Burgkapelle zu Ehren des Ritterpatrons Georg. Die 1170/80 erstmals urkundlich erwähnte **Burg** war Eigenbesitz der mächtigen Grafen von Sternberg, die ihrerseits eine Seitenlinie der bedeutenden Unterkärntner Grafen von Heunburg waren. Ihr Wappen, die drei goldenen Sterne in blauem Schild, haben später die Grafen von Cilli übernommen. Zu ihrem Besitz gehörte auch die etwas nördlich im Hinterland des Wörthersees gelegene **Burg Hohenwart** – das „schwarze Schloss", noch heute eine mächtige, sehenswerte Ruine. 1329 kamen die Burgen im

**Ruine &
Kirche Sternberg**
Sternbergerweg 44
9241 Wernberg

Information:
Sekretariat der
Röm.-Kath. Pfarren
Schulweg 4
9231 Köstenberg
+43(0)4274-7015

Die Ruine und die Kirche Sternberg in einer Bleistiftzeichnung von Markus Pernhart um 1850.

Kaufwege an die Grafen von Ortenburg; nach deren Aussterben verlieh König Sigismund sie 1418 den Grafen von Cilli. Im Erbfolgekrieg, nach der Ermordung des letzten Grafen von Cilli auf der Belgrader Burg 1456, wurden beide Burgen zerstört. Ihre Herrschaftsrechte erwarb 1545 Bernhard Khevenhüller von Erzherzog Ferdinand; sein Bruder und Erbe Christoph vereinigte sie schließlich mit der Herrschaft Landskron.

Von der durch einen Halsgraben im Osten geschützten Burganlage des 12. bzw. 13. Jahrhunderts blieben Teile des sechseckigen Berings erhalten, während die Mauern des an der gefährdetsten Stelle errichteten Bergfrieds heute den Unterbau eines Wohnhauses bilden. Der Turmrest im Süden stammt wohl aus der frühen Neuzeit (16. Jahrhundert).

An der Stelle der heutigen **Pfarrkirche** zum heiligen Georg stand vermutlich eine keltisch-römische Kultstätte, weswegen wir am Bau zahlreiche Römersteine in Zweitverwendung finden. Die im 14. Jahrhundert östlich erweiterte, im Kern romanische Kirche besitzt eine anmutige Vorhalle der Renaissance (1586) mit doppelt gekuppeltem Fenster, gotischen und barocken Fresken sowie einer beachtenswerten Kassettendecke mit Ornamentmalerei. Im Inneren dominiert bei den drei Altären des Hoch- und Spätbarock (1730 bis spätes 18. Jahrhundert). Neben dem spätgotischen achteckigen Taufstein mit einem um 1490

Das Hotel Schloss Velden am Wörthersee.

mit Taufszenen bemalten pyramidenförmigem hölzernen Aufsatz ist vor allem das bedeutende Fastentuch des Villacher Malers Jakob Kazner aus dem Jahr 1629 mit 24 Szenen aus dem Alten und Neuen Testament zu erwähnen.

Beachtet werden sollte schließlich der schlossartige **Pfarrhof** aus dem 16. Jahrhundert am Fuße des Burgfelsens, dessen südwestlicher Rundturm die herrschaftliche und wehrhafte Wirkung noch verstärkt.

Hotel Schloss Velden (E4)

Bartlmä Khevenhüller (1539 – 1613), eine der bemerkenswertesten Persönlichkeiten dieser ursprünglich aus Franken stammenden Familie, war sowohl als Unternehmer, als Funktionär innerhalb der Kärntner Landstände – wo er es zum Landobristen, Erblandstallmeister und 1581 zum Klagenfurter Burggrafen brachte – wie auch als landesfürstliche Vertrauensperson (Mundschenk und später Kämmerer Erzherzog Karls II. von Innerösterreich) erfolgreich und angesehen. Da er ständig zwischen Villach bzw. Landskron und Klagenfurt pendelte und etwa auf halbem Wege ein Quartier zur größeren Bequemlichkeit benötigte, erwarb er 1585 im Bauerndorf Velden am Westufer des Wörthersees zunächst eine Mühle und begann direkt am See mit dem Bau einer Absteige, die unter Einsatz erheblicher Finanzmittel (über 23.000 Gulden) allmählich zum *„stattlichen und lustigen Pallast"* heranwuchs. Für das

Hotel Schloss Velden
Schlosspark 1
9220 Velden
+43(0)4274-52000
www.hotelschloss-velden.com

Moderne Gebäudetrakte ergänzen das nach historischen Abbildungen erneuerte Hotel Schloss Velden.

eigentliche Herrenhaus – ein dreieinhalbgeschossiger hofloser Rechteckbau mit vier polygonalen Türmen an den Ecken – nahm er sich das Lustschloss seines landesfürstlichen Herrn, Erzherzog Karl II. von Innerösterreich, zum Vorbild: die Karlau südlich von Graz, heute eine gefürchtete Strafanstalt. Im Süden und Norden schlossen weitere repräsentative Wohn- und Verwaltungstrakte mit Türmen und Zinnenmauern an. Das nach der Inschrift am Gartenportal 1603 fertiggestellte Schloss beherbergte zahlreiche illustre Gäste, wie etwa Erzherzogin Eleonore, die sich hier 1597 von ihrer Blatternerkrankung erholte und somit als erster „offizieller" Kurgast Veldens gelten kann. Eine Abbildung in der „Khevenhüllerchronik" um 1620 (heute in der Bibliothek des Museums für Angewandte Kunst in Wien) gibt eine Vorstellung vom Glanz des Schlosses und den rauschenden Festen bei entspannter Atmosphäre am See. Den Gästen stand dabei ein eigenes Boot des Schlossherrn bzw. das den Kärntner Landständen gehörende „Landschaftsschiff" zur Verfügung.

Mit der Ausweisung der protestantischen Khevenhüller im Jahre 1629 war die Blütezeit des Schlosses zunächst noch nicht zu Ende. Dass sich der Präsident der mit der Verwaltung des beschlagnahmten Gutes betrauten Hofkammer, Siegmund Ludwig von Dietrichstein, dasselbe aneignete, spiegelt die Attraktivität der Liegenschaft wider, auf der wir noch bis 1716 repräsentative Familienfeste nachweisen können. Erst im Laufe des 18. Jahrhunderts wurde es stiller um Velden, wozu 1762 ein Brand beitrug, nach dem das Schloss nur notdürftig unter teilweiser Abtragung der Türme wiederhergestellt wurde. Als Gasthaus und Poststation versank das Objekt, symbolhaft für die gesamte Region, in tiefsten Provinzialismus.

Der Wiener Porzellanfabrikant Ernst Wahliss, der die Pörtschacher Halbinsel durch den Bau des alten Parkhotels und einer ganzen Villenkolonie für den Nobelfremdenverkehr erschlossen hatte, erwarb 1891 das völlig heruntergekommene Objekt in Velden und ließ die Fassade durch den ebenfalls aus Wien stammenden Architekten Wilhelm Hess nach der Ansicht in der Khevenhüllerchronik rekonstruieren, zugleich aber in ein Luxushotel umbauen. Spätestens seit den fünfziger Jahren des 20. Jahrhunderts ist das Schloss Velden zum Symbol des Wörtherseetourismus schlechthin geworden und gab die Kulisse für eine ganze Reihe von Spielfilmen sowie für die beliebte TV-Serie „Ein Schloss am Wörthersee". Der Erwerb des sanierungsbedürftigen Objekts durch den deutschen Industriellen Gunther Sachs gab 1990 Hoffnung für einen Neubeginn, doch wurden die bereits begonnenen Bauarbeiten eingestellt. Der unfertige Rohbau drohte zum Negativsymbol der lokalen Hotellerie zu werden, bis eine Bank das Objekt erwarb und nach einem Architektenwettbewerb das bemerkenswerte Hotel- und Appartement-Baukonzept verwirklichte, das im Mai 2007 fertiggestellt war und als Hotel Schloss Velden seinen Betrieb aufnehmen konnte.

Vom Renaissanceschloss der Khevenhüller stehen heute nur mehr Teile der Grundmauern, die bereits 1891 teilweise erneuert, ergänzt und dem

Hotelbetrieb angepasst wurden, sowie das Gartenportal aus Chloritschiefer mit den Wappen des Bauherrn und seiner Frauen (1603). Hinter dem Schloss entwickelt sich um ein weitläufiges Atrium herum – und darüber hinaus in einer Parkanlage im Südwesten, überaus dezent und geschickt in die Landschaft eingebunden – eine Abfolge von modernen Zimmer- und Wellnesstrakten sowie dazu gehörige kleine Villenbauten in einfachsten Grundformen und unterschiedlicher Geschosszahl.

Burgruine Leonstein (E6)

Auf einem geräumigen Felsstock westlich von Pörtschach erheben sich nahe der Wörtherseeautobahn die mächtigen Ruinen der einst bedeutenden Burg Leonstein, die über einen Wanderweg gut erreichbar ist. Ihr urkundlich 1166 erstmals aufscheinender Name geht auf Leopold von Projern zurück, der sie als Ministeriale der steirischen Markgrafen im frühen 12. Jahrhundert errichten ließ. Seine Nachkommen hatten die Burg rund zwei Jahrhunderte inne und konnten im späten 13. Jahrhundert auch die Herrschaftsrechte der Seeburg erlangen, die sich einst unmittelbar vor Leonstein auf dem Felsen erhoben haben soll, der heute die Hohe Gloriette trägt. Mit Leonstein war ein umfangreiches Landgericht nördlich und südlich des Wörthersees verbunden. Zu seinen Einkünften gehörte auch eine Hafenmaut, die jedoch nichts mit der Schifffahrt zu tun hatte, sondern auf eine bestimmte Art von Töpferwaren (Schwarzhafnerei) eingehoben wurde. Im Spätmittelalter wechselten die Besitzer häufig. Als 1629 den Klagenfurter Jesuiten der Erwerb der Herrschaft gelang, war die Burg bereits verfallen. Nach der Aufhebung des Ordens im Jahre 1773 kam sie unter staatliche Verwaltung und wurde 1809 dem wiederbesiedelten Stift St. Paul im Lavanttal zugewiesen, als Unterhalt für den Betrieb eines Gymnasiums in Klagenfurt, das später nach

Burgruine Leonstein
9210 Pörtschach
am Wörthersee

Information:
Burgvogt Herr Pickart
+43(0)4272-2149

Der Bergfried der Ruine Leonstein.

St. Paul übersiedelte. Als das Stift am Beginn des 20. Jahrhunderts den ehemaligen Dominikalbesitz (Meierschaftsgründe und Wälder) abstoßen wollte, konnte die Kurgemeinde Pörtschach große Teile davon erwerben, darunter auch die Burgruine. Seit 1978 wird die Ruine von einem engagierten Verein betreut, der die verwachsene Anlage konsequent freigelegt und vorbildlich erschlossen hat, sodass sie heute als Kulisse verschiedenster Veranstaltungen fungiert.

An den Ruinen von Wirtschaftsbauten vorbei betritt man vom Westen her durch ein erneuertes Tor die weitläufige Anlage, deren Kern aus dem 12. Jahrhundert im Spätmittelalter stark erweitert wurde. Rechter Hand erstreckt sich der kleinere westliche Burghof mit den Resten der gotischen Burgkapelle St. Maria Magdalena sowie Wohnbauten mit einer Esse bzw. Burgküche. Im äußersten, spornartig zusammenlaufenden Westen schloss ein Turm die Anlage ab. Links gelangt man zum geräumigen östlichen Burghof, dessen Umfassungsmauern aus der Zeit um 1400 bis in eine Höhe von elf Meter erhalten geblieben sind. An sie wurden innen nach Bedarf Räumlichkeiten angebaut, wovon noch eine Abfolge von Grundmauern mit einem gut erhaltenen Kellergewölbe steht. Ein lang gestreckter Gaden im Südosten wurde im Untergeschoss für Ausstellungszwecke (mit bemerkenswerten Funden anlässlich der Revitalisierungsarbeiten) und darüber ein Bereich für Veranstaltungen adaptiert. Vom östlichen Hof führt eine neue Holzstiege über felsigen Untergrund zum ältesten und höchstgelegenen Teil der Burg, der vergleichsweise beengt war. Hier steht der fünfgeschossige Bergfried, der im 13. Jahrhundert errichtet worden sein dürfte und von dem man einen wunderbaren Ausblick über den Wörthersee genießen kann. Daneben hat man ein Brunnenloch freigelegt.

Schloss Leonstain (E5)

Der lang gestreckte Bau an der Hauptstraße durch Pörtschach dürfte im Kern in die Mitte des 16. Jahrhunderts zurückreichen. Allem Anschein nach wurde hier ein ehemaliger Wirtschaftsbau (Meierhof) der Burg Leonstein zu einem Zeitpunkt, als diese nicht mehr die Bequemlichkeiten und repräsentativen Anforderungen eines Adeligen der Renaissance erfüllte, zu einem neuen Herrenhaus umgebaut. Das Neuschloss teilte zunächst die Geschicke und Besitzer der Burg(ruine). 1910 wurde es an die Familie Neuscheller verkauft, die es noch heute besitzt und ein Hotel betreibt, das als Aushängeschild der gehobenen Gastronomie des Kurortes gilt.

Der gleichermaßen trutzige wie anheimelnde Eindruck des Äußeren wird durch bemalte Fensterläden und andere Adaptionen bewusst verstärkt. Innen eröffnet sich dem Besucher ein reizvoller kleiner Innenhof mit Brunnen und Renaissance-

Schloss Leonstain
Leonstainerstraße 1
9210 Pörtschach
am Wörthersee
+43(0)4272-2816
www.leonstain.at

Schloss Leonstain in Pörtschach.

löwen. Ein im Obergeschoss umlaufender Säu-
lenarkadengang wird von Kragsteinen gestützt,
und in einer der Wohnstuben des herrschaftlichen Obergeschosses blieben an der Flachdecke
noch profilierte Rahmenstuckaturen aus der
späten Renaissance erhalten (datiert 1598). 1956
und 1972 erfolgten an der Ostseite Zubauten, die
der historischen Bausubstanz des Schlosses angepasst sind.

Die Moosburger Ruinen (Ea)

Weitab des alten Pfarrdorfes und heutigen Ge-
meindehauptortes Moosburg stehen in sump-
figem Gelände nordwestlich des Mitterteiches
drei felsige und bewaldete Hügel mit Resten sehr
unterschiedlich strukturierter und erhaltener
Wehranlagen, die heute als „alte Moosburg" bezeichnet werden.

Am nördlichen Rand des Geländes erhebt sich
in der Mitte über elliptischem Grundriss (ca. 120
x 55 Meter) der sogenannte **Rauthkogel**, der in
der lokalen Überlieferung als Fluchtburg, Sam-
melplatz für militärische Aufgebote und als ka-
rolingisches „heribergium" gilt, was aber weder
aus den älteren Schriftquellen noch aus dem
baugeschichtlichen Befund (Reste von Trocken-
mauern und Holzständerbauten unbestimm-
baren Alters) bestätigt werden kann. Südwest-
lich davon blieben hingegen auf dem beträchtlich
kleineren **Thurnerkogel** tatsächlich Reste einer

Moosburger Ruinen
Stallhofen
9062 Moosburg

Karolingermuseum:
Krumpendor-
fer Straße 3
9062 Moosburg
Information:
+43(0)4272-
83090/-83624

111

Die Ruine der sogenannten „Arnulfsfeste"
wurde vermutlich um 1300 errichtet.

mittelalterlichen Burganlage erhalten: Über eine
hölzerne Brücke (mit Mauerpfeilerresten) betrat
man vom Westen her durch eine kleine Toranlage das Innere des bogenförmig gegen Süden
noch deutlich erkennbaren Beringes, welches aufgrund der Hanglage gegen Südosten durch eine
Binnenmauer in einen oberen und unteren Hof
geteilt wurde. An der höchsten Stelle erhob sich
ein turmartiger, unterteilter Wohnbau.

Die interessanteste Ruine liegt zweifelsohne östlich des Thurnerkogels auf einem weiteren lang
gestreckten Hügel: ein mächtiger, noch heute an
die 17 Meter hoher Turm über quadratischem
Grundriss mit einer Seitenlänge von rund zwölf
Meter, der von einem Bering und – abschnitts-
weise im Osten – von einem eingetieftem Graben
mit Wall umgeben war. Dieser Turm wurde fälschlicherweise seit dem 19. Jahrhundert mit Arnulf,
dem letzten regierungsfähigen Karolingerkaiser
(887 – 899), in Verbindung gebracht und ging
deshalb als **„Arnulfsfeste"** auch 1961 ins Wappen der Gemeinde Moosburg ein. Tatsächlich
wurde er vermutlich unter den Grafen von Görz-

Tirol um 1300 errichtet, wofür Mauerbefund und politische Umstände sprechen.

Die von Regino von Prüm (um 840 – 915) genannte Moosburg Kaiser Arnulfs ist für Kärnten nicht gesichert, sondern eher mit Zalavár nahe dem ungarischen Plattensee (Balaton) zu verbinden. Wenige Kilometer östlich von Moosburg allerdings, zu Karnburg, bestand eine königliche Pfalz, in der Arnulf 888 das Weihnachtsfest verbrachte.

Über die erstmals 1136 genannte „Mosburch" hatte zunächst der Patriarch von Aquileja die Lehenshoheit, bis die immer mächtigeren Grafen von Görz-Tirol – unter Missbrauch ihrer Stellung als Vögte – sie knapp vor 1150 samt zugehörigen ritterlichen Dienstleuten an sich bringen konnten. Trotz mehrfacher Versuche der Vorbesitzer, sie zurück zu erlangen, behaupteten die Grafen die Moosburg, bis zum Aussterben der Familie im Jahre 1500.

Mit der weder strategisch noch ob der Größe ihrer Herrschaft wichtigen Burg, die von ihren Besitzern auch gar nicht bewohnt wurde, war – offenbar in Anspielung auf ihre vermeintliche karolingische Vergangenheit – die Würde eines Kärntner Pfalzgrafen verbunden. Graf Albert von Görz-Tirol nahm für diesen Titel sogar eine Rangminderung gegenüber seinem Bruder Meinhard in Kauf, als dieser ihn als neu eingesetzter Kärntner Herzog mit der Moosburg belehnte! Die Burg muss bereits 1434 verfallen gewesen sein. Im Jahre 1500 fiel sie mit dem Erbe der Görzer an Kaiser Maximilian, der die zugehörige Herrschaft („Amt und Gericht") bereits im folgenden Jahr an Leonhard I. von Ernau verpfändete bzw. 1514 endgültig verkaufte. Mit der Errichtung des neuen Schlosses um oder bald nach 1500 gingen auch die Herrschaftsrechte an dieses über.

Ungeachtet der umstrittenen karolingischen Frühgeschichte der Moosburg empfiehlt sich ein Besuch des **Karolingermuseums** im Moosburger Ortszentrum, in dem seit 1988 neben einer Dokumentation der Frühgeschichte der Region und der Karolinger – insbesondere Kaiser Arnulfs – auch karolingerzeitliche Chorschrankenplatten aus der benachbarten Kirche St. Peter samt Kleinfunden zu sehen sind, die nach einem Brand 1879 abgetragen wurden.

Schloss Moosburg (E8)

Außerhalb des Geländes der alten Moosburg erhebt sich etwas westlich des gleichnamigen Dorfes in der Nähe mehrerer Teiche majestätisch der turmartige Bau der sogenannten Neuen Moosburg. Sie wurde wohl unter Leonhard I. von Ernau um oder bald nach 1500 errichtet und unter Ulrich II. (gest. 1607) sowie nach der erzwungenen Auswanderung seines protestantischen Sohnes Hektor von Ernau von den Besitznachfolgern, den Freiherren von Kronegg, im 17. Jahrhundert umgebaut. Seit 1708 sind Schloss und Herrschaft im Besitz der Grafen Goëss, welche hier bereits seit vielen Jahren einen Hotelbetrieb samt Restaurant führen.

Hotel Schloss Moosburg
Schloss 1
9062 Moosburg
+43 (0) 4272-83206
www.schloss-
moosburg.at

Die frühneuzeitlichen Außenbefestigungen sind zumindest in den Grundlinien erhalten. Im Osten, Norden und Westen sind noch die Substruktionen (Futtermauern) zu sehen, an der Nordseite die Grundmauern von Türmen und im Nordwesten ein Rundturm. Der Schlossbau selbst besteht aus zwei wuchtigen, zueinander leicht verschobenen viergeschossigen Baukuben mit Walmdächern, von denen der westliche Teil der ursprüngliche ist, während der Ostteil im 17. Jahrhundert zugebaut wurde. Ein Arkadengang verbindet diesen schlanken und hoch aufragenden Bau mit dem niedrigeren zweigeschossigen Südflügel. An der Südecke erhebt sich nach Westen zurückspringend

Schloss Moosburg.

die Schlosskapelle, deren quadratischer Raum mit seiner Holzkassettendecke und Holzempore vermutlich in die Reformationszeit zurückreicht. Die Einrichtung wurde im 17. (Hochaltar) und 18. Jahrhundert geschaffen. Im Hauptbau des Schlosses finden wir an der älteren Ostseite – über den Arkadengang und ein Kragsteinportal zu erreichen – im hoch liegenden ersten Geschoss eine bemerkenswerte spätgotische fünfjochige und zweischiffige Halle auf vier mächtigen Achteckpfeilern. Die darunter liegenden Kellerräume sind tonnengewölbt. Im dritten Geschoss ist eine bemerkenswerte frühe Stuckdecke mit fünf Feldern in Beschlagwerkornamentik erhalten, welche Halbfiguren von Papst Sixtus V., Kaiser Rudolf II., Sultan Murad III. und den Großmufti sowie Wappen der Familien Ernau und Keutschach zeigt (datiert 1590).

Die Neue Moosburg verkörpert relativ gut erhalten den allmählichen Übergang von den verhältnismäßig steilen und schlanken spätgotischen Turmburgen zu den behaglicheren Wohnsitzen der Renaissance in der ersten Hälfte des 16. Jahrhunderts.

woerthersee.com

Schlösser, Luxus und Flair!

Schlösser und Villen – im Stil der einzigartigen Wörthersee-Architektur – zeugen davon, dass man am Wörthersee schon immer elegant wohnte und sich gerne traf. Im Seeschlössl, den Schlössern Velden, Leonstain und Seefels um nur einige zu nennen, kann man noch heute luxuriös urlauben und das Flair von Strandorchester und 5-Uhr Tee spüren.

Auch Klagenfurt lädt zum Schlosswandern ein – von Hallegg nach Mageregg mit seinem großen Tierpark – rund um die Landeshauptstadt kann man in einigen der ehrwürdigen Schlösser fürstlich residieren und/oder Köstlichkeiten der Kärntner Küche genießen.

Die Rosentaler Schlösserstraße wartet mit kulturellen Juwelen auf. Das Schloss Rosegg mit dem Wachsfigurenkabinett, der Schlosspark von Ebenau mit den Landart Skulpturen „From the castle's kitchen" oder das Schloss Ferlach mit dem Büchsenmacher- und Jagdmuseum sind einen Besuch wert.

Die Schlösser Ferlach, und Rosegg oder den Wappensaal in Klagenfurt – diese und rund 100 weitere Museen und Ausflugsziele besuchen Sie mit der Wörthersee Card gratis. Wörthersee Gäste erhalten die Card bei der Urlaubsbuchung in einem der 140 Mitgliedsbetriebe.

Parkvilla Wörth/Pörtschach

Schloss Rosegg

Schloss Ebenau/Rosental

Wörthersee Tourismus • Villacher Str.19 • 9220 Velden • Österreich
Tel. +43/4274/38288 • Fax +43/4274/38288-19
info@woerthersee.com • www.woerthersee.com

Wörthersee

Am Höhepunkt der frühneuzeitlichen Adelskultur der Renaissance war der Wörthersee mit den Schlössern Velden und Maria Loretto zwar Bühne für Empfänge höchstrangiger Gäste (z. B. 1660 Kaiser Leopold I.) und Kulisse glanzvoller Feste, doch ließ seine Attraktivität im Laufe des Barock angesichts geänderter Vorstellungen adeliger Repräsentation bald nach. Als Kärnten selbst innerhalb der habsburgischen Erblande immer mehr zu einem politisch, wirtschaftlich wie kulturell unbedeutenden Nebenland abstieg, versank der See gleichsam in einen Dornröschenschlaf. Davon zeugen der Verfall der beiden genannten Schlösser im 18. und 19. Jahrhundert ebenso wie die teilweise sarkastischen Kommentare von

Reiseschriftstellern wie J. A. Schultes über das armselige Leben des örtlichen Landvolkes.

Doch schon die Lithographien von Friedrich Ferdinand Runk und Johann Ziegler ("Stöcklsche Suite" um 1810), besonders aber die Ölbilder des Spätromantikers Markus Pernhart (1824 – 1871) führten dem Adel und dem Bildungsbürgertum eindrucksvoll auch die Schönheiten Kärntens vor Augen. Und schließlich war es die Eisenbahn, die seit den sechziger Jahren des 19. Jahrhunderts eine ständig wachsende Zahl von kultivierten und begüterten Gästen aus den Metropolen des Habsburgerreiches – insbesondere aus Wien – auf Sommerfrische brachte; zunächst vor allem

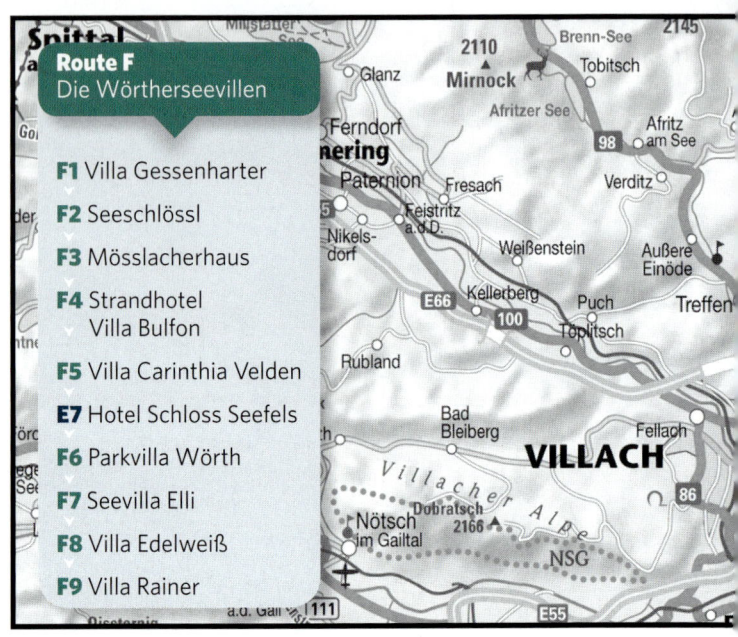

an den Wörthersee, später auch an die Ufer der anderen großen und kleinen Kärntner Badeseen (Millstätter See, Ossiacher See, Längsee). Die Familien zogen mit ihren Dienstboten für die ganze Sommersaison hierher und entfalteten bald ein reges gesellschaftliches Leben.

Die nunmehr schrittweise bis zum Ersten Weltkrieg entstehenden Hotels und Villen übernahmen bewusst Elemente des Schlossbaues, der seit der bäuerlichen Grundentlastung und Abschaffung der adeligen Privilegien 1848/49 seine Grundlage verloren hatte. Für das ins Provinzielle abgestiegene Kärnten, und insbesondere das Wörtherseegebiet, bedeuteten die Gäste nicht nur eine wirtschaftliche, sondern auch eine kulturelle Belebung – mit anderen Worten: Durch den Sommertourismus konnte Kärnten seinen sonstigen Bedeutungsverlust zumindest saisonal wettmachen. Ein anschauliches Beispiel sind die Komponisten Johannes Brahms, Gustav Mahler und Alban Berg, die am Wörthersee nicht nur die Sommerfrische verbrachten, sondern dabei auch wichtige Werke schufen.

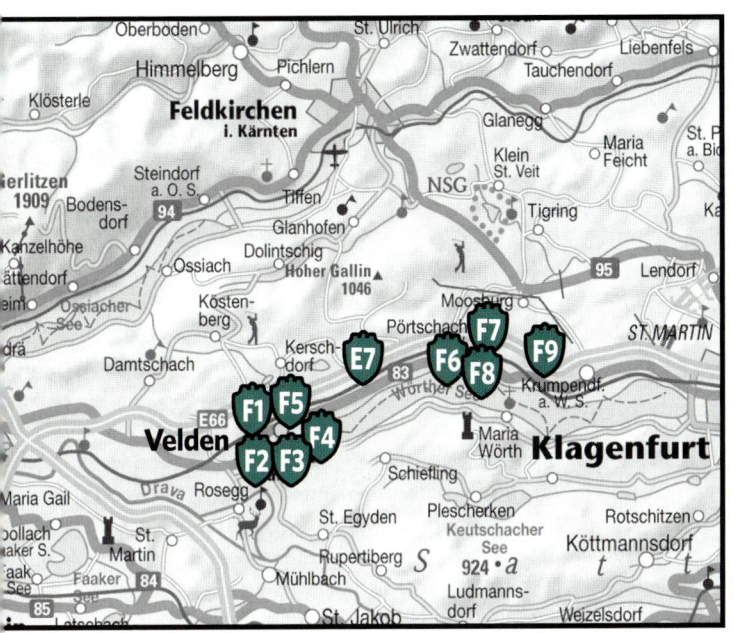

Meilensteine der infrastrukturellen Erschließung des Wörthersees waren vor allem die Villenbauten auf der Pörtschacher Halbinsel, die der Wiener Porzellanfabrikant Ernst Wahliss seit den achtziger Jahren des 19. Jahrhunderts errichten ließ, sowie die Rekonstruktion und der Umbau von Schloss Velden zu einem Luxushotel ab 1891. Dabei kristallisierte sich Pörtschach sehr schnell als das eigentliche mondäne Zentrum des Wörtherseetourismus heraus, Velden folgte erst in deutlichem Abstand. Aber auch am Südufer des Sees, zwischen Klagenfurt und Maria Wörth, entstanden zwei landschaftlich herausragende Villen mit hohem Stimmungs- und Repräsentationswert, die nicht zufällig als Schlösser bezeichnet wurden: 1898 die Villa Bercht, benannt nach ihrem Bauherrn, dem Klagenfurter Bürgermeister Dr. Heinrich Bercht, auf einem Felsen der Reifnitzer Bucht („Schloss Reifnitz"); und nahezu zeitgleich etwas weiter im Osten die heute völlig umgebaute Villa Windischgrätz, später Grünwald („Schloss Sekirn"). Schloss Heroldeck am Millstätter See (erbaut 1912) wäre ein weiteres Beispiel für diese herrschaftlich-romantische Villen-

121

Die Villa Windischgrätz grüßt als „Schloss Sekirn" auf einer Ansichtskarte vom Wörthersee.

mode des späten 19. und frühen 20. Jahrhunderts, die auch auf Hotelbauten außerhalb der Seengebiete übergriff, wie der 1908 erbaute und 1959 leider abgebrannte „Karawankenhof" in Unterbergen an der Loiblstraße – mit Elementen der deutschen Nationalromantik („Dürerromantik") – deutlich vor Augen führt.

Asymmetrie, Türme, Erker und Loggien waren die aus dem romantischen Schlossbau der ersten Hälfte des 19. Jahrhunderts übernommenen Hauptelemente dieser Villenkultur. Der Historismus – die frei verfügbare, entweder auf die Funktion des Gebäudes oder auf den persönlichen Geschmack des Bauherrn abgestimmte Stilwahl – bestimmte nunmehr das Erscheinungsbild der Villen und Hotels; (deutsch-)nationalromantische Motive – wie die Imitation von Fachwerk – wurden ebenso verwendet wie solche der italienischen oder französischen Renaissance und des österreichischen Barock. In Pörtschach verkörpert die um die Mitte der neunziger Jahre von Josef Viktor Fuchs erbaute Villa Venezia diese Gesinnung, in Töschling das sogenannte Schloss Seefels (ebenfalls eine Villa, kein Schloss) und in der Klagenfurter Bucht die 1891/97 von Wilhelm Hess errichtete Villa Thurn-Valsassina, heute Hotel Wörthersee.

Eine wesentliche Bereicherung erfuhr die Baukultur des Wörtherseegebietes durch Franz Baumgartner (1876 – 1946), der wie zuvor schon

Hess aus Wien zugewandert war und in der lokalen Baublüte seine große berufliche Chance sah. Seine zwischen 1909 und 1939 geschaffenen Bauten – die in Velden, wo er sich dauerhaft niederließ, ihre größte Dichte erreichten – spiegeln einerseits den Übergang von der üppigen Dekorationslust des späten Historismus zur neuen Sachlichkeit der Zwischenkriegszeit wider, verwenden jedoch immer wieder auch Elemente der sogenannten Heimatschutzbewegung. Oft hat er auch Elemente des englischen Landhauses in seinen Entwürfen verarbeitet, so 1908/9 beim Boots- und Vereinshaus des Rudervereins „Albatros" am Klagenfurter Friedlsteg.

Entstanden in der Zeit der Ersten Republik auch noch von anderen Architekten bedeutende Villenbauten – wie etwa die leider wenige Jahre später umgebaute Villa Heimdall in Auen bei Schiefling, die der berühmte Wiener Jugendstilarchitekt Josef Hoffmann 1923/26 geplant hat, – so erschöpfte sich die Nachkriegsarchitektur am Wörthersee bald in Beliebigkeit und Orientierungslosigkeit. Immerhin hat die sogenannte „Wörtherseearchitektur" Baumgartners, die nach seinem Tode nahezu vergessen war, in den letzten Jahren wieder stärkere Würdigung erfahren.

Villa Gessenharter (F1)

Sehr originell ist die von Franz Baumgartner für Hilde Gessenharter im Jahre 1930 geplante Villa Gessenharter in Velden. Hier ist der kubische Baukörper durch zwei symmetrisch gegen die Straße vorspringende halbrunde Risalite – die im obersten Geschoss durch je einen Rundpfeiler zu Loggien umgewandelt sind – sowie durch einen markanten Dacherker aufgelockert. Im Inneren befindet sich eine beachtliche offene Treppenanlage mit geschnitzten Geländern und Stützen, deren Ornamente an die Wiener Werkstätte erinnern. Die lange als Frühstückspension

Villa Gessenharter
Rosentaler Str. 12
9220 Velden
+43(0)4274-2059

Villa Gessenharter in Velden, entworfen 1930 von Franz Baumgartner.

Mösslacherhaus
Karawankenplatz 1
9220 Velden
+43 (0) 4274-2020

geführte, nun privat genutzte Villa ist ein gutes Beispiel für den Pragmatismus und die Originalität Baumgartners bei der Schaffung immer neuer Schaufronten!

Mösslacherhaus (F3)

Dieses Frühwerk Franz Baumgartners wurde von Christoph Mösslacher 1909 in Auftrag gegeben. Besonders typisch für die sich allmählich ausformende „Wörtherseearchitektur" ist die geschickte Verknüpfung von traditionellen Elementen deutscher Nationalromantik (Fachwerk, Erker, Sockel aus Naturstein) und englischem Landhausstil, der vor allem in der schönen zweigeschossigen zentralen Halle mit Holzvertäfelungen Niederschlag gefunden hat. Besonders viel Sorgfalt wurde auf die inneren und äußeren Zimmermannsarbeiten gelegt (Giebel über dem Portal, Balkon etc.). Das Mösslacherhaus wurde bis 2006 als Hotel betrieben und wird jetzt privat genutzt.

Villa Carinthia Velden
Karawankenplatz 3—4
9220 Velden
+43 (0) 4274-2171
www.carinthia-
hotel.com

Hotel Carinthia (F5)

Das Hotel Carinthia an einem markanten Schnittpunkt der touristischen Infrastrukturen Veldens wurde von Franz Baumgartner im Jahre 1924 für Anton Bulfon entworfen, der 1926 selbst die Bauausführung übernahm. Der überaus monumentale und repräsentative Baukörper verzichtet zeitgemäß zwar auf die oft filigrane Ornamentik der Spätgründerzeit, setzt aber alternativ dazu

Die Halle im Mösslacherhaus von Franz Baumgartner aus dem Jahr 1909.

Seeschlössl
Klagenfurter Straße 34
9220 Velden
+43(0)4274-2824
www.seeschloessl.at

Elemente wie Erker, Giebel oder Dachgauben wirkungsvoll im Sinne der damals verbreiteten Heimatschutzbewegung ein. Zusätzlich an Reiz gewinnt der Hotelbau dadurch, dass vieles an der Gestaltung und Einrichtung aus der Zeit Baumgartners erhalten geblieben ist. Es wird heute als 4-Sterne-Hotel geführt.

Strandhotel Villa Bulfon
Seepromenade 1
9220 Velden
+43(0)4274-2614
www.villabulfon.at

Weitere beachtenswerte Villen in Velden sind u. a. das **Seeschlössl** (Hotel Seeschlössl Velden), das im Jahre 1915 errichtet und seit jeher als Sommerfrische genutzt wurde, sowie das **Strandhotel Villa Bulfon**, das in seiner Bausubstanz vor das 19. Jahrhundert zurückreicht.

Hotel Schloss Seefels (E7)

Das immer wieder als Schloss bezeichnete Hotel Seefels in Töschling zwischen Velden und Pörtschach wurde als typische spätgründerzeitliche Villa vermutlich in den neunziger Jahren des 19. Jahrhunderts errichtet und wird mit Dr. Emanuel Herrmann (1839 – 1902), den Erfinder der Correspondenz-Karte (Postkarte), in Zusammenhang gebracht. Der lang gestreckte älteste Trakt erhielt einen polygonalen Eckturm, der ohne Zweifel auf das fast gleichzeitig wiederhergestellte Schloss Velden Bezug nahm. Im Jahre 1965 erfolgten Zu- und Anbauten, ebenso 1976/77. Vor wenigen Jahren erfolgte eine erneute teilweise Umgestaltung der Anlage in Appartements.

Hotel Schloss Seefels
Töschling 1
9210 Pörtschach
+43(0)4272-3704
www.seefels.com

Blick vom Wörthersee auf die Parkvilla Wörth.

Villa Wörth (F6)

Die Villa Wörth in Pörtschach wurde wie die Villen Venezia und Viktoria (heute „Wildente") vom Architekten Josef Viktor Fuchs im Jahre 1891 für sich selbst in den typischen Bauformen des späten Historismus erbaut. Der mit dem Keller dreigeschossige Bau über axial-symmetrisch von Ost nach West gerichtetem Grundriss wird durch Risalite, einen Turm, Erkertürmchen, Loggien, Terrassen und Blendgiebel stark gegliedert. Die architektonische Feingestaltung orientiert sich am romantischen Historismus in der Spielart der deutschen Renaissance. Die Dächer sind hinter Blendgiebeln als Vollwalme ausgeführte Satteldächer. Den Turm über dem westlichen Stiegenhaus bekrönt ein achteckiges Pyramidendach, die Laterne des Turmes und die weiteren Erkertürmchen haben Zwiebeldächer. Da der Architekt auch eine Vorliebe für Gärten und ihre Bepflanzung hatte, ließ er nördlich der Hauptstraße eine eigene Gärtnerei errichten, deren Mitarbeiter auch die drei „Fuchsvillen" zu betreuen hatten. Seit 1974 befindet sich die heute „Parkvilla" genannte Villa Wörth im Besitz der Familie Dermuth.

Parkvilla Wörth
Johannaweg 5
9210 Pörtschach
+43(0)4272-2240
www.hoteldermuth.com

Die Seevilla Elli in Pörtschach am Wörthersee.

Seevilla Elli
Hauptstr. 119
9210 Pörtschach
+43(0)4272-2395
+43(0)664-357286
www.tiscover.com/
seevilla.elli

Seevilla Elli (F7)

Die Seevilla Elli wurde 1894 für Prof. Franz Kupel-wieser erbaut, Sohn des bekannten Wiener Ma-lers Leopold Kupelwieser. Auch hier bringt der zeittypische Historismus nationalromantische Züge zum Ausdruck: Gegenüber dem einfachen rechteckigen Baukörper des dreieinhalbgeschos-sigen Gebäudes mit flachem Satteldach setzt der holzverkleidete Turmaufbau mit einem Balkon über zwei Geschosse und Dacherkern den mar-kanten und unverwechselbaren Akzent. Seit mehr als fünfzig Jahren wird die Villa – die sich heute im Besitz von Harald Lobmeyr befindet, einem Uren-kel des Bauherrn – als Hotel Garni geführt.

Villa Edelweiß (F8)

Dieses bemerkenswerte Gebäude entwarf Franz Baumgartner im Jahre 1910 für den örtlichen Ho-telier Georg Semmelrock-Werzer. Vorzüglich er-halten ist es neben der benachbarten, etwas jün-geren Villa Almrausch (Hauptstraße 110) aus dem Jahr 1913 ein wichtiges Frühwerk des Archi-tekten, in dem Elemente des englischen Land-hauses – bewusste Asymmetrie, Fachwerk, Erker und das vor die Fassade gerückte Stiegenhaus – mit jener der deutschen Nationalromantik – die „Gute Stube" mit Kachelofen – eine wirkungsvolle Symbiose eingehen.

Villa Edelweiß
Hauptstraße 106
9210 Pörtschach
+43(0)4272-2414

Die Villa Edelweiß kurz nach ihrer Erbauung.

Villa Rainer (F9)

Einen völlig anderen Weg beschritt Franz Baumgartner bei der Planung der Villa Rainer in Pörtschach, die er 1913 für Wladimir Turković plante. Hier verzichtete er auf nationalromantische Zitate und auf Anspielungen auf englische Landhäuser. Er setzte sich vielmehr mit klassizistischen Aspekten des Biedermeier auseinander und auch mit der dalmatinischen Bauweise aus der Heimat des Auftraggebers, auf die der kräftige Rotockeranstrich zurückzuführen ist. Man beachte auch die Dachdeckung mit Mönch-und-Nonne-Ziegeln. Das Ergebnis war eine überaus elegante und zeitlose Lösung.

Villa Rainer
Werftenstraße 54
9210 Pörtschach/
Pritschitz
+43(0)4272-2300
www.rainer.at

Parkvilla Wörth

in idyllischer Lage direkt am Wörthersee ...

... eingebettet in eine 5.000m² große Parklandschaft. Genießen Sie Ihr Frühstück auf der Seeterrasse oder entspannen Sie auf der großzügigen Liegewiese und erleben Sie einen unbeschwerten Badetag am Strand.

Unser Festsaal bietet Ihnen ein exklusives Ambiente für Hochzeiten, Taufen oder kleinere Festivitäten. Nutzen Sie den Grünen Salon auch für Ihre Management-Seminare oder Tagungen und genießen Sie dabei den herrlichen Blick auf den Wörthersee.

www.hoteldermuth.com

Die Lindwurmstadt stieg in mehreren Etappen zu ihrer heutigen Bedeutung auf: Gegründet in der zweiten Hälfte des 12. Jahrhunderts als herzogliche Marktsiedlung nahe dem Spitalberg an der Glan, wurde sie bereits um 1250 aufgrund ständiger Hochwassergefahr etwa anderthalb Kilometer weiter südlich neu angelegt, auf einer von Sümpfen umgebenen Schotterterrasse. Dieses überaus bescheidene mittelalterliche Klagenfurt, dessen Mauern über ovalem Grundriss im Wesentlichen den Alten Platz sowie die Wiener- und Kramergasse umschlossen, erhielt noch im dritten Viertel des 13. Jahrhunderts erste Stadtrechte, blieb aber im Schatten von St. Veit und Völker-

markt. Im Südwesten erhob sich die Herzogsburg nahe dem heutigen Landhaus. Nachdem seit dem Anfall Kärntens an das Haus Habsburg im Jahr 1335 kein Herzog mehr im Lande residierte, es also keine landesfürstliche Hofhaltung mehr gab, erreichten die Kärntner Landstände – dies war die Gesamtheit des grundbesitzenden Adels und der hohen Geistlichkeit –, dass Kaiser Maximilian, der „letzte Ritter", ihnen am 24. April 1518 die Stadt schenkte – ein rechtsgeschichtlich einmaliger Akt!

Seit den dreißiger Jahren des 16. Jahrhunderts wurde die Stadt aufgrund der Türkenbedrohung

Route G
Klagenfurt und Umgebung

G1 Landhaus Klagenfurt

Ga Bischöfliches Palais

Gb Schloss Annabichl

G8 Schloss Ehrental

G3 Schloss Mageregg

Gc Schloss Pitzelstätten

G2 Schloss Hallegg

G4 Schloss Maria Loretto

Gd Schloss Ebenthal

G7 Schloss Welzenegg

G5 Schloss St. Georgen
am Sandhof

G6 Schloss Krastowitz

Ge Burgruine Zeiselberg

Gf Schloss Grafenstein

über beträchtlich vergrößertem Grundriss nach Plänen von Domenico dell'Allio zu einer modernen Festung mit Wall, Graben und Basteien ausgebaut. Dabei wurde das Innere ganz im Sinne der Renaissance rasterförmig mit einem rechteckigen Straßennetz versehen. Der Ausbau dieser gegenüber der mittelalterlichen Stadt um etwa das Siebenfache vergrößerten ständischen Residenz und Hauptstadt fand mit der Fertigstellung der vier repräsentativen Stadttore 1591 sowie mit dem Bau von Landhaus (1574 – 94), Bürgerspital samt Predigerkirche (heute Dom, 1582 – 1599) sowie dem „Collegium sapientiae et pietatis" (damals Ständeschule, heute Burg, ab 1586) seinen Höhepunkt und Abschluss.

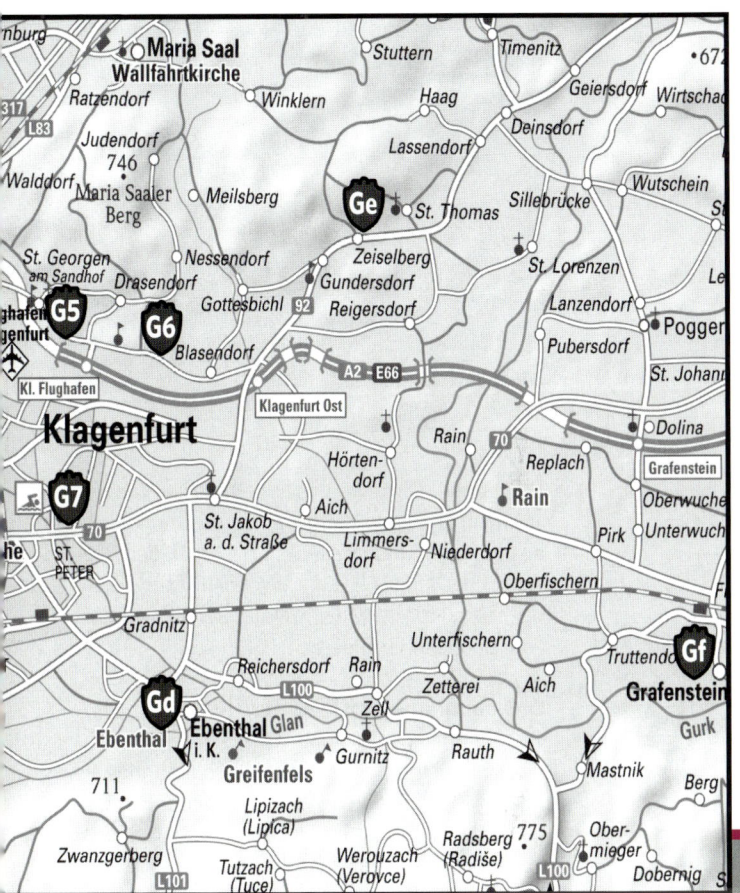

Aufgrund konkurrierender Herrschaftsverhältnisse hatten die Grafen von Spanheim als Kärntner Herzöge, der Salzburger Erzbischof und andere
lokale Machthaber schon im 12. Jahrhundert mit
der Errichtung von Ministerialenburgen (z. B. Hallegg, Gurnitz, Seltenheim) die Weichen für eine
Absicherung und Erschließung des Klagenfurter
Beckens gestellt. Vor allem ist Graf Bernhard von
Spanheim zu nennen, ein Onkel des Herzogs, mit
der Gründung der Zisterzienserabtei Viktring im
Jahr 1142. Mit dem allmählichen Aufstieg Klagenfurts zur Landeshauptstadt im 16. Jahrhundert
wurden einige der mittelalterlichen Burgen der
Umgebung umgebaut (Hallegg) und eine ganze
Reihe von Edelsitzen neu errichtet (Ebenthal,

Ludwig Schuller, Der Landhaushof,
Lithographie 1843.

Mageregg). Diese Repräsentativbauten spiegeln – je nach Rang und Vermögen der Auftraggeber – anschaulich und abwechslungsreich den Geschmackswandel adeliger Wohnkultur im Laufe der Jahrhunderte wider, von der Renaissance bis zum Ende der Gründerzeit.

Das Landhaus zu Klagenfurt (G1)

**Landhaus
Klagenfurt**
Landhaushof
9020 Klagenfurt
am Wörthersee
+43(0)463/57757
www.kaerntner-
landtag.ktn.gv.at

Das Landhaus zu Klagenfurt ist seit seiner Erbauung sowohl das politische Symbol des Landes als auch ein signifikantes Wahrzeichen der Landeshauptstadt und darüber hinaus ein überregional bedeutendes Denkmal der oberitalienischen Renaissance. Ein erstes „festes Haus" des Kärntner Herzogs ist anlässlich der Siedlungsverlegung vom Spitalberg an den heutigen Alten Platz um 1250 an dessen westlicher Schmalseite zu vermuten. Dieses heutige Haus „Zur goldenen Gans" (Alter Platz 31) überließ Kaiser Friedrich III. 1489 den Bürgern als Rathaus, weil südwestlich davon, im Bereich des Landhaushofes, bereits eine jüngere landesfürstliche Burganlage bestand, über deren Aussehen wir jedoch nicht unterrichtet sind. 1574 begannen hier die Stände mit dem Bau eines Landhauses und beauftragten hierfür den einheimischen Baumeister Hans Freymann. Am 4. Dezember 1581 konnte in dem nur provisorisch fertiggestellten Gebäude der erste Landtag abgehalten werden. Von diesem Jahr an bis 1587 baute der aus Gandria bei Lugano im Tessin (Schweiz) stammende Johann Anton Verda das Gebäude beträchtlich um und brachte es wohl im Wesentlichen in seine charakteristische heutige Form. Bis zur Fertigstellung des Landhaushofportals zum Alten Platz hin (1594, im 19. Jahrhundert abgebrochen) erfolgten weitere Adaptierungen. Während die Grundlinien des Gebäudes seitdem kaum mehr verändert wurden, unterlag das Innere nach Bränden (1636 und 1723) und sich wandelnden repräsentativen Erfordernissen immer wieder Erneuerungen. Es spiegelt heute mehr als vierhundert Jahre Kärntner Politik und Kulturgeschichte wider.

Einzigartig und unverwechselbar ist die Hofansicht des sich über hufeisenförmigem Grundriss ins Stadtzentrum öffnenden, im Südosten verlängerten Gebäudes mit dem zweigeschossigen **Arkadenhof**, über dessen Freitreppen ein schlankes Turmpaar aufragt. Manche bautypologische Anleihen dürften vom niederösterreichischen Landhaus in Wien übernommen worden sein, das allerdings später stark umgebaut wurde. Zeigt der Hof noch Stilformen des oberitalienischen Manierismus (etwa die Turmuntergeschosse), so haben die Außenfassaden erst nach dem Brand von 1723 ihr heutiges Aussehen erhalten.

Das Untergeschoss war durchgehend gewölbt. Es wurde im Südwesten als ständisches Zeughaus genutzt (mit einer ursprünglich gegen Westen offenen, heute vermauerten Bogenöffnung), während der Nordtrakt seit 1927 als Gaststätte dient. Repräsentativer Mittelpunkt war seit jeher der zweigeschossige und vierachsige **Große Wappensaal** im Westtrakt des ersten Obergeschosses, der vor allem durch den Maler Josef Ferdinand Fromiller ab 1739 sein heutiges Aussehen erhielt, aber schon vorher mit Wappen und Gemälden versehen war. Seit 1996 ist er für Besucher über einen gastlichen Vorraum vom Nordwesten des Arkadenhofes aus betretbar. Seine

Längswände sind mit den Wappen aller im ständischen Kärntner Landtag bis 1848 vertretenen Familien, die Querwände mit den Wappen der geistlichen Landstände, der Landeshauptleute, Landesverweser und der Landesvizedome bedeckt. Das nördliche Wandfresko zeigt die einzigartige Zeremonie der Herzogseinsetzung auf dem Fürstenstein bei Karnburg; das südliche gegenüber die für den Ausbau Klagenfurts so bedeutende Schenkung Kaiser Maximilians an die Landstände 1518 („Gabbrief"). Als Deckenfresko ist vielfigurig die Erbhuldigung an Kaiser Karl VI. 1728 dargestellt, umgeben von Tugenden und gemalten Kaiserporträts in einer großartigen Scheinarchitektur. Seit wenigen Jahren steht der „Fürstenstein", eigentlich ein umgedrehter marmorner Säulenstumpf der Spätantike, wieder unter dem Fresko der Herzogseinsetzung.

Der große, völlig modernisierte **Landtags-Sitzungssaal** in der Südwestecke (seinerzeit als „Landstube" bezeichnet) zeigt an seiner Nordseite einen Freskenzyklus von Switbert Lobisser aus dem Jahr 1928, der in drei Teilen auf Abwehrkampf und Volksabstimmung Bezug nimmt: Abwehrkämpfe – Verbrüderung und Agitation – Feier nach der Abstimmung. Ein Vorraum führt in den **„Koligraum"**, der 1929/30 von Anton Kolig und Schülern mit expressionistischen Fresken zu den Themen Leben, Arbeit und Gastlichkeit im Lande Kärnten ausgestattet wurde, welche die Nationalsozialisten jedoch 1938/39 zerstörten. Der Enkel des Malers, Cornelius Kolig, kombinierte 1998 mit der Neuinstallierung „TAT ORT" farblich verfremdete Computerausdrucke der alten Szenenbilder mit eigenen Elementen technoider und archaischer Gewalt. Östlich anschließend betritt man den **Kleinen Wappensaal**, der den Verordneten als „Ratsstube" diente und an den Wänden und der Decke mit 298 Wappen der ständischen Burggrafen, Verordneten und Generaleinnehmer

Sogenanntes Salmzimmer der Bischöflichen Residenz in Klagenfurt mit Wandbildern der Vorfahren des Kardinals.

verziert ist. Das vorzügliche allegorische Deckenfresko „Die Wahrheit als Tochter der Zeit" stammt von Josef Ferdinand Fromiller (1739).

Das Bischöfliche Palais zu Klagenfurt (Ga)

Mitten in der Völkermarkter Vorstadt, ein wenig hinter dem Spital der Elisabethinen in der Mariannengasse versteckt, liegt das Palais bzw. die Residenz des Gurker Bischofs. Ein repräsentatives Gittertor mit dem Wappen des Fürstbischofs und Kardinals Franz II. Altgraf von Salm-Reifferscheidt-Krautheim (1783 – 1822) führt in den hufeisenförmigen Ehrenhof, dessen zurückhaltend gegliederte Fassade unter einem Dreiecksgiebel bereits die Überwindung des Barock durch den Geist der Aufklärung spüren lässt. Ein Vestibül führt im Erdgeschoss beidseitig in die Arbeitsräume der bischöflichen Administration, eine einläufige Treppe aber ins Obergeschoss, wo sich im Osttrakt die bischöflichen Repräsentationsräume befinden. Während den schmäleren Seitentrakten hofseitig Gänge vorgelegt sind, ist der mittlere Haupttrakt nach französischem Geschmack zweihüftig (mit zwei untereinander korrespondierenden Zimmerreihen) angelegt. Die Räume spiegeln den frühen Klassizismus der Zeit des Kardinals Salm um 1800 wider: Besonders bemerkenswert sind das südliche vertäfelte Eckzimmer mit 13 eingelassenen Ölgemälden von Mitgliedern seiner Familie (Werke von Georg Weikert) sowie die 1797 von Salm eingerichtete Kapelle im Mitteltrakt mit einer Kopie

Bischöfliches Palais
Mariannengasse 2
9020 Klagenfurt
+43(0)463-57770-1981

137

der Gurker Pietà Raffael Donners und Assistenzfiguren. Der einfache Empiresaal wurde 1958 seiner architektonischen Gliederung durch eine Umgestaltung teilweise beraubt.

Das Palais wurde 1769 bis 1776 nach Plänen des Wiener Hofbaumeisters Nicolaus Pacassi errichtet, nachdem Maria Anna (1738 – 1789), eine Tochter der Kaiserin Maria Theresia, beschlossen hatte, sich nach dem Tode ihrer Mutter in der Nähe des von ihr geförderten Elisabethinenklosters anzusiedeln. Sie war somit die einzige Habsburgerin, die dauerhaft in Klagenfurt residierte. Die zeitlebens kränkelnde Erzherzogin war überaus sozial-karitativ engagiert und sammelte um sich einen Kreis gelehrter und freisinniger Personen, wodurch das Palais zu einem lokalen Zentrum der Aufklärung wurde. Nach ihrem Tode bezog Fürstbischof Salm das Gebäude, der bereits zwei Jahre vorher aus Schloss Pöckstein in Zwischenwässern nach Klagenfurt übersiedelt war und zunächst im ehemaligen Stadtpalais des Viktringer Abtes (an der Südostecke des Neuen Platzes) residiert hatte. Es ist somit zwar innerhalb der Schlossbauarchitektur Kärntens ein imperialer, vom Wiener Hof in die Provinz übertragener „Fremdkörper", aber gerade deswegen von kulturgeschichtlichem Reiz.

Schloss Annabichl
Alleegasse
9020 Klagenfurt

Schloss Annabichl (Gb)

Rund dreieinhalb Kilometer nördlich der Landeshauptstadt erhebt sich auf einem niedrigen, aber markanten Hügel direkt an der alten Reichsstraße nach St. Veit linker Hand das Schloss Annabichl. Der anmutige Bau wurde von Landeshauptmann Georg Khevenhüller (1534 – 1587) – die wohl bedeutendste politische Persönlichkeit seiner Familie in Kärnten – für seine zweite Gemahlin Anna, einer geborenen Turzo von Bethlenfalva (1546 – 1607) aus reichem slowakischen Gewerkenadel, errichtet und nach ihr benannt.

Die Gartenanlagen von Schloss Annabichl sind
zumindest teilweise heute noch nachvollziehbar.

Eine wichtige Einnahmequelle für den Erhalt des
etwa zwischen 1580 und 1587 errichteten Edelsitzes wurde das von Erzherzog Karl verliehene
Landgericht im Unteren Gurnikamt, später Anna-
bichl genannt. Den Khevenhüllern, welche Anna-
bichl rund ein Jahrhundert innehatten, folgten als
Besitzer weitere angesehene Persönlichkeiten: die
Grafen von Aicholt, die mehrere Generaleinneh-
mer stellten, die Landeshauptmänner Felix Graf
Sobeck und Johann Gottfried Graf Heister, dann
Erzherzogin Maria Anna – Tochter Maria There-
sias, die Annabichl als Sommersitz nutzte, – oder
Landesregierungs-Vizepräsident Hugo Paul von
Henriquez (gest. 1944).

Besonders bemerkenswert ist an dem vorzüglich
instand gehaltenen Schloss – das leider nicht besichtigt werden kann – die Einbeziehung in eine
Gartenanlage. Sie wird in einzigartiger Weise in
einer topographisch sehr genauen Ansicht aus
der Khevenhüllerchronik überliefert (um 1620,

heute in der Bibliothek des Museums für Angewandte Kunst Wien) und ist noch heute gut vom Parkplatz gegenüber dem Gasthaus „Schlosswirt" am Fuße des Schlosses nachvollziehbar: Zur Anlage gehörte ein Lustgarten mit einer noch erhaltenen Grotte, der sich in Terrassen absteigend bis zur St. Veiter Straße erstreckte und sich auf der anderen Seite der Straße am Gegenhang ansteigend fortsetzte. Valvasor beschrieb ihn 1688 „... *Staffel=weis / gleich einem Theatro anzusehen* ...". Die Straßendurchfahrt wurde durch zwei mächtige Triumphbögen mit Rustikaumrahmung und Obelisken eingefasst. Das turmlose Hauptgebäude des Schlosses – so geziemte es sich für den Ansitz einer Dame – besaß ostseitig gegen den Ziergarten eine ursprünglich zweigeschossige Renaissanceloggia (Arkadengang), von der nur das untere Geschoss erhalten geblieben ist. In seiner Grundrissdisposition ist es ein klassisches Querlaubenhaus: mit einer „Labn" in der Mitte und einem kleinen Saal darüber, an welche im Erdgeschoss beidseitig Wirtschaftsräume und in der Beletage im Obergeschoss die weitgehend symmetrisch angelegten herrschaftlichen Stuben und Kammern anschlossen. In der zweiten Hälfte des 18. Jahrhunderts wurden einige Räume mit Stuckdecken versehen. Am hakenförmigen Wirtschaftsgebäude im Südwesten, am Hauptportal sowie an der freistehenden barocken Schlosskapelle sind noch unterschiedliche Zierformen der einzelnen Bau- und Umbauphasen erhalten.

Schloss Ehrental
Landwirtschaftsmuseum
Ehrentaler Str. 119
9020 Klagenfurt
+43(0)463-43540
www.landwirt-
schaftsmuseum.at

Schloss Ehrental (G8)

Der breit gelagerte Baukörper erhebt sich auf einer Terrasse des gleichnamigen Berges bzw. des Tessendorfer Hügels in gemessenem Abstand über dem Talgrund. Seit dem Spätmittelalter (urkundlich nachgewiesen 1344) befand sich hier der Hof zu Wieltschnig, der vom kaiserlichen Landrat Johann Weber von Ehrental um 1650 erworben und – vielleicht von ihm, vielleicht aber

Fassade von Schloss Ehrental mit Dreiecksgiebel und Stuckornamentik.

auch schon von den Vorbesitzern seit 1580, den Preinpergern – zu einem behaglichen Edelsitz der Renaissance ausgebaut wurde. Schon wenige Jahre später kam es zu einem neuerlichen Besitzerwechsel – und ebensolche wiederholten sich in relativ kurzen Abständen bis zum Ankauf durch das Land Kärnten im Jahre 1953, das hier eine Landwirtschaftsschule einrichtete.

Das Schlossgebäude stammt im Kern aus dem späten 16. oder dem zweiten Drittel des 17. Jahrhunderts, wurde aber um 1770 um ein Geschoss erhöht und mit einer anmutigen Rokokofassade mit Dreiecksgiebel und Riesenpilastern versehen. Kartuschen über dem Portal zeigen die Wappen des Bauherrn Leopold Graf Christalnigg und seiner Gemahlin Anna, einer geborenen Gräfin Gaisruck. Im Inneren führt die obligate „Labn" im Erdgeschoss beidseitig in ehemalige Wirtschaftsräume. Im ersten Obergeschoss, der ursprünglichen Beletage, sind im Ostsaal noch

Stuckaturen von Kilian Pittner (um 1720) und im westlichen Salon jüngere Stuckarbeiten seines Sohnes Marx Joseph um 1760 erhalten. Leider wurden bei Adaptierungen für Schulzwecke im Mittelsaal des zweiten Obergeschosses spätbarocke Wandgemälde von einem Schüler des Josef Ferdinand Fromiller (bezeichnet 1766) zerstört. Die 1777 unter den Freiherren von Kaiserstein geweihte Schlosskapelle ist heute profaniert. An das ehemalige Herrenhaus wurden nach der Schulgründung im Nordwesten Gebäude angefügt, die das architektonische Erscheinungsbild zwar nicht vom Süden, aber doch vom Westen her beeinträchtigen. Vor dem Schloss wurde talseitig ein Kräutergarten angelegt.

Im östlich benachbarten Wirtschaftsgebäude wurde 1988 das **Landwirtschaftsmuseum Schloss Ehrental** eingerichtet, welches das Leben der Kärntner Bauern vor der Industrialisierung anschaulich darstellt und auch regelmäßig Sonderausstellungen zur Arbeitswelt und Volkskultur des Landes präsentiert.

Schloss Mageregg (G3)

Rund drei Kilometer nordwestlich von Klagenfurt ließ Wolfgang III. Mager von Fuchsstatt, gemeinsam mit seiner Ehefrau Elisabeth Paradeiser von Neuhaus, an der Glan nahe Lendorf einen neuen Edelsitz errichten, der nach zeitgenössischen Gewohnheiten seinen Namen nach dem Bauherrn erhielt. Dieser war ein überaus einflussreicher Funktionär der Landstände, hatte das Amt eines Erblandstabelmeisters inne und galt als einer der Wortführer der „evangelischen Partei". Als solcher wurde er 1578 zum religionspolitisch wichtigen Generallandtag zu Bruck an der Mur entsandt. Nach einer ursprünglich über dem Haupteingang, heute aber in der geräumigen „Labn" eingemauerten Marmortafel mit Wappen und Inschrift soll das Gebäude 1590 vollendet gewesen sein. Zwar

Jägerhof
Schloss Mageregg
Magereggerstr. 175
9020 Klagenfurt
+43(0)46-511469-0
www.kaerntner-jaegerschaft.at

Schloss Mageregg.

erfuhr der neue Edelmannsitz 1595 durch den Erwerb des Landgerichts Hallegg (übrigens von der berühmten Anna Neumann von Wasserleonburg) eine erhebliche Aufwertung, doch dürfte sich Mager beim Schlossbau übernommen haben. Überdies geriet er in die Mühlen der Gegenreformation, sodass seine Familie bald wegen Armut die Landstandschaft verlor und in Bedeutungslosigkeit versank. Das Schloss ging zunächst an die bereits genannte Anna Neumann über und wechselte dann häufig die Besitzerfamilien. 1840 kaufte Thomas von Moro, Tuchfabrikant zu Viktring, Mageregg und ließ das altertümliche, unbequeme Herrenhaus nach spätklassizistischen Geschmacksvorstellungen weitgehend umbauen. 1904 kam das Schloss an die Familie Rainer von Harbach und bald darauf an Dr. Hans Suppan. Heute ist es im Besitz der Kärntner Jägerschaft, die hier das beliebte Ausflugsrestaurant „Jägerhof" mit angeschlossenem Wildpark betreibt. Immer wieder finden im Schloss Ausstellungen und andere gesellschaftliche Ereignisse statt.

Mageregg war ursprünglich ein hakenförmiges Gebäude mit jeweils einem Turm an allen fünf Ecken (einer davon rund), womit der Bauherr symbolisch seine Wehrfähigkeit und sein Ansehen untermauerte. Das eigentliche rechteckige Herrenhaus bestand wie die meisten Gebäude dieser Zeit aus der gewölbten „Labn" im Untergeschoss, die beidseitig in Wirtschaftsräume führte, und einem Saal in der Beletage darüber mit den herr-

143

Schloss Pitzelstätten.

schaftlichen Wohnstuben zu beiden Seiten. Als Thomas von Moro das Schloss erwarb, sollen laut einem Zeitzeugen die kleinen Fenster, sogar in der Beletage, mehr einem Gefängnis geglichen haben, die Bodenniveaus waren unterschiedlich und die Treppe steil. Der vom Völkermarkter Peter Rudolfi geplante und vom Klagenfurter Domenico Venchiarutti (zwei aus dem Friaul zugewanderte Baumeister) im Jahre 1845 durchgeführte Umbau entfernte den hakenförmigen Zubau und beließ vom Herrenhaus lediglich die Grundmauern. Das Ergebnis war ein symmetrischer viertürmiger Schlossbau der Biedermeierzeit (ein Rundturm wurde neu errichtet) mit hellen freundlichen Räumen (die „Labn" mit ihrer Stichkappenwölbung ist erhalten geblieben), einem repräsentativen neuen Stiegenhaus und einer originellen Fassadenornamentik zwischen Klassizismus und Historismus.

Schloss Pitzelstätten
HBL Land-und Ernährungswirtschaft
Glantalstraße 59
9061 Wölfnitz
+43(0)463-49391
www.pitzelstaetten.at

Schloss Pitzelstätten (Gc)

Mitten im schlösserreichen Wölfnitztal erheben sich zwischen der Feldkirchner und der Glanegger Straße auf einer sanften, gegen Süden abfallenden Terrasse die Gebäude von Pitzelstätten. Hier stand zunächst ein ritterliches Lehensgut des Herzogs, das 1311 erstmals genannt wird und dessen Name wohl auf den Personennamen des

Der Kasten von Schloss Pitzelstätten wird heute als Schulkapelle und Bibliothek genutzt.

Erbauers zurückgehen dürfte. Der Chronist Michael Gothard Christalnick überliefert, dass der in Krain ansässige Zweig der Familie Dietrichstein den Edelsitz im 16. Jahrhundert *„ganz herrlich zieren und aufbawen"* ließ, sich dabei aber derart verschuldete, dass er wegen des hohen Erhaltungsaufwandes an die Gewerkenfamilie Putz von Kirchheimeck verpfändet werden musste. Nach den Putz wechselten die Besitzer ab der zweiten Hälfte des 17. Jahrhunderts überaus rasch, bis 1950 die Republik Österreich das Schloss erwarb und hier eine Höhere Bundeslehranstalt für Landwirtschaftliche Berufe einrichtete, die sich nach wie vor großer Beliebtheit erfreut.

Von der spätmittelalterlichen Burganlage, die am Stich bei Valvasor 1688 noch deutlich zu sehen ist, blieb nichts erhalten. Links von der Einfahrt erhebt sich aber der bemerkenswerte frühneuzeitliche Kastenbau des Schlosses, dessen gewölbte Pfeilerhalle im Untergeschoss ursprünglich als Pferdestall diente. Seit einem Umbau im Jahre 1965 wird sie als Kapelle für den Schulbetrieb verwendet, sie ist mit Mosaiken von Max Spielmann ausgestattet, einem der profiliertesten Tiroler Sakralkünstler des 20. Jahrhunderts (Verkündigung, heilige Notburga und Leonhard). Die darüber liegenden Speichergeschosse mit flachen

Holzdecken wurden 1997 vorbildlich zur Schulbibliothek umgestaltet. Der nüchterne Außenbau mit Resten frühneuzeitlicher Bemalung weist nur kleine Fenster und im Obergeschoss Schießscharten auf. Eine Sonnenuhr mit der Jahreszahl 1529 lässt die Errichtung des wehrhaften Gebäudes in Zusammenhang mit der Bedrohung des Ostalpenraumes durch die Türken anlässlich der ersten Belagerung Wiens vermuten.

Das eigentliche Herrenhaus ist ein querrechteckiger Bau der zweiten Hälfte des 16. Jahrhunderts mit typischer Querlaube im Inneren, dem ein (heute unterteilter) Saal im Obergeschoss entspricht. Zwei ehemals herrschaftliche Stuben besitzen noch Stuckdecken der Zeit um 1740, aus dieser Zeit stammt auch die spätbarocke Fassade mit genutetem Sockelgeschoss, Riesenpilastern und Dreiecksgiebel mit Uhr. Ein übereck gestellter Polygonalerker aus der Erbauungszeit des Schlosses ist nordseitig erhalten geblieben, während der einst über dem Hauptportal angebrachte figürliche Renaissancefries heute in die Fassade der nördlich angebauten ehemaligen Kapelle eingelassen ist.

Durch die Erfordernisse des Schulbetriebes erfolgten seit 1951/52 umfangreiche Zubauten, die jedoch die architektonische Wirkung der beiden herrschaftlichen Gebäude von Pitzelstätten nur beeinträchtigt, nicht aber zerstört haben.

Schloss Hallegg (G2)

Schloss Hallegg
Hallegger Str. 131
9061 Wölfnitz
Hotel: +43(0)463-493119
Schlossschänke: /-499866
www.schloss-hallegg.at

Im Westen des trockengelegten bzw. heute in einen Golfplatz verwandelten Seltenheimer Mooses erhebt sich an einer Geländestufe zwischen Lendorf und Krumpendorf majestätisch das Schloss Hallegg. Der weitgehende Neubau des 16. Jahrhunderts lässt zunächst nicht vermuten, dass seine Geschichte bis ins Hochmittelalter zurückreicht und mit der Gründung Klagenfurts eng ver-

Der dreigeschossige untere Arkadenhof von Schloss Hallegg.

bunden ist. Bereits im Jahre 1213 scheinen anlässlich einer Streitschlichtung zwischen dem Kloster Viktring und einem herzoglichen Dienstmann auch die beiden Brüder Gerhard und Albert „de Haileke" urkundlich auf – der höfische Name bedeutet wohl „Burg des Heils". Albert und Heidenreich, vermutlich die Söhne Gerhards, waren als herzogliche Vertrauensleute – denen zum Beispiel auch die Oberaufsicht über die Edlinger oblag – um 1250 maßgeblich an der Verlegung Klagenfurts von der Glan an seine heutige Stelle beim Alten Platz beteiligt; ihr Wappengrabstein ist in der ehemaligen Stiftskirche von Viktring erhalten. Die Hallegger blieben bis ins frühe 16. Jahrhundert Inhaber der zwischenzeitlich geteilten bzw. von mehreren Generationen gleichzeitig bewohnten Burg.

Bis 1535 gelangte Hallegg in Etappen an die politisch in der Steiermark und in Kärnten einflussreichen Welzer von Eberstein. Moritz Welzer und seine Gemahlin Maria Tänzl von Tratzberg, eine reiche Tiroler Gewerkentochter, begannen um 1540 mit dem Umbau der mittelalterlichen Burganlage in ein geräumiges Renaissanceschloss, das erst von ihrem Sohn Viktor im Jahre 1576 fertiggestellt werden konnte. Für ihn war Hallegg das Schloss mit den wesentlichen Einnahmen und Herrschaftsrechten, während er das gleichzeitig neu erbaute und der Landeshauptstadt näher gelegene Welzenegg als repräsentative „villa suburbana" nutzte. Doch mit rigoroser Durchsetzung der Gegenreformation war sein Enkel 1629 zur Auswanderung nach Deutschland gezwungen. Durch Eheschließung seiner minderjährigen Tochter kam Hallegg schließlich an die Grafen von Windischgrätz. Das Landgericht mit Recht über Leben und Tod wurde schon bald nach 1595 nach Mageregg übertragen, sodass in Hallegg nur mehr die niedere Gerichtsbarkeit, der Burgfried verblieb. Ab 1687 besaßen es nach Verkauf für mehr als 120 Jahre die Grafen Urschenbeck-Massimi; 1809 kam es an Peter II. Grafen von Goëss (1774 – 1846) – eine in der schwierigen Franzosenzeit überregional bedeutende politische Persönlichkeit, die in Dalmatien, Triest, Galizien, Venedig, der Lombardei und in Wien höchste politische Ämter ausübte. Seit 1833 wechselten die Besitzer sehr rasch, einer von ihnen verübte 1849 im Rittersaal spektakulär Selbstmord. Bemerkenswert war auch der Ankauf durch Dr. Ottomar Heinsius v. Mayenburg, den Besitzer der Firma „Chlorodont" in Dresden, der Hallegg als Sommersitz nutzte und für die Zahnpastaerzeugung um das Schloss herum Pfefferminze anpflanzen ließ! 1965 erwarb die Familie Helmigk das Schloss, Nachkommen einer früheren Schlossbesitzerin, und richtete in der Folge eine Fremdenpension ein. Seit einigen Jahren wird Hallegg als Hotel mit Cateringbetrieb genutzt, sodass ein beschränkter Zugang möglich ist.

Hallegg ist der Musterfall einer Burg, die man durch einen radikalen Umbau den anspruchsvolleren neuzeitlichen Wohnverhältnissen angepasst hat. Die mittelalterliche Burganlage wurde zunächst um 1540 erweitert, aber spätestens 1576 durch einen mächtigen viergeschossigen Stockbau beseitigt, der vom oberen Hof zu betreten ist. Auf drei gewölbten Kellergeschossen, die als Speicherbau für grundherrliche Abgaben genutzt wurden, erhebt sich das eigentliche Repräsentationsgeschoss der Herrschaft mit einem geräumigen Saal mit dreifach gekuppelten Fenstern an den Schmalenden, an die beidseitig die nur während des Sommers nutzbaren Wohnräume anschlossen. Durch die nördliche Toranlage (mit einer Bauinschrift von Moritz und Maria Welzer von 1546) betritt man den über zwei gemauerte Treppen ansteigenden unteren Hof, an dem östlich die dreigeschossigen Arkaden auffallen. Ihr oberstes Geschoss führt von zwei Seiten als offene Säulengalerie zum mächtigen, weithin sichtbaren Rundturm und der darin untergebrachten Kapelle mit einem Altaraufsatz des Rokoko um 1750. Ein weiteres Tor mit einem Wappen der Hallegger (vermutlich 20. Jahrhundert) führt schließlich in den oberen Hof mit umlaufenden Säulenarkaden, deren Nordseite lediglich die Funktion eines Wehrganges aufweist. Die Bogenzwickel sind mit einfachen Sgraffitomustern in Kerbschnittornamentik gefüllt (1546/47). Zwischen beiden Höfen erstreckt sich der unter Moritz Welzer 1546 erbaute Wohntrakt mit hellen freundlichen, teilweise spätbarock stuckierten Räumen. Nur geringe Spuren an Kellerräumen in der Nordostecke des oberen Hofes verweisen noch ins Spätmittelalter. Ein Blick vom obersten Säulengang des unteren Hofes über das Seltenheimer Moos gegen Maria Saal an einem schönen Frühlings- oder Herbsttag ist ein unvergessliches Erlebnis!

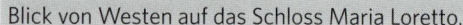
Blick von Westen auf das Schloss Maria Loretto.

Schloss Maria Loretto
Lorettoweg 52
9020 Klagenfurt
+43(0)664/2439001
reinfried.oblasser@
klagenfurt.at
www.dhp-consult.com

Schloss Maria Loretto (G4)

Als eine der ersten Maßnahmen im Zuge des Ausbaues von Klagenfurt zur Festung und ständischen Residenz wurde im Jahre 1527 mit dem Aushub des Lendkanals begonnen, der auf einer Länge von rund viereinhalb Kilometer den Wörthersee mit der Stadt verbinden und vor allem den Transport von Bau- und Brennholz sowie Lebensmittel erleichtern sollte. Bei seiner Mündung erhebt sich eine kleine felsige Halbinsel, auf welcher der Klagenfurter Burggraf Johann Andreas Freiherr von Rosenberg – eine der mächtigsten lokalen Persönlichkeiten der Gegenreformationszeit – 1652 einen Sommersitz inmitten einer höchst originellen Lustgartenanlage errichten ließ. Sechs Jahre später entstand eine Maria-Loretto-Kapelle, welche letztlich der Insel ihren Namen gab. Kupferstiche anlässlich der Erbhuldigung Kaiser Leopolds I. im Jahre 1660 und bei Valvasor 1688 zeigen eine vielgliedrige Anlage mit Treppen, Grotten und regelmäßigen Zierbeeten, umgeben von einer Zinnenmauer mit vieleckigen Türmen. Den Lendkanal selbst überspannte eine repräsentative und reich verzierte Toranlage. Nach 1708, als ein Brand das Schloss in Mitleidenschaft zog, verwahrloste allmählich auch der Garten. Nach 350-jährigem Besitz verkauften die Orsini-Rosenberg im Jahre 2002 das Schloss der Stadt Klagenfurt, die es von Architektin Jana Revedin aufwändig renovieren ließ und seit dem

150

Frühjahr 2008 als einzigartige Kulisse für eine breite Palette von Veranstaltungen (darunter Hochzeiten, Galadiners und sonstige Empfänge) sowie für Tagungen und Seminare nutzt. Dafür wurde in den stichkappengewölbten Erdgeschossräumen ein Bistro eingerichtet.

Die etwas erhöht angelegte Kapelle ist ein echter Nachbau des sogenannten Hauses Mariä aus Nazareth (Casa santa), welches von Engeln zunächst in die Nähe von Rijeka und dann nach Maria Loreto nahe Ancona in den Marken (Italien) übertragen worden sein soll. Der tonnengewölbte Saalraum mit typischer Ziegelmalerei besitzt eine schwarze Madonna und ist mit einem Tabernakelaltar sowie Votivbildern und Devotionalien reich ausgestattet. An der Nordseite der originell mit spätmanieristischen Obelisken verzierten Fassade ist eine Nischenkapelle mit der Muttergottes eingebaut.

Durch eine Gartenanlage mit barocken Löwen und einem Ziehbrunnen aus der Schlossbauzeit betritt man über eine Treppenanlage das außen weitgehend schmucklose, nahezu quadratische Schlossgebäude mit aufgeputzter Ortsteinquaderung. Sein Inneres wurde vermutlich in der ersten Hälfte des 19. Jahrhunderts stark verändert: Anstelle einer durchgängigen Querlaube führt eine breite Treppe vom Haupteingang in den bis in die Zone der Ochsenaugen erhöhten Saal der Beletage im Norden, der beidseitig von einer Raumflucht und im Westen von einer zweijochigen Loggia mit Säulenarkaden (heute verglast) in der Flucht der Außenmauern begleitet wird. Von der ursprünglichen Ausstattung sind noch die Türumrahmungen (teilweise mit Beschlägen) erhalten, während die schönen zylindrischen Kachelöfen aus der Biedermeierzeit stammen. In einigen Räumen wurden Felder mit Mustern der barocken Wandbemalung ausgespart.

Schloss Ebenthal.

Der Besucher erreicht die stimmungsvolle Halbinsel entweder über das Strandbad oder (als Fußgänger oder Radfahrer) über den Weg entlang des Lendkanals.

Schloss Ebenthal (Gd)

Etwa dreieinhalb Kilometer südöstlich von Klagenfurt liegt ein besonderes Kleinod des an Barockdenkmälern nicht eben reichen Landes. Auch wenn der Vergleich mit Schönbrunn in Wien und Eggenberg in Graz – wie anlässlich der Anlegung des Stabilen Katasters um 1830 formuliert – etwas hochgespannt erscheint, ist Schloss Ebenthal dennoch eines der schönsten Barockschlösser Kärntens.

Schloss Ebenthal
Schlossstraße 22
9065 Ebenthal

Information:
Zentralverwaltung Goeß
9020 Klagenfurt
Alter Platz 30
+43(0)463-512041

Am felsigen Nordabhang des Sattnitzmassivs stand rund 1,3 Kilometer südöstlich von Ebenthal seit dem 12. Jahrhundert die Burg Greifenfels, die heute längst in Trümmern liegt und seit dem 15. Jahrhundert im Besitze der Familie Neuhaus (nach einem Schloss bei Cilli/Celje in der Untersteiermark) war. Bei einer Besitzteilung der Herrschaft beschlossen Christoph von Neuhaus und seine Gemahlin Petronilla geborene Gera die Errichtung eines neuen Edelsitzes nahe dem Dorfe Schreltz beim Zusammenfluss von Glan und Glanfurt. Dieser 1566 erbaute Edelsitz erhielt mit urkundlicher Bewilligung Erzherzog Karls II. am 14. September 1567 den Namen Ebenthal. Der noch kleine und bescheidene zweigeschossige Bau in der Grundrissdisposition von Annabichl oder Mageregg – durchgängige Querlaube bzw.

darüberliegender Saal mit beidseitig anschließenden symmetrischen Wirtschafts- und Wohnräumen – wurde 1675 durch die Grafen von Lamberg aufgestockt und an den Ecken mit zeittypischen Türmchen und Erkern versehen. Auch wurde ein bemerkenswerter zinnenbekrönter Torbau mit einem vieleckigen Turm errichtet und der Garten mit einem zentralen Lusthaus neu angelegt.

1704 erwarb Johann Peter Graf Goëss das Schloss samt zugehöriger Herrschaft und machte es zum Mittelpunkt eines umfangreichen Fideikommisses, einer heutigen Stiftung vergleichbar, zu der zahlreiche Güter zwischen Klagenfurt und dem Glantal gehörten. Er veranlasste auch ab 1713 die Anlegung der später durch neue Straßenführungen veränderten Lindenallee nach Klagenfurt. Sein Sohn Anton Oswald, der 1734 bis 1747 das Amt eines Landeshauptmannes innehatte, ließ Ebenthal durch seitliche Ummantelung vergrößern und durch Umgestaltungen des Inneren zu einer kleinen Barockresidenz ausbauen. Die Grafen Goëss bewohnen das Schloss zwar noch heute, doch wurde Ebenthal samt dem nahen Rentamtsgebäude und einem Teil des Schlossparks 1997 in die „Goëss Kulturgüter-Stiftung" umgewandelt, um die kostspielige Erhaltung für die Zukunft zu gewährleisten.

Die weitläufige **Parkanlage** liegt am Westrand der Marktgemeinde Ebenthal. In ihr finden wir noch die Reste des um 1800 angelegten sogenannten „Johannesgrabens" als Entlastungsgerinne gegen die Überschwemmungen von Glan und Glanfurt (mit einem Standbild des Johannes von Nepomuk) sowie im südlichen Teil des Schlossparks einen Obelisken auf einem Sockel, der an die Gemahlin Peters II. von Goëss, Karoline von Kaiserstein, erinnert, die 1800 jung starb.

Am Karolinentor vorbei, einer beachtlichen Schmiedeeisenarbeit des Rokoko, betritt man über ein Rondeau – zu dessen linker Hand sich das Rentamtsgebäude mit seinem schönen barocken Pferdestall befindet – den mächtigen rechteckigen Schlossbau. Am Hauptportal, das erst in den siebziger Jahren des 19. Jahrhunderts durch eine Terrasse auf Pfeilern überdacht wurde, finden wir Bauinschriften, welche auf die Namengebung 1567, den Umbau 1675 und Brände 1919 und 1948 Bezug nehmen. Die Fassade ist einheitlich spätbarock mit Riesenpilastern und Dreiecksgiebeln gegliedert, straßenseitig zeigt der Giebel das Doppelwappen Goëss-Thürheim. Gartenseitig springt sie in zwei flachen Seitenrisalite vor, dort blieb auch ein Chloritschieferportal der ersten Bauphase erhalten. Im Inneren ist der klassische Querlaubentyp durch den Umbau des 18. Jahrhunderts originell verändert worden: Rechter Hand wurde ein offenes Stiegenhaus mit marmornen Balustern eingefügt, wie es das barocke Zeremoniell erforderte. Es führt in den Festsaal des zweiten Obergeschosses, der in der Mitte des Schlosses die gesamte Gebäudetiefe einnimmt und von Josef Ferdinand Fromiller um 1745 mit einem meisterhaften Fresko der Versammlung griechischer Götter versehen wurde, dazu Allegorien in einer nach oben offenen Scheinarchitektur. Südlich schließt das „Familienzimmer" mit Ölbildern auf Wandbespannungen an, das die Familie des Bauherrn bei Musikpflege bzw. höfischer Konversation zeigt, 1739 von Peter Kobler angefertigt, der sich in einem kühnen Porträt selbst verewigt hat. In der Ostecke ist weiters zu nennen die Bibliothek mit einem zylindrischen Kachelofen um 1830, vor allem aber mit einem holzgetäfelten Renaissanceportal aus Schloss Bach bei St. Urban von 1592. Das von seinen Inhabern jahrhundertelang liebevoll gepflegte Schloss ist noch heute von einer besonderen Ausstrahlung.

Der im 20. Jahrhundert neu erbaute Südtrakt von Schloss Welzenegg.

Schloss Welzenegg (G7)

Nur etwa anderthalb Kilometer östlich des Klagenfurter Stadtzentrums ließ Viktor I. Welzer zu Eberstein, erzherzoglicher Landrat und Verwalter der Landeshauptmannschaft, im Jahre 1575 gemäß Bauinschrift ein „Haus" erbauen, das er – vielleicht angesichts des Zugeständnisses religiöser Toleranz durch Erzherzog Karl II. anlässlich des Generallandtages in Bruck an der Mur („Brucker Libell") – drei Jahre später zu einer kastellförmig geschlossenen Schlossanlage erweitern ließ. Während ebendieses Generallandtages erlaubte der Erzherzog dem Bauherrn gemäß Urkunde vom 18. Jänner 1578, den Edelsitz „Welzenegg" zu nennen – womit nicht nur das Schloss, sondern der ganze heutige Stadtteil einen echten Namenstag aufweisen kann! Als Protestanten mussten die Nachkommen Viktors 1629 Kärnten verlassen, das Schloss kam nach mehreren Besitzerwechseln 1671 an Georg-Niklas Graf von Orsini-Rosenberg, dessen Nachfahren es im Jahre 1983 dem Unternehmer Georg Schmid verkauften. Dessen beiden Söhne versuchen es nicht nur instand zu halten, sondern stellen es immer wieder für Veranstaltungen und kulturelle Aktivitäten zur Verfügung.

Schloss Welzenegg
Viktor-Welzer-Platz 1
(Rosenbergstr./
Görzer Allee)
9020 Klagenfurt
+43(0)676-9006655
www.schloss-
welzenegg.at

Das nahe der Glan errichtete Schloss stand ursprünglich allein auf weiter Flur, seit Jahrzehnten liegt es in einer sensiblen Zone intensiver Wohnbautätigkeit – gegenwärtig werden der Norden und Osten dicht verbaut. Der westlich vor dem Schloss stehende Pferdestall, 1855 von Domenico Venchiarutti errichtet, musste bereits 1998 einem Wohnbau weichen! Zwei Alleen an seiner Nordseite vermittelten bisher noch ein wenig Atmosphäre biedermeierlicher Spaziergänge an Sonn- und Feiertagen. Da zum Schloss nur ein kleiner Burgfried und nur wenige Untertanen gehörten, war es zunächst in erster Linie ein adeliger Belustigungsort, für die Orsini-Rosenberg seit dem 18. Jahrhundert nur mehr zeitweilige Absteige, dann Wohnsitz von Nebenlinien und schließlich ab dem 19. Jahrhundert auch ein anfangs rentabler Gutsbetrieb. Seit dem 17. Jahrhundert haben die Besitzer Bausubstanz und Ausstattung kaum mehr verändert, sodass Welzenegg heute ein erstaunlich gut erhaltenes Beispiel eines stadtnahen Edelsitzes der Renaissance verkörpert. Zwar wurde nach 1918 im Süden ein neuer Wohnbau angefügt, der passte sich aber stilistisch gut der alten Bausubstanz an. Von der alten Einrichtung ist so gut wie nichts erhalten, da das Schloss nach 1945 für Sozialwohnungen genutzt wurde.

Die trutzige Hauptfront gegen Westen wird durch das flankierende Turmpaar und ein dreifach gekuppeltes Rundbogenfenster bestimmt, das übrigens axial auf den Turm der Stadtpfarrkirche ausgerichtet ist. Eine Wappentafel erinnert an die Errichtung des Gebäudes 1575, an den Bauherrn Viktor Welzer und seine Gemahlin Elisabeth, eine geborene Khevenhüllerin. Eine breite „Labn" mit Flusssteinpflasterung führt in den sehr stimmungsvollen, doch unregelmäßigen Säulenarkadenhof, wo wir unter den Sgraffitoornamenten die Jahreszahlen 1575 (in einem Medaillon mit Doppeladler an der Westseite) und 1578 (am Osttrakt in Gold ausgeführt) erkennen können. Der westliche Stock beherbergte im Untergeschoss Küche und Wirtschaftsräume. Eine enge Treppe führt in die Beletage, wo sich die heute schmucklosen Gemächer des Bauherrn befanden. Die östlichen Räume des Nordtraktes mit dem Nordostturm wurden im späten 17. Jahrhundert nach dem Erwerb durch die Orsini-Rosenberg mit Stuckaturen vermutlich von Gabriel Wittini versehen und bargen auch die längst profanierte Kapelle. Beachtlich sind die Stuckbüsten im Vorraum des Turmes. Der Osttrakt wird fast zur Gänze vom geräumigen Festsaal eingenommen, der noch eine Holztramdecke aufweist. Seine beiden schönen intarsierten und geschnitzten Holzportale stammen jedoch erst aus der Zeit um oder nach 1900.

Schloss Welzenegg ist bezüglich der Erhaltung seiner Bausubstanz des 16. Jahrhunderts eher ein Ausnahmefall unter den Schlössern um Klagenfurt. Der ehemalige, südlich anschließende Schlosspark ist mittlerweile als öffentliche Parkanlage frei zugänglich.

Ehemalige Deutschordenskommende Schloss St. Georgen am Sandhof (G5)

Hinter dem Flughafen Klagenfurt-Wörthersee versteckt sich etwas erhöht über dem Talgrund, am Rande des zunehmend verbauten alten Kirchdorfes St. Georgen, der altehrwürdige Sandhof, gemeinhin Schloss St. Georgen am Sandhof genannt. Seine Anfänge sind weitgehend ungeklärt, doch saß hier um die Mitte des 16. Jahrhunderts die kleinadelige Familie Lanzinger auf einem freieigenen Gut. Über seine Gemahlin Margarethe Lanzinger kam Christoph von Hauß (Hauser) in den Besitz dieses Hofes, und dieser führte bereits 1574 das Prädikat „zum Sandhof". Ihm folgte Andrä von Hauß (gest. 1582) als Besitzer, doch

Hotel Schloss St. Georgen am Sandhof
Sandhof Kuess KEG
Sandhofweg 8-10
9020 Klagenfurt
+43(0)463-46849-0
www.schloss-st-georgen.at

157

Schloss St. Georgen am Sandhof.

erst dessen Bruder oder Sohn Hans von Hauß hat das heutige „Gebey" beginnen und im Jahre 1584 vollenden können, worüber uns ein ursprünglich am Schlossportal angebrachter, nunmehr in die Westfassade der Schlosskapelle eingemauerter Reliefstein mit Doppelwappen in Kenntnis setzt. Die Witwe des Bauherrn trat den Sandhof bereits 1599 an den landschaftlichen „provisionierten Schrannenadvokaten" Dominicus Hackl ab, der ihn bald an Hans Reinwald verkaufte. Dieser musste allerdings 1629 als Protestant Kärnten verlassen. 1630 erwarb Gottfried Freiherr von Schrottenpach, Komtur des Deutschen Ritterordens zu Friesach, den Edelmannsitz und ließ ihn zum repräsentativen Sitz einer eigenen Deutschordenskommende ausbauen. Sein Nachfolger als Komtur, Andreas von Staudach, fügte an der Ostseite axial die Schlosskapelle hinzu. (1983 wurden in der nahegelegenen Pfarrkirche St. Georgen ein Komturgrab entdeckt und die Funde in einem Schaukasten dokumentiert.) 1769 verkaufte der Deutsche Ritterorden das Schloss, behielt sich aber die zugehörigen Ländereien zurück. Unter den nachfolgenden Besitzern sind vor allem der Diplomat Franz Freiherr von Reyer und seine Gemahlin Irene geborene Prokesch von Osten zu nennen, welche wesentliche Umbauten durchführen ließen, die bis heute das Erscheinungsbild des Schlosses bestimmen. 1953 erwarb das Land Kärnten den Sandhof und brachte hier das Institut für angewandte Pflanzensoziologie von

Professor Dr. Erwin Aichinger unter. 1987 ging der Sandhof durch Kauf an Dr. Hellfried und Ursula Kuess über, die hier seither ein exklusives Hotel betreiben.

Valvasor überliefert 1688 in einem Kupferstich eine eindrucksvolle Dreiflügelanlage mit zwei nahezu symmetrischen Wohnstöcken – der nördliche mit Arkadenhof – und abriegelnder Tormauer gegen Westen. Südlich schloss ein geräumiger Renaissancegarten an. Von den Gebäuden ist der südliche Teil, den Gottried von Schrottenpach bis 1650 errichten ließ, spurlos verschwunden. Das noch bestehende zweigeschossige Herrenhaus ist jenes „gebey" des Hans von Hauß von 1584. Hinter der Fassade des 19. Jahrhunderts mit romantischem Treppengiebel verbirgt sich die relativ gut erhaltene Bausubstanz der Renaissance mit charakteristischer gewölbter „Labn" und seitlichen Wirtschaftsräumen sowie darüber beidseitig des Saals die ehemals herrschaftlichen Wohngemächer mit teilweise noch erhaltenen Holztramdecken. Lediglich das Stiegenhaus ist jünger. An dieses Herrenhaus reiht sich gegen Nordosten ein weiterer Wohn- und Wirtschaftstrakt an, der nördlich mit einem Turmbau abschließt. In den teilweise mit neuen Malereien versehenen Zimmern und Suiten soll es sogar spuken!

Reste eines Arkadenganges führen südlich zur Schlosskapelle St. Elisabeth von 1652, einem einfachen gotisierenden Saalraum mit Polygonalschluss und Spitzbogenfenster. Der frühbarocke Hochaltar weist Stifterwappen der Komture Andreas von Staudach (1652) und Johann Jakob von Kanzianer (1681) auf. An der Westfassade ist der genannte Wappenstein des Bauherrn (1584) eingemauert. Bemerkenswert sind über dem Südportal des Herrenhauses das Doppelwappen Reyer (mit einem Reiher) und Prokesch-Osten (mit Hinweisen auf die diplomatische Tätigkeit

Schloss Krastowitz.

der Familie im Nahen Osten) sowie ein Majoli-
karelief der Madonna mit Kind, eine vorzügliche
Kopie des 19. Jahrhunderts nach einem Original
von Andrea della Robbia aus Florenz um 1480.

Schloss Krastowitz (G6)

Der am Nordrand des Klagenfurter Beckens am
Fuße des Maria Saaler Berges in leichter Terras-
senlage errichtete Edelsitz Krastowitz wurde im
Jahre 1704 vom landschaftlichen Sekretär Johann
Michael von Schoberg erworben und vermutlich
erst von ihm in repräsentativer Form ausgebaut.
Unter den zahlreichen nachfolgenden Besitzern
ist vor allem der Diplomat Franz Freiherr von Reyer
zu nennen, der den barocken Ansitz nach 1864
in Formen der Neorenaissance erheblich umgestalten ließ. 1956 kam die Kärntner Landwirt-
schaftskammer in den Besitz des Objektes und
schuf das Bäuerliche Bildungshaus. Für dessen
Zwecke wurde 1964 im Norden ein modernes
Schulgebäude errichtet, dem 1994 weitere Zu-
und Anbauten folgten.

Schloss Krastowitz
Bäuerliches
Bildungshaus
Gottscheerstr.
9020 Klagenfurt
+43(0)463-5850-2502
www.schloss-
krastowitz.at

Das Herrenhaus erweckt seit dem Umbau des
19. Jahrhunderts eher den Eindruck einer noblen
gründerzeitlichen Villa, wozu das Pyramidendach
des axialen Torturmes im Westen und die Fassa-
dengestaltung mit Pilastern, dreieckigen Fenster-
verdachungen und Konsolfries unter der Dach-
zone wesentlich beitragen. Sehenswert ist die
zweigeschossige Loggia (Arkadengang) im Stile

Blick auf den großteils neu aufgemauerten Bergfried der Zeiselburg.

der italienischen Renaissance an der Ostseite mit Pfeilerarkaden im Unter- und Säulenarkaden im Obergeschoss. Auch das Innere ist u. a. mit gusseisernen Stiegengeländern und Holzdecken völlig im Geschmack der Gründerzeit umgestaltet. An den Vorgängerbau erinnern lediglich noch eine Tafel mit den Wappen des Johann von Schoberg und seiner Gemahlin Maria Barbara Kulmer zum Rosenbichl an der Ostfassade sowie die ursprünglich dazugehörige Inschrift mit dem Chronogramm 1714 über dem Eingang am Turm.

Die Zeiselburg – Burgruine Zeiselberg (Ge)

Auf einem Geländevorsprung des Sechzigerberges liegen in 600 Meter Seehöhe oberhalb der gleichnamigen Ortschaft die lange Zeit vergessenen, erst seit 1989 ergrabenen und seitdem teilweise wieder rekonstruierten Gebäude der Zeiselburg. Ihre Erbauer, die 1202 erstmals urkundlich nachweisbare Ministerialenfamilie Zeisel, waren ein Seitenzweig der Freiberger, die im 12. Jahrhundert die herzogliche Burg Freiberg nördlich von St. Veit betreuten. Diese Vertrauensleute der spanheimischen Kärntner Herzöge starben jedoch in den siebziger Jahren des 13. Jahr-

Zeiselburg
Zeiselberg
9064 Magdalensberg

Information:
Kurt Zechner
9064 Zeiselberg 21
+43(0)463/46661

161

hunderts mit dem Mundschenk und obersten Landrichter Albert aus. Seine Witwe Aleiza musste vor ihrem Tode 1286 von ihrem Mann entfremdete Güter rückerstatten, um von der Exkommunikation gelöst zu werden. Ihre Schwiegersöhne beteiligten sich 1292 an einem Aufstand gegen die Grafen von Görz-Tirol, die den neuen Kärntner Herzog stellten. Nach Niederschlagung des Aufstandes belagerte und zerstörte man die Burgen der Aufrührer – so auch im Mai 1293 die Zeiselburg, die seitdem nicht mehr aufgebaut wurde.

Die von Kurt Zechner, dem Besitzer der Liegenschaft, initiierte Ausgrabung der Burg brachte eine kleine, durch einen Halsgraben und ein Vorwerk geschützte Kernburg mit unregelmäßigem Bering zum Vorschein. Im Osten führte ein Tor in den kleinen Innenhof, welcher durch eine Reihe von Wohn- und Wirtschaftsgebäuden verbaut war, darunter ein zweiräumiger Palas rechts vom Tor, an den nordwestlich eine Schmiede und eine Filterzisterne anschloss. Dem Tor gegenüber erhob sich bergseitig der viereckige Bergfried, der mittlerweile wieder bis in acht Meter Höhe aufgemauert und mit Zinnen versehen ist. Im Westen stand eine zweite Schmiede, daran schlossen links vom Tor weitere Wohn- und Wirtschaftsbauten an. Besonders bemerkenswert ist die nachträglich östlich außen an den Bering angebaute Kapelle mit zwei annähernd symmetrischen Stiegenabgängen. In ihr ist der originale Boden (Mörtelestrich mit rotem Ziegelsplitt) erhalten.

Die vermutlich in der zweiten Hälfte des 13. Jahrhunderts in Etappen entstandene Burg ist für die Forschung vor allem aufgrund ihrer bald darauf erfolgten Zerstörung interessant, wirft sie doch in ihrer Anlage und mit den Bodenfunden ein präzises, nicht durch spätere Epochen gestörtes Schlaglicht auf das ritterliche Alltagsleben dieser

Schloss Grafenstein.

kurzen Zeitspanne. Neben Metall- und Keramik-funden (Hufeisen, Gürtelschnallen, Armbrustbol-zen) war vor allem der Fund eines Alembik, eines Destilliergeräts, bemerkenswert.

Schloss Grafenstein (Gf)

Die heutige Marktgemeinde Grafenstein liegt etwa zwölf Kilometer östlich von Klagenfurt in Beckenlage nahe dem Zusammenfluss von Gurk und Drau. Südlich davon finden sich im Sattnitz-massiv die spärlichen Reste der für das Pfarrdorf namengebenden Burg, deren Namensträger als herzogliche Gefolgsleute zwischen 1204 und 1289 urkundlich nachweisbar sind. Die Herrschaft kam über verschiedene Besitzer seit 1629 – dem Jahr der Ausweisung des protestantischen Adels aus Innerösterreich – an Johann Andreas von Rosenberg, Freiherr auf Lerchenau. 1621 in die Landstände aufgenommen, 1633 in den Frei-herren- und 15 Jahre später in den Grafenstand erhoben, bekleidete Rosenberg als Vertrauens-mann der gegenreformatorischen Kräfte bald hohe ständische und landesfürstliche Ämter und war von 1639 bis zu seinem Tode 1667 stän-discher Burggraf zu Klagenfurt.

Schloss Grafenstein
Schloss 1
9131 Grafenstein
+43(0)664-1612526

1648 ließ er westlich des Dorfes in unmittelbarer Nähe der Pfarrkirche einen regelmäßigen, zu-nächst zweigeschossigen Vierflügelbau mit um-laufenden Hofarkaden errichten; eine Marmor-tafel im ersten Stock des Hofes erinnert daran. Mit zwölf zu acht Fensterachsen war dieses Schloss zwar mächtig, im Kern aber nüchtern und eher den Baugewohnheiten des 16. Jahrhunderts verpflichtet. Es wurde im Gegensatz zu den sonstigen Edelsitzen dieser Zeit ausdrücklich als „arx" (Burg) bezeichnet. Laut einer weiteren Inschrift im Arkadengang gestaltete Rosenbergs Sohn Georg Niklas das Gebäude schon um 1660 sowohl wohnlicher als auch repräsentativer: Er stockte es um ein Geschoss auf, setzte Dachreiter auf die Ecken und über das Hauptportal und legte einen hakenförmigen Wirtschaftstrakt im Norden und einen weitläufigen Barockgarten im Westen an, der von einer Mauer mit polygonalen Ecktürmchen umgeben war. So erscheint die Anlage 1688 im Kupferstich bei Valvasor.

Im 18. Jahrhundert erhielt Grafenstein durch zwei nördlich symmetrisch vorgelagerte Wirtschaftsbauten, die vor dem Schloss einen offenen Ehrenhof bilden, seine noch heute fast residenzhafte Würde. Das Hauptgebäude wurde um 1770 vermutlich unter Vinzenz Graf Orsini-Rosenberg neu fassadiert und dabei mit dem markanten Risalit mit Dreiecksgiebel versehen. Leider wurden das Schloss und seine Einrichtung im Zuge der jugoslawischen Besatzung 1919 stark beschädigt und das Gebäude später sogar verlassen, sodass es gegenwärtig höchst sanierungsbedürftig ist. Neben den im Inneren noch vorhandenen Rokokostuckaturen aus der Zeit um 1770 sind vor allem sehr qualitätsvolle illusionistische Wandmalereien der gleichen Zeit bemerkenswert. Sie öffnen uns zwischen gemalten Scheinpilastern den Blick auf eine Meeresküste mit exotischer Pflanzenwelt.

Aulandschaften neben Schotterterrassen, sanfte und steil abfallende Hügel, waldreiche Karawankenberge und Kalkklippen des Hochgebirges, warme Badeseen und schilfbewachsene Moore – die Landschaft des Jauntales ist erstaunlich vielfältig.

Die Jauntaler Kulturwanderungen geben Anregungen, die Geschichte und Kultur dieser besonderen Kärntner Landschaft besser zu verstehen. Vor allem ihre Kulturgüter, insbesondere die Kirchen, Burgen und Schösser, werden in diesem Kulturführer vorgestellt, allenthalben begegnen dem Leser aber auch schöne Beispiele der Volkskultur und vor allem zahllose Bildstöcke als lebendige Beispiele gelebten Volksglaubens.

Jauntaler Kulturwanderungen
Ein kunstgeschichtlicher Begleiter durch den Bezirk Völkermarkt.
Wilhelm Deuer
168 Seiten, SW- und Farbabbildungen, brosch. € 10,–
ISBN: 3-85366-977-8

www.verlagheyn.at

H OBERKÄRNTEN I: DRAU-, MÖLL-

In Oberkärnten hatten die Kärntner Herzöge aus dem Geschlecht der rheinfränkischen Spanheimer (1122 – 1169) wenig Eigenbesitz und daher nur eine beschränkte Machtgrundlage. Ihre schärfsten Widersacher waren die Grafen von Görz-Tirol, die ihre Stellung als Kirchenvögte zum Ausbau ihrer Herrschaftsrechte ausnützten. Nachdem sie selbst rund ein halbes Jahrhundert die Kärntner Herzogswürde innehatten, verloren sie ihre Macht erst seit dem 14. Jahrhundert schrittweise an die Habsburger, die zunächst nach dem Frieden von Pusarnitz (1460)

und endgültig mit dem Aussterben der Görzer im Jahre 1500 deren umfangreichen Besitz übernahmen. Der Erzbischof von Salzburg und der Bischof von Bamberg – beide in Oberkärnten reich begütert – strebten zwar im Mittelalter die landrechtliche Verselbständigung (Exterritorialität) an, mussten sich jedoch der wachsenden Autorität der frühneuzeitlichen Landesfürsten, insbesondere Erzherzog Ferdinands, beugen und 1535 die Unterordnung ihrer Besitzungen durch gegenseitige Verträge (Rezesse) akzeptieren. Aufgrund solcher machtpolitischen Zersplitterungen und

167

Rivalitäten war Oberkärnten bis zu diesem Zeitpunkt an Burgen durchaus reich. Doch verloren sie nach dem Aussterben der Grafen von Görz-Tirol und den genannten Vereinbarungen mit den geistlichen Grundherren wesentlich an Bedeutung und verfielen großteils. Die Zahl der neu erbauten Edelsitze ist in Oberkärnten seit dem 16. Jahrhundert deutlich geringer als im dichter bevölkerten Unterkärnten. Andererseits haben wir es hier mit mehr Bergbauunternehmern (Gewerken) zu tun, welche die herrschaftliche Baukultur vom 16. bis ins 19. Jahrhundert wesentlich beeinflussten (Stiegerhof, Trabuschgen, Lerchenhof).

Schloss Paternion
Schlossweg 1
9711 Paternion
+43(0)4245-2431

Schloss Paternion (Ha)

Auf einer sanften Anhöhe südlich des gleichnamigen Marktes erhebt sich beherrschend die lang gestreckte Anlage des Schlosses Paternion. Seine Anfänge sind nur schwer zu fassen: Seit 1309 begegnen uns in Ortenburger Urkunden

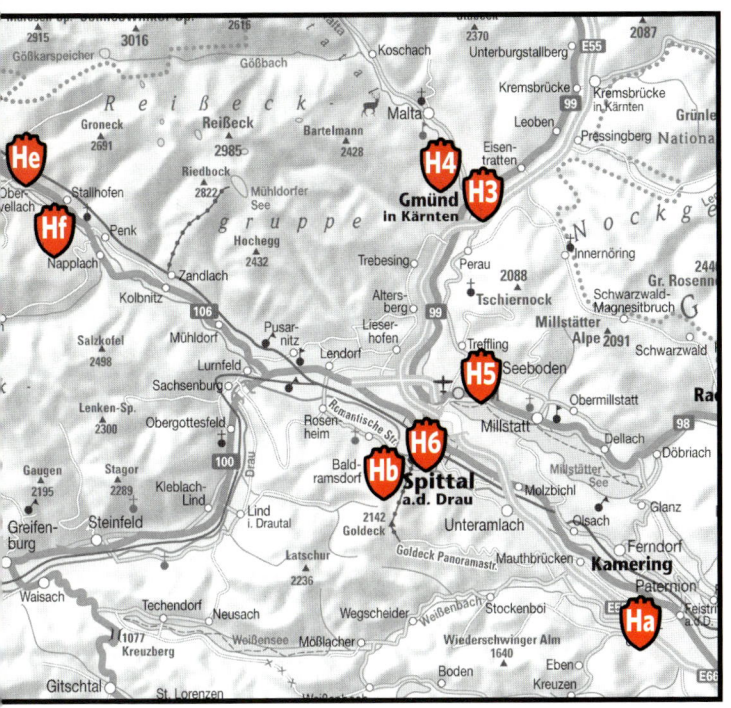

immer wieder Zeugen von „sand Paternian", sodass wir hier einen ritterlichen Ansitz vermuten
dürfen. Die erstmals 1523 genannte Herrschaft
Paternion entstand allerdings erst kurz zuvor
durch die Zusammenlegung der görzischen
Ämter Stockenboi und Feistritz, die Kaiser Maximilian 1518 für 10.000 Gulden seinem Günstling
Siegmund von Dietrichstein verkaufte. Die Dietrichsteiner, die in der Umgebung Bergbaue auf
Silber, Blei und Eisen betrieben, dürften die ältesten Teile des Schlosses errichtet haben, mussten
aber die Herrschaft 1582 bezeichnenderweise
ihrem Pfleger verkaufen, von dem sie das Schloss
allerdings wieder zurücklösen konnten. Moritz
Khevenhüller scheint als nächster Besitzer auch
Umbauten durchgeführt zu haben. Er musste jedoch als Protestant Kärnten im Jahr 1629 verlassen und verkaufte seinen Besitz dem aus Villach
stammenden Handelsmann Martin Widmann. Im
Besitz seiner Nachkommen, der Grafen Foscari-
Widmann-Rezzonico, befindet sich Paternion

Blick in die nordwestliche Hofecke von Schloss
Paternion.

noch heute. Die in Venedig ansässigen Besitzer
nützen das Schloss, das innen nicht zu besichtigen
ist, temporär als Wohnung, doch ist es auch Sitz
der zugehörigen Forstverwaltung.

Die weitläufige Gebäudegruppe ist sowohl vom
Südosten als auch vom Nordwesten durch Toranlagen zu betreten. Der heutige Eindruck wird durch
Um- und Neubauten nach einem Brand von 1859
und in den Jahren 1897/98 bestimmt. Dabei wurden besonders die östlichen Flügel weitgehend
neu errichtet, während die älteren westlichen
Teile teilweise erhalten geblieben sind. Im Kern
ins 16. Jahrhundert zurück reicht der nordwestliche Wohnstock mit zwei Geschossen und einem
Walmdach. Seine Durchfahrt weist innen und
außen ein Rustikaportal auf, und seine nordöst-
liche Außenwand ziert ein Allianzwappen der
Dietrichstein mit der Jahreszahl 1558. Ein weiteres
Wappen der Widmann als Grafen von Ortenburg
(bezeichnet 1629) befindet sich hofseitig über der
Einfahrt. Im Erdgeschoss befinden sich gewölbte
Räume, darunter auch die Schlosskapelle. An diesen ältesten Bauteil schließt westlich ein etwas
jüngerer, vermutlich um 1629 errichteter Wirtschaftstrakt an. Der eigentliche herrschaftliche
Wohnbereich besteht aus zwei hakenförmigen
dreigeschossigen Trakten im Süden, die vermutlich im 17. Jahrhundert erbaut und im 19. Jahrhundert stark verändert wurden. Zu beachten ist

die südöstliche Einfahrt mit einem Renaissance-portal aus rotem Stein (16. Jahrhundert), bekrönt von steinernen Rundfeldern mit den Wappen der Foscari-Widmann-Rezzonico. Das gekuppelte Rundbogenfenster darüber stammt vom nahen Edelsitz Pöllan, der bis in unsere Zeit nie fertig-gestellt wurde. An der Fassade finden wir weitere römerzeitliche Grabsteine und mittelalterliche Spolien aus Italien. Dem Einfahrtstrakt südwest-lich vorgesetzt erhebt sich ein weiterer Bauteil mit einem Portal des 16. Jahrhunderts, über dem ein Markuslöwe eingemauert ist!

Paternion gilt als bemerkenswertes Beispiel ei-ner gewachsenen, immer bewohnten oder für Wirtschaftszwecke genutzten Schlossanlage mit starkem Anteil des 19. Jahrhunderts und vielen bauplastischen Details in Zweitverwendung.

Das Schloss Spittal an der Drau – Schloss Porcia (H6)

Ursprünglich im freien und ebenen Gelände westlich des Marktes Spittal errichtet, bildet das Schloss heute am Schnittpunkt von Haupt- und Neuem Platz das eigentliche Zentrum des seit dem ausgehenden 19. Jahrhundert rasant wach-senden Bezirkshauptortes, dem erst 1930 die Be-zeichnung Stadtgemeinde verliehen wurde. Der anschließende weitläufige **Park**, damals noch ein barocker Burggarten, wurde 1812 für die Bürger geöffnet und um 1840 durch den Gartenarchi-tekten Giuseppe Balzaretti aus Padua mit Plata-nen und Kugelrobinienalleen zu einem englischen Landschaftspark umgewandelt. Darin steht auch das **Parkschlössl**, ein in den Grundmauern viel-leicht ins 16. Jahrhundert zurückreichendes Lust-haus für Musik- und Theateraufführungen, das heute für Kunstausstellungen genutzt wird.

Schloss Porcia
Burgplatz 1
9800 Spittal
an der Drau
+43(0)4762-
5650-220
www.spittal-drau.at

Das Schloss selbst gilt als einer der bedeut-endsten Renaissancebauten Österreichs. 1524

Arkadenhof von Schloss Spittal (Porcia).

hatte König Ferdinand I. seinen Schatzmeister-general (Finanzminister) Gabriel von Salamanca (1489/90 – 1539) mit der Grafschaft Ortenburg belehnt. Es wird angenommen, dass dieser an-lässlich seiner Vermählung mit Elisabeth von Ba-den 1533 mit dem Bau der standesgemäßen Re-sidenz begann und testamentarisch ausdrücklich ihre Fertigstellung durch seine Kinder nach einem heute verschollenen Modell festlegte. Das erklärt trotz der langen Bauzeit – über drei Generationen hinweg bis 1598/98 – die letztlich einheitliche Gestalt des Gebäudes, für die Vorbilder aus der Stadt Trient (Trento) und das Prager Belvedere ausfindig gemacht werden konnten. Von den Nachkommen Salamancas – den (jüngeren) Grafen von Ortenburg – kam die Grafschaft 1640 an die Brüder Widmann, Nachkommen eines Villacher Handelsmannes, der in Venedig zum geadelten Patrizier aufstieg; und von diesen schon 1662 an Johann Ferdinand von Porcia (aus einem Geschlecht, dessen Stammschloss nahe Porde-none in Friaul-Julisch-Venetien steht). Porcias Nachkommen hatten die Herrschaft bzw. das Schloss bis 1918 inne. Im Jahre 1930 erwarb die

Stadtgemeinde Spittal das Gebäude, in dessen Räumen 1958 auf Vereinsbasis das Bezirksheimatmuseum eröffnet werden konnte. Seit seiner Umgestaltung ab 1991 zeigt dieses **Museum für Volkskultur Spittal an der Drau** museumspädagogisch modern aufbereitet überregional bedeutende wirtschaftshistorische und kulturelle Sammlungen zum Leben und zur Arbeit der Bergbauern, zu Bergbau und Handwerk, Wintersport und Alpinismus etc. Weitere Räume werden als Galerie und gastronomisch genutzt. Seit 1961 werden überdies im Arkadenhof die beliebten „Komödienspiele Porcia" aufgeführt.

Die mächtige vierflügelige Anlage mit drei Hauptgeschossen wird an zwei Ecken in der Diagonalachse durch schmale Rundtürme akzentuiert. Zurückhaltende vertikale und horizontale Dekorationen sowie einfache Rundbogenfenster gliedern die Fassaden. Die Mitte der Nordfassade wird von vier Gruppen gekuppelter Drillingsfenster betont, das Hauptportal dazwischen erhielt 1702/3 eine reich verzierte Wappenkartusche mit allegorischen Gestalten als Bekrönung. Der Mölltaler Maler Martin Ladinig versah die Fassaden ab 1880 mit heute nur mehr in Spuren sichtbaren Fresken historischer Szenen. Darüber hinaus blieben in einem Raum des ersten Stockwerks Wappenmalereien Ladinigs von 1879 erhalten, im sogenannten „Ladinigzimmer" auch Blumen- und Fruchtdarstellungen von 1901. Durch eine weite Halle betritt man vom Norden den umlaufenden Arkadenhof, der mit zierlichen Säulen, Balustraden, Gesimsen und Stuckreliefs (Allegorien, Kaiserköpfe in Medaillons, männliche Büsten) sehr aufwändig geschmückt ist und den künstlerischen Höhepunkt des Schlosses markiert. Besonders elegant ist die Treppenlösung. Die humanistisch geprägten Inschriften und Medaillons in den unteren Geschossen stehen in starkem Kontrast zu den teils derben bis obszönen Reliefs im Kranzgesims unter dem Dach. Dem Haupteingang gegenüberliegend wurde 1707 in einer Stuckkartusche das Wappen der fürstlichen Besitzer mit einer Inschrift angebracht, welche sie u. a. als Abkömmlinge der Könige von Troja bezeichnet! Im Vergleich dazu sind die meisten Innenräume, deren Hauptsäle über den Einfahrten angelegt wurden, mit Ausnahme der Portale zurückhaltender ausgestattet. Lediglich das Turmzimmer in der Beletage des Westturmes besitzt eine bemerkenswerte Stuckdecke mit mythologischen Motiven von etwa 1590. Eine Kassettendecke (um 1520/30) wurde aus dem Stift Millstatt ebenso hierher übertragen wie ein gemalter Renaissancefries aus Italien. Die ursprüngliche Einrichtung ist teilweise schon während der Franzosenkriege verloren gegangen.

Schloss Spittal, das nach seiner nachhaltigsten Besitzerdynastie den Namen „Porcia" führt, ist der glückliche Fall einer kunsthistorisch überaus bedeutsamen Schlossanlage der Hochrenaissance, die durch die Nutzung als Museum und Theater in mehrfacher Hinsicht im Bewusstsein der Bevölkerung wie auch eines überregional kulturinteressierten Publikums verankert ist.

Der Besucher von Spittal möge zumindest auch einen Blick auf das der nördlichen Hauptfront des Schlosses gegenüberliegende ehemalige Vizedomamtsgebäude und heutige **Rathaus** werfen (Burgplatz 5). Dieses repräsentative dreigeschossige, um einen Hof angelegte Amthaus der Grafschaft Ortenburg und Sitz des Landrichters wurde 1537 (Bauinschrift an der Fassade) wohl vom gleichen Baumeister wie das Schloss errichtet und befand sich zeitweise im Besitz der Khevenhüller. Im zweiten Obergeschoss sind Wandmalereien von etwa 1600 mit Bezug auf die Funktion des Gebäudes – das Einnehmen von Abgaben der Untertanen – erhalten.

Die Ruine Ortenburg.

Burgruine Ortenburg (Hb)

Die vor Jahrzehnten noch stark verfallene und überwucherte Ruine Ortenburg wurde durch den 1976 gegründeten, engagierten Verein „Helfer der Ortenburg – 1. Kärntner Handwerksmuseum" von störendem Bewuchs befreit, befestigt und begehbar gemacht. Man erreicht sie über einen Fußweg vom **Handwerksmuseum** in Unterhaus, dem sogenannten „Paternschloss", das von den Fürsten Porcia 1710 als Hieronymitanerkloster zur Bekämpfung des Geheimprotestantismus gestiftet, 1773 wegen Baufälligkeit neu erbaut wurde und bis Anfang des 19. Jahrhunderts bestand.

Die Ortenburg ist eine bemerkenswerte, insgesamt vierteilige Burganlage, die seit dem 11. Jahrhundert erbaut und bis zum Erdbeben von 1690 instand gehalten wurde. Der älteste Teil (Marhube) war eine Erdhügelburg (Motte), auf die vermutlich im 13. Jahrhundert ein Turm gesetzt wurde. Den Felsen der sogenannten Oberburg betrat man vom Süden her über eine Brücke, von der noch vier Pfeiler stehen. Die anschließende Vorburg (15. bis 17. Jahrhundert) besteht noch aus einer langgezogenen Mauer links und einem quadratischen Turmrest mit abgerundeten Ecken rechts. Über einen weiteren Graben mit Resten einer Pfeilerbrücke betritt man durch ein Tor die Hauptburg mit ihrem mächtigen Turm der Gotik, der einem kleineren und älteren Turm vorgebaut wurde. Ein einst von Wohnbauten eingefasster,

Burgruine Ortenburg
Unterhaus 22
9805 Baldramsdorf

Information:
Mag. Elisabeth Schurian
+43(0)664-4623723

lang gestreckter Hof – an seiner Ostseite lag der ursprüngliche Palas, der nur mehr in unbedeutenden Spuren vorhanden ist, – führt nördlich zu den Resten der geräumigen Burgkapelle mit polygonalem Chorschluss. Der Kapelle war nördlich ein Turm angebaut.

Nördlich unterhalb der Oberburg befand sich die Mittelburg, von welcher die Reste eines massiven Turmes mit einer Seitenlänge von 11,5 Meter und einer Mauerstärke von 3,2 bis 3,7 Meter erkennbar sind (um 1400).

Die schattseitig am Südrand des Lurnfeldes gelegene, 1136 erstmals genannte Stammburg der (älteren) Grafen von Ortenburg war von erheblicher Bedeutung für die Region. Ihre Erbauer waren ursprünglich Vögte des bayerischen Hochstiftes Freising, das noch im 11. Jahrhundert ausgedehnten Grundbesitz im Lurnfeld hatte. Sie stifteten 1191 das für die heutige Bezirksstadt namengebende Spital (Herberge). Mit ihrem Aussterben fiel die Herrschaft 1418 an die Grafen von Cilli und – nach kriegerischen Auseinandersetzungen mit den Grafen von Görz-Tirol und der Ermordung des Grafen Ulrich in der Burg von Belgrad 1456 – an die Habsburger. König Ferdinand I. verlieh die Grafschaft Ortenburg seinem getreuen Schatzmeister Gabriel von Salamanca, der in Spittal das Schloss Porcia errichten ließ. Seine Nachkommen waren die jüngeren Grafen von Ortenburg, welche die Grafschaft 1639 an die Brüder Widmann verkauften. Ab 1662 war sie im Besitz der Grafen, später Fürsten von Porcia, welche die nach dem großen Erdbeben von 1690 *„auf allen Seiten sehr zerschmetterte"* Burg nicht wieder aufbauten. Seit der Freilegung und Sanierung der Burg dient der Innenhof als Kulisse für verschiedenste Veranstaltungen.

Burg Stein bei Dellach im Drautal.

Burg Stein bei Dellach im Drautal (Hc)

Etwa auf der Höhe von Irschen erhebt sich am dicht bewaldeten und felsigen Nordabhang der Jauken etwa 200 Meter über dem Talgrund der Drau ein kühnes Gemäuer mit auffallend heller, somit weithin sichtbarer Färbung. Überraschenderweise führt der Fahrweg, der in Dellach die Drau quert und dann sanft gegen Westen ansteigt, bequem direkt zum Jägerhaus, von dem es nur noch wenige Meter Fußweg bis zur Burg sind. Man passiert zuerst den quadratischen, rund 15 Meter hohen Bergfried, der isoliert auf einem eigenen Hügel steht, von Mauern umgeben und – wie ein Kupferstich Valvasors von 1688 zeigt – durch einen gemauerten Wehrgang und eine hölzerne Brücke mit der Burg verbunden war. Dessen Fundamente sind heute noch zu sehen. Die eigentliche Wohnburg liegt auf einem durch eine Schlucht vom Berghang getrennten und somit nahezu uneinnehmbaren Felsen, dem sie sich im Grundriss ideal anpasst. Die dreigeschossige Anlage, deren romanisches Mauerwerk (um 1200) an vielen Stellen unter dem Verputz gut sichtbar ist, betritt man über eine gemauerte Brücke. Ein Gang führt weiter in eine Abfolge höchst unregelmäßiger Räume, die teilweise untereinander durch kleine Stiegen verbunden sind. Ursprünglich scheint der talseitige Teil der Felsspitze ein von einer Mauer umschlossener Hof gewesen zu sein, der jedoch um 1500 ebenfalls überbaut wurde.

Schloss Stein
Stein 1
9772 Dellach

177

Überaus bedeutend ist die Schlosskapelle an der Nordecke, aus der sich im Landesarchiv eine prächtig ausgestattete Ablassurkunde aus dem Jahr 1334 erhalten hat, die in Avignon von nicht weniger als 18 Bischöfen besiegelt wurde! Der ursprünglich eingeschossige Raum wurde um 1500 in eine Doppelkapelle umgewandelt. Ihr flach gedecktes Untergeschoss wurde dem Bischof Valentin geweiht und mit Wandmalereien sowie bemerkenswerten gotischen Statuen ausgestattet. Eine Treppe führt in die obere Kapelle, deren Stuckrippengewölbe laut Inschrift 1503 vom berühmten Baumeister Bartlmä Firtaler aus Innichen vollendet und von Simon von Taisten mit Malereien versehen wurde, darunter einer Darstellung des Stifters Lukas von Graben.

Die Burg wurde wahrscheinlich von Ministerialen der Grafen von Ortenburg vor 1190 errichtet, kam im 13. Jahrhundert an die Grafen von Görz-Tirol, später an die Grafen von Cilli und nach deren Aussterben an den Landesfürsten, der sie im Jahre 1500 dem Lukas von Graben als Lehen übergab. Dessen Familie hatte Burg Stein immerhin 164 Jahre inne. 1681 erwarb sie Georg Niklas Graf von Rosenberg, im Besitz seiner Nachkommen befindet sich die Burg noch heute. Sie wurde immer bewohnbar erhalten, ist baulich in bestem Zustand und dient Sommeraufenthalten und als Jagdschloss, das leider nicht besichtigt werden kann.

Der Mautturm von Winklern mit seinem „Tauernwurm".

Der Mautturm zu Winklern (H2)

Mitten im Marktzentrum von Winklern erhebt sich weithin sichtbar der sogenannte „Mautturm" – u. a. auch Wach-, Zoll-, Aichenegg- bzw. Pfalzerturm genannt –, der als Wahrzeichen des Ortes auch das 1962 verliehene Gemeindewappen bestimmt, wenngleich ohne Dach.

Der an der Mündung der Straße von Lienz über den Iselsberg ins Mölltal liegende Ort wird 1041/60 erstmals genannt. Er gehörte zunächst zum Herrschaftsgebiet der Salzburger Erzbischöfe und Brixner Bischöfe. Nach 1213 kam Winklern unter die Herrschaft der Grafen von Görz-Tirol, die hier eine 1325 bezeugte Zollstation unterhielten. In seiner heutigen Form dürfte der Mautturm um 1300 errichtet worden sein, denn 1317 gab Otto von Reuntal „... *sein hous und gesaez da ze Wynchlern, daz er von neum gepowen hat* ..." seinem Lehensherrn, dem Grafen Heinrich von Görz-Tirol, zurück. Seit 1460 war der Turm mit zugehörigen Liegenschaften ein Lehen der habsburgischen Landesfürsten. Später wurde er als Getreidespeicher und nach dem Aufsetzen

Mautturm Winklern
Winklern 47
9841 Winklern

Information:
Winklern 9
9841 Winklern
+43(0)4822-227-20/-16
www.winklern.at

179

eines neuen Obergeschosses zwischen 1865 und 1890 als Aussichtswarte genutzt. Im Laufe des 20. Jahrhunderts entwickelte sich der Turm jedoch zunehmend zu einem denkmalpflegerischen Problemfall. Die Wende brachte die Kärntner Landesausstellung 2004/05, in welche die Nationalparkregion Hohe Tauern mit dem Thema „Erlebnisreise WasserGold" eingebunden war: Weil sich die Marktgemeinde Winklern nicht nur als Tor zum Nationalpark, sondern auch als Ziel für Kultur- und Naturliebhaber zu profilieren suchte, wurde die Sage des „Tauernwurmes" geschaffen, eines Fabelwesens, das die Schätze der Hohen Tauern – Wasser und Gold – hütet und den alten Turm bewohnen soll. Jana Revedin hat den Tauernwurm architektonisch umgesetzt: In einer Konstruktion aus graphitschwarzem Stahl und dunkelrotem Lärchenholz neben dem Turm winden sich die Stufen als Drachenschwanz nach oben. Sein Körper schlängelt sich durch das Innere bis zum obersten Geschoss mit dem einzigen erhaltenen gotischen Gewölbe, das den Drachenkopf bildet.

Die unteren vier Geschosse des rechteckigen Turmbaues mit einer Seitenlänge von rund 9,60 x 7 Meter, aber einer auffallend geringen Mauerdicke entstammen noch der Zeit um 1300. Sie weisen im obersten Geschoss an der Ostseite eine merkwürdige Dreiergruppe spitzbogiger Trichterfenster mit einem Rundfenster darüber auf. Diese auch an anderen Kärntner Burgen feststellbare Form hatte höchstwahrscheinlich nur eine dekorative Funktion und scheint spätromanisch-frühgotischen Apsisfenstern von Kirchen nachempfunden zu sein. Auch die Deckenkonstruktionen des Turmes stammen teilweise noch aus der Bauzeit. Seit seiner Revitalisierung wird der ohne Dach rund zwanzig Meter hohe Mautturm für Ausstellungen und andere touristische Veranstaltungen genutzt.

Die beiden Schlösser Großkirchheim: Im Hintergrund das sogenannte Putzenschlössl.

Die beiden Schlösser Großkirchheim (H1)

Zunehmend durch Wohnbauten bedrängt stehen am Westrand des Dorfes Döllach, an der alten Straße nach Heiligenblut, die beiden Schlösser Großkirchheim, die aufgrund ihres späteren Bedeutungsverlustes und der Abgelegenheit des Ortes ihr Aussehen seit über 400 Jahren kaum verändert haben.

Während das obere Mölltal dem Landgericht Kirchheim(eck) unterstand – dessen Sitz nicht gesichert bei Heiligenblut lokalisiert wird – stand in Döllach ein 1523 bereits baufälliges Gerichts- oder Pfleghaus. Seit dem späten 15. Jahrhundert engagierte sich hier die Augsburger Familie Putz im Edelmetallbergbau: Melchior Putz der Ältere erwarb Gruben in der Zirknitz, Fleiß und Gößnitz und ließ Schmelz- und Pochwerke in und um Döllach errichten. Vermutlich um 1550 erbaute er ein erstes standesgemäßes Herrenhaus außerhalb des Ortes, das wegen der damals herrschenden Angst vor den Türken einen als Wehrgeschoss mit zwei Erkertürmchen ausgebildeten offenen Dachboden erhielt.

Die Geschäfte des Melchior Putz liefen offenbar so gut, dass der bestehende Bau bald zu klein wurde – oder aber der Erwerb der Herrschaft (Groß-) Kirchheim im Jahre 1560 gab den Anstoß zur

**Schloss & Schlössl
Großkirchheim**
Döllach 36
9843 Großkirchheim
+43(0)4825-421
www.grosskirchheim.at

Errichtung eines größeren dreigeschossigen Ansitzes südlich neben dem ersten „Putzenschlössl". Laut einer Inschrift beim Eingang könnte dieser 1576 fertiggestellt gewesen sein. Die Putz führten ihre Großkirchheimer Montanbetriebe bis zum Konkurs von 1620 weiter, dann kamen die beiden Schlösser an Martin Strasser von Neudegg, später an Matthias Jenner von Vergutz aus der Gegend von Klausen bei Brixen. Unter den Edlen von Fromiller kehrte in Großkirchheim zwischen 1680 und 1770 barockes Adelsleben ein. Im 19. Jahrhundert wurde das Putzenschlössl verkauft (nach einem späteren Besitzer nannte man es auch „Körberschlössl"), diente zeitweilig als Bräuhaus und kam schließlich in Gemeindebesitz. Den größeren südlichen Schlossbau erwarb 1869 der Notar, Hof- und Gerichtsadvokat Josef Aicher von Aichenegg in Winklern. Da er nicht mehr dauernd bewohnt war, diente er nach der Hochwasserkatastrophe von 1935 eine Zeit lang etwa 200 Personen als Notquartier. Schließlich erwarb Josef Lindsberger das Schloss und richtete 1956 das sehenswerte „Schloss- und Goldbergbaumuseum" ein, das aber nach seinem Tod wieder geschlossen wurde. Während das Putzenschlössl von Frau Maria Hauser-Sauper erworben und seitdem von ihr nicht nur liebevoll gepflegt, sondern auch für kulturelle Veranstaltungen zur Verfügung gestellt wird, ist die Zukunft des großen Schlosses – das die Gemeinde Großkirchheim seit 1978 im Wappen führt! – unsicher.

Das zweigeschossige Putzenschlössl ist ein klassischer Querlaubenbau mit gewölbten Wirtschaftsräumen im Untergeschoss und schönen getäfelten Stuben im herrschaftlichen Obergeschoss. Das südliche dreigeschossige Schloss besaß einen Kranaufzug – diente also auch als Kastengebäude und Materiallager – und es zeigt an seiner Westseite noch drei geschossweise versetzt gemauerte Aborte. Die geschnitzte Decke

Burg Groppenstein vom Talgrund der Möll aus gesehen.

des Hauptsaales in der Beletage befindet sich heute im Schloss Frauenstein.

Burg Groppenstein (Hd)

Dem vom unteren Mölltal aus talaufwärts reisenden Besucher fällt hinter Obervellach eine mächtige Burganlage auf einer Kuppe über der Mündung des Raufenbaches in die Möll auf. Sie sollte in früheren Jahrhunderten den hier abzweigenden wichtigen Säumerweg über den Mallnitzer und den Korntauern ins salzburgische Gasteinertal bewachen.

Burg Groppenstein
Semslach 20
9821 Obervellach

Die 1254 erstmals als „turris" (Turm) genannte Burg könnte zur Absicherung der Interessen des Salzburger Erzbischofs errichtet worden sein. Nach 1290 kam sie aber unter die Herrschaft der in Oberkärnten überaus mächtigen Grafen von Görz-Tirol, die sie an ihre Ministerialen ausgaben. Diese Groppensteiner stammten wohl aus Lienz, waren mit den dortigen Burggrafen versippt und wirkten auch als Hofschreiber bzw. Notare der Görzer. Durch Heirat ihrer letzten Erbtochter Veronika (gest. 1486) gelangte Groppenstein an die Grafen von Schermberg und gut ein Jahrhundert später auf gleiche Weise weiter an Bartlmä Khevenhüller (1589), nach dessen Tod Burg und Herrschaft 1613 an Adam Jakob von Lind verkauft wurden. Über die Familien Lind und Unger ging die Burg 1693 an Anton Wenzel zum Stock, einen Tiroler Kupfergewerken, in dessen Familie sie bis 1873 blieb. In diesem Jahr erwarb der Klagenfurter Architekt und Denkmalpfleger Adolf Stipperger (gest. 1894) die inzwischen baufällige wie auch durch Umbauten entstellte Burg und ließ sie nach damaligen Maßstäben musterhaft wieder instand setzen. Seitdem wechselten die Besitzer wiederum mehrmals – hervorgehoben werden soll hier der Mediziner und Universitätsprofessor Franz Chvostek (gest. 1944) – und auch einiges an überkommenem Inventar hat Groppenstein durch Abverkäufe einbüßen müssen.

Vom Westen her führt die Zufahrt zur malerischen zinnengekrönten Schaufront mit dem dreigeschossigen Torturm – der durch eine Zugbrücke und Schlüsselscharten gesichert ist – und einem besonders pittoresken Eckturm. Die Ummauerung und somit auch die westliche Schauseite dürften im 19. Jahrhundert unter Stipperger wiedererrichtet worden sein. Vom Hof aus betritt man alle Wehr-, Wohn- und Wirtschaftsbauten: Eindrucksvoll ist der zentrale sechsgeschossige Bergfried mit einer Höhe von 23 Meter, den Stipperger lediglich konservieren und neu eindecken ließ. Das lang gestreckte Herrenhaus nördlich davon war der mittelalterliche dreigeschossige Palas, der im Kern aus dem 15. Jahrhundert stammen dürfte, jedoch nach 1873 repräsentativ erneuert wurde. In ihm befinden sich unten die gotische Halle und die Küche; darüber eine Kemenate, der Rittersaal (mit Rankenbemalung, gotischen Glasfensterresten sowie neuen Glasgemälden mit heraldischen Motiven von etwa 1936/44) und die Wohnstuben, die alle reiche spätgotische Baudetails aufweisen. An den Palas wurde nördlich die unregelmäßige Burgwartwohnung mit einem gewölbten Pferdestall im Keller angebaut. Etwas abseits steht auf einer eigenen Kuppe die 1337 gestiftete und ihrem

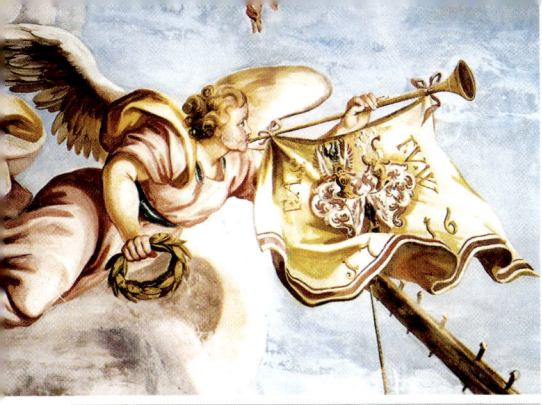

Engel mit dem Wappen der Schlossbesitzer im Festsaal von Trabuschgen.

Bautypus nach (Saalraum mit Rundapsis) im Kern vielleicht noch romanische Burgkapelle.

Groppenstein gilt, gemessen an anderen rekonstruierten Burganlagen des 19. Jahrhunderts, als mustergültig instand gehalten, ist aber leider nicht zugänglich.

Schloss Trabuschgen (He)

Etwas oberhalb des historischen Marktzentrums von Obervellach erhebt sich an seinem nordöstlichen Ende das Schloss Trabuschgen, das seinen erstmals 1395 als „Dragoschken" überlieferten Namen vermutlich der slawischen Bezeichnung für eine bauchige Geländeerhebung verdankt. Der Edelhof war lange Zeit landesfürstliches Lehen im Besitze der Khuenburg, die ihn vermutlich noch im 16. Jahrhundert zu einem typischen Renaissanceansitz ausbauen ließen. Einer seiner Inhaber, Balthasar von Khuenburg, damals Pfleger zu Stall, ließ sich 1581 mitsamt seiner Familie (14 Kinder!) unter einem Weltgerichtsfresko in der sehenswerten Pfarrkirche von Obervellach abbilden. Nach mehrmaligem Besitzerwechsel kam der Edelsitz 1691 von den Grafen Attems an den aus der Steiermark stammenden Kupfergewerken Hans Adam Stampfer von Walchenberg, der in der Fragant erfolgreich nach Kupfer schürfte. Seine Frau verfasste das als barockes Zeitdokument berühmte „Hausbüchl der Stampferin", in welchem sie tagebuchartig zu Geschehnissen ihrer Umgebung und zu familiären Schicksalen

Schloss Trabuschgen
9821 Obervellach 77

Stellung nahm. Ihr Sohn Franz Adam ließ das Schloss, das bis 1803 in Familienbesitz blieb, im zweiten Jahrzehnt des 18. Jahrhunderts aufstocken und mit großem Aufwand barockisieren. Im 20. Jahrhundert bestand im Schloss eine Fremdenpension; das baufällige Objekt steht unmittelbar vor einem Besitzerwechsel.

Zu beachten ist die mit Weinlaub bewachsene – und vor allem im Herbst farbenreiche – Hauptfassade, hinter der sich ein typisches Querlaubenhaus der Renaissance befindet. Im Zuge der Barockisierung wurde rückseitig eine ovale Kapelle mit illusionistischen Malereien von Anton Zoller und mit einem bemerkenswerten hochbarocken Altar angebaut. In den oberen Geschossen finden wir stuckierte Zimmer, im zweiten Obergeschoss erstreckt sich in der Mitte durch die gesamte Gebäudetiefe hindurch der große Saal mit einem frühen Deckenfresko (1716) des Josef Ferdinand Fromiller: Die Götter blicken wohlwollend auf die Tätigkeiten der Menschen herab. Die ebenfalls von Fromiller um 1740 angefertigten acht Wandtafelbilder – sie stellen das Leben König Heinrichs IV. von Frankreich und der Maria Medici nach Stichen von Peter Paul Rubens dar – wurden vor wenigen Jahren verkauft, sind aber zumindest wieder nach Kärnten zurückgekehrt.

Von Trabuschgen hat man einen guten Blick auf den **„Faulturm"**: Da der Markt Obervellach trotz seiner Größe und wirtschaftlichen Bedeutung (Sitz des Oberstbergmeisteramtes) nie ummauert war, hat man zu seinem Schutz östlich außerhalb des Ortes im 13. Jahrhundert einen Wohnturm errichtet, der von den Grafen von Görz-Tirol als Lehen an Dienstleute ausgegeben wurde. Der in Privatbesitz befindliche Turm besitzt einen rundbogigen Eingang ins erste Obergeschoss, auf die repräsentative Wohnung im zweiten Stock weisen noch die gekuppelten Fenster hin.

Die talseitige Ansicht von Unterfalkenstein.

Ruine Oberfalkenstein und Schloss Unterfalkenstein (Hf)

Unter- und Oberfalkenstein
Pfaffenberg 19
9821 Obervellach

Zur Kontrolle und Sicherung sowohl des Mölltales als auch des in Obervellach abzweigenden Säumerweges über den Mallnitzer und den Korntauern ins Gasteinertal postierten die Grafen von Görz-Tirol spätestens seit der ersten Hälfte des 13. Jahrhunderts hier verstärkt ihre Gefolgschaft, um Herrschaftsrechte zu behaupten oder zu erlangen. Die bereits 1160 erstmals genannte Burg Falkenstein (heute Ruine **Oberfalkenstein**) entwickelte sich solcherart zu einem ihrer wichtigsten Oberkärntner Machtschwerpunkte und wurde auch Sitz eines Landgerichtes, das u. a. Herrschaftsrechte über den aufstrebenden Marktort Obervellach ausübte. Diese wichtige, heute über einen Fußweg von Unterfalkenstein in etwa zwanzig Minuten erreichbare Burg wurde spätestens im 17. Jahrhundert aufgegeben. Auf einem in Ost-West-Richtung verlaufenden Felsplateau von ca. neunzig mal dreißig Meter blieben von ihr neben Resten des Berings ein Bergfried, ein fast quadratischer Palas, ein Stallgebäude und eine Kapelle zu Ehren Johannes des Täufers erhalten, ein apsisloser Rechteckbau mit einem Hochaltar und einer Kanzel des 18. Jahrhunderts.

Wie auch andernorts üblich wurde dieser Hauptburg vermutlich im 13. Jahrhundert eine tiefer liegende Vorburg bzw. ein Vorwerk auf einem Felsgrat östlich der Möll vorgelagert, die zunächst nur im Verteidigungsfalle besetzt oder von einem Ritter oder Knecht bewohnt wurde. Erstmals in einem Teilungsvertrag 1307 „*daz nidre Valchenstayn*" genannt, wurde Nieder- oder **Unterfalkenstein** in der Folge getrennt von der Hauptburg als Lehen ausgegeben. Wahrscheinlich im Spätmittelalter um einen kleinen Wohnbau erweitert, verlor die Burg spätestens im 16. Jahrhundert jegliche strategische Bedeutung und verkam zur Ruine; Valvasor bezeichnete sie 1699 „gleich einem großen breiten Turm" und als „verödet". Die Besitzer wechselten in dieser Zeit sehr rasch, bis die Freiherren von Sternbach im späten 17. Jahrhundert die Herrschaftsrechte der Ruine an sich brachten und an die 170 Jahre im Familienbesitz behaupteten.

Eine Bleistiftzeichnung Markus Pernharts (um 1850) zeigt neben dem Bergfried einen ruinösen Anbau sowie hölzerne Wirtschaftsbauten, die von einem Keuschler mehr schlecht als recht bewohnt waren. 1897 erwarb Hofrat Ferdinand Kaltenegger aus Brixen in Südtirol die Ruine und ließ sie vermutlich ab etwa 1905 – als die Bauarbeiten der nahe vorbei führenden Tauernbahn bereits im Gange waren und der Ort dadurch an öffentlicher Wirkung gewonnen hatte – durchaus zeittypisch nach romantischen Vorstellungen als ideale Burg wiederaufbauen. Dabei wurden der Bergfried aufgestockt und die Wehrmauer auf zumindest teilweise alten Substruktionen neu errichtet sowie mit Wehrgängen versehen. Der Torbau, die Wohnung des Burgwartes, der Palas und alle Detailformen (Erker, Pechnasen etc.) sind als völlig willkürliche und freie Ergänzungen ohne Rücksicht auf den überkommenen Altbestand der Burg erst um diese Zeit entstanden. Auch die Einrichtung – Holzportale mit teilweise bemalten Türflügeln, Butzenscheiben mit Porträtmedaillons und Glasfenster in der Hauskapelle im Dachgeschoss – wurden nach den damaligen Wertvorstellungen neu angefertigt. Kaltenegger verfiel bald nach Fertigstellung der Burg dem Wahnsinn und musste 1910 unter Vormundschaft gestellt werden. Seine Tochter tauschte die Burg schon 1914 gegen andere Liegenschaften ein, in der Folge wechselten mehrmals die Besitzer. 1969 wurde der Palas durch Brandstiftung bis auf die Grundmauern zerstört, jedoch wieder aufgebaut.

Die neue Besitzerin betreibt seit kurzem eine Galerie im Schloss, weswegen es in der Sommersaison zumindest teilweise zugänglich ist. Die kulissenhaft schöne „romanisch-gotische Idealburg" ist vor allem bei einer Zugsfahrt kurz vor Obervellach aus geringer Nähe und leicht erhöhter Perspektive zu bewundern. 1973 wurde sie als Motiv für die Briefmarkenserie „Landschaften Österreichs" ausgewählt.

Das Alte Schloss Gmünd (H3)

Zu den umfangreichen Besitzungen des Salzburger Erzbischofs gehörte auch Gmünd, das im 13. Jahrhundert am Zusammenfluss von Malta und Lieser gegründet wurde und bis 1300 Stadtrechte erlangte. Die 1292 genannte Burg („castrum"), welche die Herrschaftsrechte des geistlichen Reichsfürsten gewährleisten und die Straße auf den Katschberg in den Lungau sichern sollte, erhebt sich beherrschend auf einer Anhöhe im Nordwesten der Stadt. Sie wurde 1487 im Zuge der Ungarnkriege von Kaiser Friedrich III. eingenommen und musste von Erzbischof Leonhard von Keutschach 1502 zurückgekauft werden – doch berief sich König Ferdinand ein halbes Jahrhundert später auf eine ewige Rückkaufsklausel und verpfändete die Burg seinem Rat Christoph Pflügl. 1525 wurde die Burg vergeblich von aufständischen salzburgischen Bauern und Bergknappen belagert. Sie kam 1580 an die Khevenhüller und 1601 wegen deren Bekenntnis zum Protestantismus pfandweise an Rudolf von

Alte Burg Gmünd
Burgwiese 1
9583 Gmünd
+43(0)4732-
3639/-2215
www.alteburg.at
www.stadt-gmuend.at

Die Ruine des Alten Schlosses in Gmünd.

Raitenau. Diese Familie, deren bekanntester Vertreter, Erzbischof Wolf Dietrich, ein tragisches Schicksal erlitt, behauptete die mittlerweile zum Schloss umgebaute Anlage und Stadt, bis 1639 Christoph Graf Lodron – Salzburger Erbmarschall und Bruder des Erzbischofs Paris Lodron – Gmünd samt den benachbarten Herrschaften Dornbach, Kronegg und Rauchenkatsch erwarb. 1932 übernahm der bisherige Verwalter der Lodron, Karl Irsa, ihren Besitz und verkaufte die Schlossruine 1950 der Stadtgemeinde Gmünd.

Die trotz ihres ruinösen Zustandes eindrucksvolle Schlossanlage besteht aus dem älteren Ost- und dem jüngeren Westtrakt. Am ältesten ist der 18 Meter hohe romanisch-gotische Bergfried im Nordosten (um 1300) mit einer Seitenlänge von zehn Meter über quadratischem Grundriss, an den südlich ein Trakt anschließt. Nach Wiederherstellungen und Ergänzungen unter Leonhard von Keutschach nach 1502 fügte Baumeister Daniel Deutta rund ein Jahrhundert später (1607 – 15) im Auftrag von Rudolf von Raitenau den markanten, das Stadtbild bestimmenden Westtrakt mit dem wuchtigen Rundturm hinzu. Der hakenförmige Trakt besitzt über einer mächtigen, leicht geböschten Substruktion mit Leiterwulst zwei verschieden hohe – und im Fassadendekor auch unterschiedlich hervorgehobene – Wohngeschosse zwischen niedrigen Wehrgeschossen mit Kanonenöffnungen. Beim Erdbeben 1690 beschädigt, verfiel das Schloss seit einem Brand 1886.

Das Wappentier der Grafen Lodron im Hof des Neuen Schlosses in Gmünd.

Die Ruine wird heute, entsprechend adaptiert, von der Stadtgemeinde für vielfältige kulturelle Veranstaltungen genutzt. Bei einem Rundgang entdeckt man viele spätmittelalterliche und neuzeitliche Details, u. a. eingemauerte Steinkugeln vermutlich aus der Ungarnzeit (um 1487) sowie eine Bauinschrift des Leonhard von Keutschach von 1506.

Das Neue Schloss Gmünd – Schloss Lodron (H4)

Schon Rudolf von Raitenau, der Bruder des glücklosen Salzburger Erzbischofs Wolf Dietrich (1587 – 1612) ließ ab 1610 am östlichen Ende des Hauptplatzes von Gmünd – an der Südwestecke der Stadtmauer beim Oberen Tor, welches Richtung Katschberg führt – ein Stadtschloss erbauen. Nach dem Erwerb durch Christoph Graf von Lodron brachte es der lokale Baumeister Anton Riebeler zwischen 1651 und 1654 in die heutige Form. Die monumentale, die Trauflinien der benachbarten Bürgerhäuser beträchtlich überragende Schlossanlage entstand wohl unter dem Eindruck des Ausbaues von Salzburg zur Barockresidenz des Erzbischofs; sie dürfte aber

Schloss Lodron
Hauptplatz 1
9853 Gmünd
+43(0)4732-2215
www.stadt-gmuend.at

in Grund- und Aufriss auch einige Anregungen vom Klagenfurter Landhausbau (1574 – 1594) empfangen haben (Treppentürme, hufeisenförmige Grundform). Seit ihrer Errichtung diente sie bis 1932 als angemessener Herrschaftssitz des Fideikommisses der Primogenitur (Linie des Erstgeborenen) der Grafen Lodron. Nach einem Brand im Jahre 1793 erfolgte eine Wiederherstellung durch den Maurermeister Johann Glanner aus Werfen im salzburgischen Pongau. Karl Irsa, der 1932 mit den Gütern des Lodron'schen Fideikommisses auch das Neue Schloss erwarb, verkaufte es 1950 der Stadtgemeinde Gmünd, die neben anderen baulichen Adaptierungen auch ein neues Dachgeschoss aufsetzen ließ. Das Schloss beherbergt heute die Hauptschule, Turnsäle, die Stadtsäle sowie die Gemeindebücherei.

Das Neue Schloss hat die Grundform eines Hufeisens mit drei Flügeln, welche der Stadt ihre strengen Außenfassaden zuwenden, die durch Kordongesimse, nüchterne Fensterumrahmungen und auffällig repräsentative Portale mit Marmorumrahmungen und gesprengten Dreiecks- bzw. Segmentbogengiebeln gegliedert sind. In die Ecken des Hofes – der im Untergeschoss geräumige Pfeilerarkaden sowie ein Rustikaportal besitzt – sind polygonale Treppentürme eingestellt, welche die Dachhöhe etwas überragen. Ostseitig öffnet sich der Hof in eine Parkanlage.

Die zwei Steinlöwen auf Sockeln im Hof – eine Anspielung auf das Wappentier der Lodron, das uns auch andernorts in Gmünd und am Neuen Schloss (Portal) immer wieder begegnet – stammen aus dem Mirabellgarten in Salzburg; sie sind um 1670/80 entstanden. An die Nordecke des Schlosses wurde das 1615 erneuerte Obere Tor mit zwei kreuzgratgewölbten Durchfahrten angebaut. Die vielfach erneuerten Räume im Inneren sind weiträumig und hoch und verkörpern den

Toranlage der Burg Sommeregg.

Übergang zwischen heimischem Spätmanierismus und einem Frühbarock oberitalienischer Prägung.

Burg Sommeregg (H5)

Die seit den letzten Jahrzehnten teilweise sogar wieder bewohnbare Ruine Sommeregg erhebt sich auf einer vom Nordosten gegen Südwesten streichenden Felsklippe im Westen des Millstätter Sees nahe dem Dorf Treffling. Die Burg wurde vermutlich in den Jahren um 1100 von Ministerialen der Grafen von Ortenburg errichtet, die erstmals 1187 urkundlich aufscheinen. Bis 1338 nannten sich alle auf der Burg ansässigen ritterlichen Dienstleute nach der Burg, erst danach führten sie Namen anderer Burgen, von denen sie sich herleiteten (Treffen, Steuerberg, Mallenthein, Katsch, Hallegg). 1275 wurde auf der Burg der Heiratsvertrag zwischen Graf Albert von Görz-Tirol und Gräfin Euphemia von Hardegg geschlossen. Die Grafen von Cilli verliehen als Erben nach dem Aussterben der Ortenburger 1418

Burg Sommeregg
Schlossau 6/7
9871 Seeboden
+43(0)4762-81391
www.sommeregg.at

193

die Burg an Andreas von Graben. Unter dessen Sohn Virgil wurde Sommeregg 1487 durch ungarische Truppen zerstört. Bereits damals ist die Burg als Sitz eines Landgerichts mit dem Recht über Leben und Tod bezeugt. Rosina von Graben ehelichte den bayerischen Grafen Heimarand (Emmeram) von Rain, die beide mit ihren Nachbarn – allen voran mit dem Stift Millstatt – in ständigem Streit lagen. Von 1550 bis zu ihrer Ausweisung als Protestanten 1629 hatten die Khevenhüller Burg Sommeregg inne, welche die Herrschaft mit einem umfangreichen Bergbau- und Industriekomplex vereinigten, dem Verwesamt Eisentratten. Nach dem Erwerb durch den aus Villach stammenden und in Venedig erfolgreichen Handelsmann Hans Widmann veräußerten bereits seine Söhne 1651 die Herrschaft Sommeregg der Katharina Gräfin Lodron. In ihrer Familie blieb die Burg – zu der bis 1848 eine bemerkenswert große Grundherrschaft mit 155 Bauernhuben, 64 Zulehen (das sind nicht selbständig bewirtschaftete bäuerliche Besitzeinheiten) und 33 Keuschen gehörte – bis 1932. Später verlor Sommeregg durch Unwetter sein Dach und war der Witterung schutzlos ausgesetzt, bis Elfriede und Andreas Egger die Burg 1969 erwarben, schrittweise revitalisierten und 1981 eine Burgschenke eröffneten. Die Familie Riegler führte ab 1992 weitere Sanierungen durch und machte Sommeregg durch die Einrichtung eines Foltermuseums samt Restaurant einer breiteren Öffentlichkeit bekannt.

Der Hauptbau des lang gestreckten Baukörpers, welcher an drei Seiten einen schmalen Hof umschließt, ist in drei Etappen entstanden: im 13. bzw. 14. Jahrhundert, um 1500 (vermutlich nach den Zerstörungen durch die Ungarn) und unter den Khevenhüllern in der zweiten Hälfte des 16. Jahrhunderts. Die Ringmauer ist zum größten Teil erhalten. Durch das äußere Tor an der breiten Nordostseite erreicht man – den Zwinger am Fuße der hier mit Stützpfeilern versehenen Hauptburg entlang – das innere Tor an der südwestlichen Schmalseite, dem an der exponiertesten Stelle des Felsens ein mächtiger, noch bis acht Meter aufragender Rundturm vermutlich aus dem 12. Jahrhundert gegenübersteht. Der markante, übereck gestellte westseitige Erker über dem Zwinger wurde, wie das gesamte zweite Obergeschoss der Burg, erst unter den Khevenhüllern erbaut. Ein Spitzbogen führt durch die gewölbte Torhalle in den Hof, deren schmale Seitentrakte aus der Zeit um 1500 stammen. Halle und sogenannte Wachstube besitzen je ein Spitztonnengewölbe; und in der Mitte des Längstraktes ist an einer Quermauer im ersten und zweiten Obergeschoss ein spätgotischer Kamin erhalten. So ist Sommeregg ein gutes, in Kärnten nicht allzu häufiges Beispiel für die kontinuierliche Anpassung einer mittelalterlichen Burg an neuzeitliche Wohn- und Repräsentationserfordernisse, das durch das reißerische Thema seiner Dauerausstellung sowie fallweise Ritterspiele viele Besucher anzieht.

Über Villach und das Kanaltal bis Pontafel (heute mit Pontebba vereinigt) übten die Bischöfe von Bamberg vom 11. Jahrhundert bis 1759 Herrschaftsrechte aus und mussten diese durch eigene Ministerialen sichern. Von ihnen wurde auch 1106 das Benediktinerkloster Arnoldstein gestiftet, das auf einem Felsen über der wichtigen Transitstrecke des „Schrägen Durchganges" durch Erweiterungen des 16. bis 17. Jahrhunderts zu einer eindrucksvollen Klosterburg heranwuchs. Im 16.

UMGEBUNG UND GAILTAL

Jahrhundert bestimmten die als bischöfliche Gefolgsleute aus dem Fränkischen zugewanderten Khevenhüller die adelige Baukultur der Region (Landskron, Velden), in Villach ließen sie mehrere Stadtpalais erbauen (z. B. das Hotel Post). Immer wieder errichteten auch Montanunternehmer vom 16. bis ins 19. Jahrhundert repräsentative Wohnbauten, die kleineren Adelssitzen nicht nachstanden.

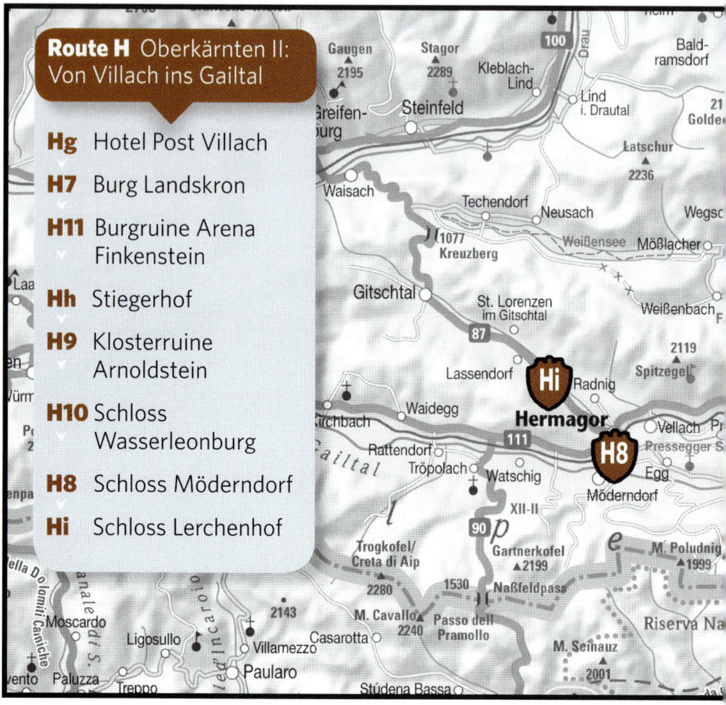

Das Hotel Post in Villach – ehemals Stadtpalais der Khevenhüller (Hg)

Hotel Post Villach
Hauptplatz 26
9500 Villach
+43(0)4242-261010
www.romantik-hotel.com

Das heutige Hotel Post an der Westseite des Villacher Hauptplatzes ist seit der Zerstörung des Rathauses 1944 („Venetianerhaus") nicht nur das einzige erhaltene Haus der politisch wie wirtschaftlich so einflussreichen Familie Khevenhüller, sondern auch hinsichtlich seiner illustren Gäste das bedeutendste der Draustadt. Der schnelle Aufstieg der Familie erforderte im 16. Jahrhundert den Bau eines repräsentativen Stadthauses im Stadtzentrum: 1548 erwarb Christoph Khevenhüller das Haus der Petronella Görtschacherin am Hauptplatz – das Wappen des Besitzers vor 1525, Hieronymus Kirchpucher, blieb im Stiegenaufgang des heutigen Hotels erhalten – und 1553 den im rechten Winkel daran stoßenden Hasenbergerschen Stock am heutigen Unteren Kirchenplatz. Aus diesen beiden Häusern entstand noch im dritten Viertel des 16. Jahrhunderts eines der eindrucksvollsten Renaissancepalais Kärntens,

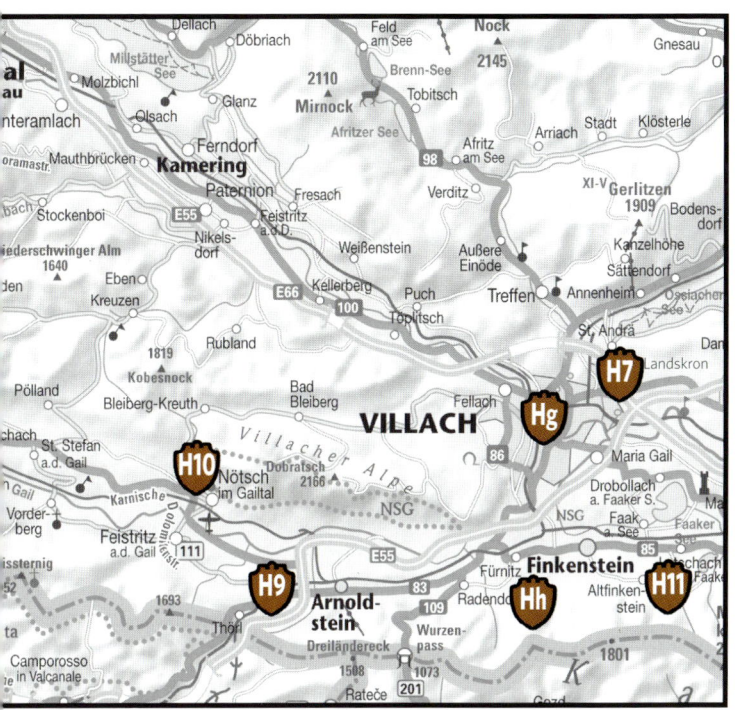

das allerdings kein adeliges Freihaus, sondern dem Stadtmagistrat zinspflichtig war. Bartlmä Khevenhüller (1539 – 1613), der Sohn Christophs, beherbergte hier bedeutende Gäste: König Heinrich III. von Frankreich (1574) und Margarete, die Braut König Philipps III. von Spanien (1598) samt ihren Eltern, dem innerösterreichischen Fürstenpaar. Zuvor hatte hier schon Kaiser Karl V. logiert, später sollte Kaiserin Maria Theresia folgen. Als Bartlmäs Nachkommen als Protestanten aus Kärnten ausgewiesen wurden, erwarben die aus Villach stammenden geadelten Handelsherren Widmann das Haus am Platz und hielten es bis 1773 im Besitz. 1748 scheint es erstmals urkundlich als „Gasthaus zur Post" auf. Mehrmals nach Bränden (1679 und 1813) bzw. funktionsbedingt Umbauten unterzogen, wurde der südliche Hoftrakt im Zweiten Weltkrieg durch Bomben schwer beschädigt und bis 1950 wiederaufgebaut. Das Haus beherbergt heute einen Hotel- und Restaurantbetrieb.

Eingangshalle des Hotel Post Villach.

An der breit gelagerten fünfachsigen und dreigeschossigen Fassade fallen über dem Rundbogenportal zwei dreiteilige gekuppelte Renaissance-
fenster auf. Rechter Hand ist ein zweigeschossiger
Flacherker erhalten, der im Brüstungsfeld je ein
von Putten gehaltenes Wappenrelief zeigt – unten
das Wappen der Welzer (bald nach 1548, eine der
frühesten Stuckdekorationen Österreichs), oben
das der Widmann Grafen von Ortenburg mit einer
Inschriftenkartusche, die auf eine Wiederherstellung nach dem Brand von 1679 Bezug nimmt. Im
Inneren sind kreuzgratgewölbte Räume, der Stiegenaufgang sowie im ersten Stock die Halle mit
spätgotischen Sterngratgewölben aus der Zeit
der Kirchpucher vor 1525 erhalten.

Burgruine Landskron (H7)

Über dem südwestlichen Abfluss des Ossiacher
Sees erstrecken sich auf einer mächtigen Felskuppe die ausgedehnten, weithin sichtbaren
Ruinen von Landskron. Der ausgesprochene Spät-
ling unter den Kärntner Burgen dürfte auf Herzog
Albrecht II. zurückgehen, der den Burgberg im
Jahre 1351 vom Abt des nahegelegenen Benediktinerklosters Ossiach erwerben und damit
die landesfürstliche Macht am Rande des bambergischen Herrschaftsbereiches von Villach
entscheidend stärken konnte. Der etwas hoch-
trabende höfische Name der wohl unmittelbar
nach 1351 errichteten Burg spricht ebenfalls für
eine Einflussnahme des Landesfürsten. Die Burg
wurde von habsburgischen Gefolgsleuten ver-

Burg Landskron
Schlossbergweg 30
9523 Landskron
+43(0)4242-41563
www.burg-
landskron.at

Burgruine Landskron.

waltet und 1392 den mächtigen Grafen von Cilli verpfändet. Zwischen den Burgpflegern und Stift Ossiach entbrannte bald ein Streit um die Fischrechte im Ossiacher See, bei dem sich Erstere schließlich mit dem von der Burg aus sichtbaren Anteil am See begnügen mussten (1436). Die nächsten Pfandinhaber waren 1436 bis 1447 die Stubenberger, die sich zu baulichen Investitionen verpflichten mussten. Im Jahre 1511 schenkte Kaiser Maximilian die Burg dem St.-Georgs-Ritterorden zu Millstatt. Da dieser die durch zwei Brände verödete Anlage nicht wiederherzustellen vermochte, erwarb im Jahre 1542 der damalige Landeshauptmann Christoph Khevenhüller die Burg und nannte sich hinfort „von Aichelberg auf Landskron". Er und seine Nachkommen bauten Landskron zur modernen Festung aus; um 1584/85 wurde ein 150 Meter tiefer Brunnen gegraben. Bartlmä Khevenhüller, der Bauherr von Schloss Velden, unter dem auch Landskron zu einem gesellschaftlichen Zentrum aufstieg, wurde 1613 in der Burgkapelle bestattet, weil man ihm das Begräbnis in der rekatholisierten Villacher Stadtpfarrkirche verweigerte. Da sein 1629 ausgewiesener Sohn in den Militärdienst des Schwedenkönigs Gustav Adolf trat, wurden seine Güter beschlagnahmt. Velden wie Landskron konnte 1639 der Hofkammerpräsident Siegmund Ludwig Graf von Dietrichstein an sich bringen. Seit einem Brand im Jahre 1812 verfiel jedoch die stolze Anlage, da man die Dachsteuer sparen wollte. Aus Sicherheitsgründen wurde der

Biedermeier Schlössl Lerchenhof
in Hermagor – Ihr Schlössl mit Herz!

Ob bei einem Ausflug ins Gailtal oder zum Weißensee, zu besondern Anlässen wie Familien- oder Betriebsfeiern oder einfach nur zu Besuch auf Kaffee und Kuchen oder auf ein gutes Glaserl Wein aus unserem gut sortierten Weinkeller, im Biedermeier Schlössl Lerchenhof umweht Sie ein Hauch von Romantik.

Als Hotelbetrieb mit gemütlichen Zimmern in 4-Sterne-Qualität und einem kleinen aber feinen Wellnessbereich im venezianischen Stil, erwartet Sie immer Nostalgie verbunden mit gepflegtem Komfort.

Die Lerchenhof-Landwirtschaft mit eigener Fleischerei und Räucherei sorgt für die beste Qualität im Restaurant. Der originale „Gailtaler Speck" entsteht übrigens auch hier.

Wir freuen uns auf Ihren Besuch
Familie Steinwender

Biedermeier Schlössl Lerchenhof
A-9620 Hermagor, Untermöschach 8
Tel: 0043/4282/2100
Fax: 0043/4282/2100-9
E-Mail: info@lerchenhof.at
www.lerchenhof.at

mächtige Bergfried im Jahre 1912 abgetragen. Seit 1952 setzten Sanierungsmaßnahmen ein, in deren Folge in der Ruine ein exklusives Restaurant eingerichtet wurde. Die gastronomische Nutzung bewirkte einige störende Umbauten, doch hat Landskron in den letzten Jahren durch die Einrichtung einer Greifvogelwarte mit eigener Zuschauertribüne für Adlerflugschauen und dem nahegelegenen Affenberg zusätzlich an Attraktivität gewonnen.

Die Anlage ist überaus großzügig von Basteien, zinnenbekrönten Mauern mit Leiterwulst, Zwingeranlagen, Wehrgängen und Türmchen des 16. Jahrhunderts versehen. Über zwei Toranlagen mit Rustikaportalen und vorbei an der gotischen Kapelle mit ihrem achteckigen Türmchen – wo der im Schutt aufgefundene Grabstein des Bartlmä Khevenhüller von 1613 eingemauert wurde – erreicht man das aus zwei lang gestreckten Trakten mit angefügten kürzeren Bauteilen bestehende Hochschloss. Hier befinden sich ausgedehnte gewölbte Keller- und Wohnräume. Im Westen erhob sich der vielstöckige Turm.

Burgruine Finkenstein (H11)

Südlich des Faaker Sees stehen auf einer steil abfallenden Felskuppe direkt unterhalb der bemerkenswerten Kulisse des Mallestiger Mittagskogels weithin sichtbar die Reste der Burg Finkenstein. Ihre Herren, die sich erstmals 1142 nach der Burg nannten, stammten von den Schenken von Osterwitz ab und waren Gefolgsleute des Kärntner Herzogs, hatten aber die Burg vom Bamberger Bischof zu Lehen. Im Zuge einer Fehde hielt hier Heinrich von Finkenstein im Jahre 1233 Bischof Ekbert von Bamberg sechs Wochen lang gefangen. Nach dem Aussterben der Finkensteiner Mitte des 14. Jahrhunderts kam die Burg als mittlerweile landesfürstliches Lehen an die Weissenegger, die sich 1373 offenkundig aufgrund des

**Burgruine-
Arena Finkenstein**
Altfinkenstein 14
9582 Latschach
+43(0)4254-5105-11
www.burgarena.at

203

Burgarena Finkenstein.

schlechten Zustandes der Burg zur Verbauung einer hohen Summe verpflichten mussten. Während der Fehden zwischen Kaiser Friedrich III. und seinem Bruder Albrecht VI. soll die Kaiserin mit ihrem Sohn Maximilian auf Finkenstein gelebt haben. Als dieser Kaiser war, verlieh er 1509 seinem Silberkämmerer Siegmund von Dietrichstein und dessen Bruder auf Lebenszeit das „Slozz" samt Landgericht. Die Grafen von Dietrichstein hatten Burg und Herrschaft, die Teil eines Fideikommisses wurden, letztlich von 1508 bis 1861 inne. Nach langen Erbstreitigkeiten erwarb 1913 Ludwig Wittgenstein den größten Teil der Erbmasse. Von der Reichsforstverwaltung übernommen kam Finkenstein 1955 an die Republik Österreich, 1980 kaufte die Familie Satran die Ruine. Sie wurde in der Folge zur Burgarena ausgebaut, die seitdem immer wieder als Kulisse für kulturelle Veranstaltungen dient.

Die ausgedehnte Gebäudegruppe lässt sich vom Osten her durch drei Tore betreten, von denen eines einen profilierten Kielbogen und das Dietrichsteiner Wappen aufweist (nach 1508). Linker Hand erstrecken sich die Reste von Wohnbauten und eine Zwingeranlage, dahinter der quadratische Bergfried in Bruchsteinmauerwerk mit Eckquaderung (um 1200). Durch das dritte Tor betritt man – an einem offenen Rundturm mit Wandvorlagen im vorletzten Geschoss vorbei – einen Hof, dessen Südseite die lang gestreckte spätgotische Burgkapelle zu Ehren des Apostels

Der Stiegerhof mit ornamentaler Sgraffito-malerei.

Bartholomäus bildet (mit Resten profilierter Dienste). Die Westseite nahm der Palas ein, von dem noch die etwa 15 Meter lange Außenmauer mit den signifikanten fünf, teilweise ausgebrochenen Kielbogenfenstern im herrschaftlichen Obergeschoss steht. Diese Mauer und die westlich davon – auf einer tieferen Geländestufe an der Stelle des einstigen Burggartens – angelegte Arena sind heute gleichsam der Blickfang und das Kennzeichen der ob ihrer Konzerte weitum bekannten Burgruine.

Der Stieger- oder Nagerschigg-hof in Stobitzen (Hh)

Westlich von Finkenstein erhebt sich etwas oberhalb von Stobitzen auf einem flachen Hügel weithin sichtbar der Stieger- oder Nagerschigghof. Hier stand im Spätmittelalter ein zunächst dem Kloster Moggio in Friaul untertäniger bäuerlicher Weiler, der bereits 1238/61 als „Nagorsich" bezeichnet wurde, ein slawischer, auf die Anhöhe Bezug nehmender Name. Aus einem der Bauerngüter entstand später ein Edelsitz als Lehen der Herrschaft Finkenstein. Einer der Inhaber soll 1571 bis 1582 der erzherzogliche Lehenssekretär Kaspar Stieber gewesen sein, der allerdings als Flacianer (Angehöriger einer protestantischen Sekte) das Land verlassen musste. Im Jahre 1585 brachte der Eisengewerke Georg Paul aus Malborghet im Kanaltal (Malborghetto, heute Italien) diesen Edelsitz in seine charakteristische heutige Form. Seine 1598 mit dem Prädikat „von Nägerschikh"

Stiegerhof
Landwirtschaft-
liche Fachschule
Stobitzen
Stiegerhofstraße 20
9585 Techanting
+43(0)4257-240223

205

Ruine Arnoldstein, Bleistiftzeichnung von
Markus Pernhart um 1850.

geadelten Nachkommen haben bald darauf Innerösterreich verlassen und kamen bis nach Schwe-
den. In den folgenden Jahrhunderten wechselten
die Besitzer überaus häufig, bis das Land Kärnten
1951 den Hof erwarb und hier eine Landwirtschaftliche Fachschule einrichtete, für die in der nächsten Umgebung des alten Baues Wirtschaftsgebäude erbaut wurden.

Der hoflose zweigeschossige Rechteckbau besaß ein Walmdach, bevor er im 20. Jahrhundert
in der Mitte aufgestockt wurde. An der südlichen
Hauptfassade befindet sich ein von Diamantqua-
dern eingefasstes Rustikaportal und darüber ein
gekuppeltes und vergittertes Rundbogenfenster.
An der nördlichen Gartenfassade springt in der
Mittelachse des ersten Obergeschosses aber eine
reizvolle Loggia mit Balustern und Säulchen nach
italienischem Geschmack aus der Mauerflucht
vor. Die gesamte Fassade ist an den Ecken, über
den Fenstern und unter der Dachtraufe mit orna-
mentalen Sgraffiti geschmückt, mit der Jahreszahl
1585 über dem gekuppelten Fenster im Obergeschoss. Im Inneren erkennen wir sofort das für
das 16. Jahrhundert typische Querlaubenhaus
mit einer sechsjochigen kreuzgratgewölbten
„Labn", von der eine eingestellte Treppe in den
darüberliegenden Saal mit einer bemerkenswerten Netzstuckrippenwölbung aus der Bauzeit
führt. Die seitlich anschließenden, ehemals herrschaftlichen Stuben waren reich vertäfelt und mit
Marmordekoration versehen, doch wurde die
Einrichtung nach dem Ersten Weltkrieg nach
Philadelphia (USA) verkauft.

Klosterruine Arnoldstein (H9)

Die überaus eindrucksvolle Ruine auf dem markanten Felsen über dem vor allem industriell geprägten Markt wurde erst durch die Aktivitäten eines 1992 gegründeten Revitalisierungsvereines aus seinem Dornröschenschlaf erweckt und seitdem systematisch ergraben und teilweise wiederaufgebaut.

An der Stelle des Klosters stand einst eine Burg, die nach ihrem sonst weiter urkundlich nicht fassbaren Erbauer Arnold ihren Namen erhielt. Sie wurde dem Bischof von Bamberg im 11. Jahrhundert von den mächtigen Eppensteinern entfremdet und nach dem Rückerwerb durch den heiligen Bischof Otto 1106 in ein dem fränkischen Hochstift unterstehendes Benediktinerkloster umgewandelt. 1476 wurde es während eines verheerenden Türkeneinfalles in Brand gesteckt, bei dem zahlreiche Personen ums Leben kamen. Vor allem im 17. und 18. Jahrhundert entwickelte das Kloster eine bescheidene Blüte, die durch die Aufhebung unter Kaiser Joseph II. 1782 beendet wurde. Das später für Verwaltungs- und Wohnzwecke vielfältig genutzte Gebäude wurde 1883 von einem weiteren Brand zerstört und verfiel danach völlig.

Während die ursprünglichen Klosterräume um die am höchsten Punkt des Felsens erbaute gotische Kirche weitgehend abgebrochen wurden, blieben im Süden und Westen eindrucksvolle Grundmauern der ursprünglich bis zu sechs Geschosse hohen Bauten erhalten. Unten am Marktplatz befindet sich vor der Kirche ein Lapidarium mit Abgüssen u. a. des Grabreliefs eines provinzialrömischen Ehepaares, das fälschlich den Burgerbauern zugeschrieben wurde (Arnold und Mathilde), sowie des romanischen Reliefs eines Drachen, der in einer Höhle des Burgfelsens sein Unwesen getrieben haben soll. In der im 20. Jahr-

Klosterruine Arnoldstein
Klosterweg 1
9601 Arnoldstein

Information:
Bernhard Wolfsgruber
Schütterstraße 3
9601 Arnoldstein
+43(0)664-5920058
www.burgruine.at

hundert erweiterten Pfarrkirche sind im Turmuntergeschoss noch Grabsteine von Äbten des 15. und 16. Jahrhunderts eingemauert. Von hier führt ein kurzer Aufstieg am ehemaligen Stiftskasten (Getreidespeicher, heute **Heimatmuseum** für das untere Gail- und Gailitztal) und am Pfarrhof vorbei zum Torbau des 17. Jahrhunderts mit einem Marmorportal und dem jüngeren Wappenstein des Abtes Engelbert von 1718. Dahinter erstreckt sich ein beidseitig von Stallungen flankierter Vorhof. Die Ställe wurden mittlerweile als Veranstaltungsräume adaptiert; darüber befanden sich ursprünglich Wohn- und Wirtschaftsräume. Der tiefe Halsgraben vor dem zweiten Tor – mit älteren Werkstücken aus rotem Sandstein vermutlich aus der ersten Hälfte des 16. Jahrhunderts – war ursprünglich von einer Zugbrücke überspannt. Dahinter erheben sich weitere mehrgeschossige, heute für Vereinsaktivitäten und als sanitäre Anlagen genutzte Räumlichkeiten. Hinter dem dritten, heute völlig neu aufgemauerten Tor erhob sich über mehrere Geschosse die Prälatur, die Wohnung des Abtes. Linker Hand sind noch Räume des spätmittelalterlichen Küchentraktes mit Wendeltreppe und Speisegewölbe erhalten. Von der gotischen Kirche stehen nur noch die Grundmauern. Unter ihr befindet sich eine gleichfalls gotische Krypta (14. Jahrhundert) mit einer Säule samt einer romanischen Basis in Zweitverwendung. Links der Kirche erstreckten sich zum Dobratsch hin eine repräsentative Raumflucht des Abtes und der barocke Festsaal sowie vor dem 17. Jahrhundert der älteste Kreuzgang; dieser Trakt wurde großteils abgebrochen, nur mehr drei Kellerräume von 1661/64 sind erhalten. Rechts der Kirche waren in einem zweigeschossigen Trakt die Mönchszellen untergebracht. Hinter der Apsis der Kirche erhob sich, nur mehr in Grundmauern erkennbar, das Winterrefektorium mit einem markanten Turm.

Die Hoffassade von Schloss Wasserleonburg.

Trotz des beklagenswerten Verlustes der Klosterräume nach dem Brand von 1883 bietet Arnoldstein heute nach den Freilegungen und dem teilweisen Wiederaufbau ein eindrucksvolles gewachsenes Ensemble.

Schloss Wasserleonburg (H10)

Die Burg am Eingang ins Gailtal spielte im Schnittpunkt der Machtbereiche der Bamberger Bischöfe – die sie in der ersten Hälfte des 13. Jahrhunderts zur Absicherung ihrer Besitzungen im unteren Gailtal errichtet haben dürften – und der Grafen von Görz-Tirol im Mittelalter eine wichtige Rolle. Ihr erster urkundlich 1250 genannter Besitzer, Cholo von „Lewenburch", stammte aus dem Geschlecht der Raser zu Rosegg und wechselte bei den nachfolgenden Fehden geschickt die Partei. Schon 1271 besaßen die mächtigen Reifenberger die Burg. Und aufgrund ihrer großen strategischen Bedeutung nahmen die Grafen von Görz-Tirol als Herren die Burg selbst wieder in ihren Besitz, während der Bamberger Bischof seine

Schloss Wasserleonburg
Saak 2
9611 Nötsch im Gailtal

Information:
Günther Aichinger
+43(0)4256-2141
www.wasser-
leonburg.at

209

alten Rechte nicht wahren konnte. Unter den späteren Besitzern finden wir bekannte und mächtige Adelige wie Heinrich Graland, die Weißenegger und die Ungnad. 1522 kaufte der Villacher Handelsherr Wilhelm Neumann die Burg und das dazugehörige wichtige Landgericht, beides fiel nach seinem Tod an seine berühmte Tochter Anna Neumannin (1535 – 1623). Die geschäftstüchtige, vor allem durch ihre sechs Ehen bekannte Adelige, die sogar der Hexerei bezichtigt wurde, machte durch ihre letzte Ehe mit dem jungen Georg Ludwig Graf von Schwarzenberg aus Bayern – die eher den Charakter einer Adoption hatte – dieses Geschlecht im obersteirischen Murau ansässig. Wasserleonburg vererbte sie ihrem Verwandten Christian Proy, der jedoch bald darauf anlässlich eines Grenzstreits auf der Göriacher Alm erschlagen wurde! Seine Enkeltochter ehelichte Johann Andrä Semler zu Scharfenstein, dessen Familie aus der Grafschaft Görz zugewandert war. Seine Nachkommen – die das Schloss barockisierten – hatten die Herrschaft immerhin bis 1804, die mit ihnen verschwägerten Grafen Attems noch bis 1851 inne. Unter Paul Graf Münster zu Derneburg, einem westfälischen Adeligen, kam Wasserleonburg in die internationalen Schlagzeilen: Der Herzog von Windsor – der als Edward VIII. bereits den englischen Königsthron bestiegen hatte, wegen seiner Ehe aber auf das Amt verzichten musste – und die Amerikanerin Mrs. Wallis Warfried-Simpson verlebten hier im Sommer 1937 ihre Flitterwochen.

Eine geräumige Parkanlage mit Zypressen aus den dreißiger Jahren des 20. Jahrhunderts führt zum Vorplatz des Schlosses mit dem erst vor wenigen Jahren in Florenz ersteigerten Marmorbrunnen. Nördlich davon erstreckt sich ein über 70 Meter langes Wirtschaftsgebäude, in dessen Mitte sich der 1996/97 vorbildlich restaurierte

„Anna-Neumann-Saal" befindet. Die dreischiffige Halle wird durch zwei Reihen von je sechs toskanischen Säulen mit eingesetzten Bossenquadern aus rosa Plöckenmarmor gegliedert, die ein Kreuzgratgewölbe mit zarten Gurtbögen in der Längsachse tragen. Der Raum wurde im 18. Jahrhundert als herrschaftlicher Pferdestall errichtet und diente später als Rinderstall; heute ist er ein Mehrzwecksaal für kulturelle oder private Veranstaltungen.

An der zurückhaltend geschmückten zweigeschossigen Schlossfassade führt ein auffallender quadratischer Vorbau ebenfalls aus rosa Plöckenmarmor in die bemerkenswerte, 1754 vom Görzer Erzbischof Karl Michael Graf Attems geweihte Schlosskapelle. Der zweijochige Saalraum mit abgeschrägten Ecken birgt einen qualitätsvollen Marmoraltar italienischer Art und besitzt eine anmutige Freskierung aus der Bauzeit mit Szenen aus dem Leben Mariä. In der Sakristei dahinter ist ein Marmorwaschbecken in Stuckgirlandenumrahmung von 1753 zu erwähnen.

Sehenswert ist der Innenhof des Schlosses mit seiner dreigeschossigen östlichen Schauwand im Stile des Manierismus, die gemessen an ihrer Entstehungszeit (Mitte 17. Jahrhundert) ein wenig altertümlich wirkt. Dahinter verbergen sich die ältesten Bauteile des hier schmal zusammenlaufenden Schlosses, die im Kern noch ins Spätmittelalter zurückgehen könnten. Die Südseite des Hofes nimmt ein fünfjochiger Arkadengang mit schlanken toskanischen Säulen ein, der Basis der mittleren Säule ist ein verwittertes Kopfrelief vermutlich aus dem 16. Jahrhundert vorgelegt.

Schloss Möderndorf im Winter.

Schloss Möderndorf
Gailtaler Heimat-
museum
Möderndorf 1
9620 Hermagor
www.karnische-
museen.at

Schloss Möderndorf (H8)

Südlich von Hermagor erhebt sich am Rande des gleichnamigen Dorfes der Edelsitz Möderndorf als stattlicher viergeschossiger Bau mit Walmdach über rechteckigem Querschnitt, dessen Südostecke ausgespart geblieben ist. Die Sonnenuhr an der Südseite, zwei Rundbogenportale – das westliche weist ein gemaltes Porcia-Wappen auf –, unregelmäßig gesetzte Fenster – manche mit abgefasten und teilweise verstäbten Steingewänden des frühen 16. Jahrhunderts – sowie ein vorgebauter Abtritt geben dem Bau ein altertümliches Gepräge. Insgesamt verkörpert Möderndorf einen im Kern gut erhaltenen wehrhaften Ansitz am Übergang vom Mittelalter zur Neuzeit (erste Hälfte 16. Jahrhundert), der später nur mehr geringfügig umgebaut wurde, sowie ein gutes Beispiel einer engagierten musealen Nutzung.

Die Anfänge des wehrhaften Hofes sind schwer auszumachen. 1375 beurkundete Oswald von Möderndorf (ein Ministeriale des Grafen Meinhard von Görz-Tirol), dass er aufgrund geleisteter Dienste von seinem Herrn auf dessen Burg Priessenegg (heute eine Ruine in geringer Entfernung westlich oberhalb von Hermagor) behaust wurde – wofür er gelobte, die Burg gut instand zu halten. 1458 verlieh Kaiser Friedrich III. dem Siegmund Waydecker (nach der Burg Waidegg zwischen Tröpolach und Kirchbach) Güter in Möderndorf und Mitschig. Nachdem Waidegg zunächst in den

Fehden zwischen dem Kaiser und den Grafen von Görz-Tirol beschädigt und dann während der Türkeneinfälle offenbar zerstört wurde, verlegten die dortigen Herren ihren Wohnsitz noch im ausgehenden 15. Jahrhundert nach Möderndorf, das mit dem Aussterben der Görzer im Jahre 1500 zum landesfürstlichen Lehen wurde; sie nannten sich aber weiterhin nach Waidegg. Noch 1571 wurden sie von Erzherzog Karl II. mit dem „gesäß" Möderndorf belehnt, das im 17. Jahrhundert mit der Grafschaft Ortenburg an die Grafen Widmann und 1662 an die späteren Fürsten von Porcia kam. Unter ihnen wurde das Landgericht Grünburg hierher übertragen; es blieb hier bis zum Ende der Patrimonialgerichtsbarkeit 1848. 1857 kam das Schloss in bäuerlichen Besitz, bis Kommerzialrat Georg Essl aus Hermagor es 1892 erwarb und dem Förderungsverein Gailtaler Heimatmuseum für museale Zwecke zur Verfügung stellte. In den folgenden Jahren wurde es mit Unterstützung öffentlicher Stellen unter Mitwirkung zahlreicher Helfer baulich saniert und renoviert. Die insgesamt 16 Schauräume geben einen anschaulichen Überblick von der Früh- bis zur Zeitgeschichte des Gailtales, Höhepunkte sind ein Gerichtszimmer und eine Rauchkuchl (Küche mit offener Feuerstelle).

Der Lerchenhof (Hi)

Direkt an der Gitschtaler Landesstraße erhebt sich ein kurzes Stück außerhalb von Hermagor bei Obermöschach in sonniger Höhenlage der Lerchenhof, der heute als schönes und gut erhaltenes Beispiel eines spätklassizistisch-biedermeierlichen Herrenhauses eines Gewerken gilt. Das stattliche dreigeschossige und siebenachsige Gebäude mit dem charakteristischen Walmdach und dem zeittypischen Dreiecksgiebel steht in der Tradition des Querlaubenhauses, das im 16. Jahrhundert aus dem oberitalienisch-venezianischen Raum kommend den heimischen Edelsitzbau

Schloss Lerchenhof
Untermöschach 8
9620 Hermagor
+43(0)4282-2100
www.lerchenhof.at

Der Lerchenhof birgt heute ein Hotel-Restaurant.

eroberte und seit dem späten 18. Jahrhundert zunehmend auch für Pfarr-, Wirts- und bald auch größere Bauernhöfe verwendet wurde. Der repräsentative Herrensitz wurde ab 1848 wahrscheinlich vom Klagenfurter Baumeister Domenico Venchiarutti errichtet, dem bekanntesten und erfolgreichsten der in der ersten Hälfte des 19. Jahrhunderts aus dem Friaul zugewanderten Bauhandwerker.

Sein Bauherr war der Gewerke und Realitätenbesitzer Julius Wodley. Dessen Vater Dr. Bartlmä Wodley, 1759 in Krainburg (Kranji, Slowenien) geboren und später als Hof- und Gerichtsadvokat tätig, hatte im Jahre 1800 in Gössering bei Hermagor einen wenige Jahre zuvor errichteten Eisenhammer übernommen und zu einem bedeutenden Walzwerk für Schwarzbleche ausgebaut. Nach dem Tod seines Vaters im Jahre 1841 führte Julius den väterlichen Betrieb weiter, er verstarb unverheiratet und kinderlos bereits 1851 im Alter von 43 Jahren. Heute betreibt die Familie Steinwender hier das gepflegte Hotel-Restaurant „Biedermeier Schlössl Lerchenhof" mit angeschlossener Landwirtschaft.

Hemma Culinarium

RENATE GLAS & WOLFGANG GRANITZER

Hemma Culinarium

heyn

Das „Hemma-Culinarium" ist ein Mittelalterkochbuch, das Kulinarisches mit Historischem vereint. Es macht Lust auf die vielfältige Küche des Mittelalters sowie auf Streifzüge durch das Hemmaland und einen Besuch des Gurker Doms.

Neben einer Fülle an Rezepten sowie interessanten Informationen zu Küche, Tisch und Keller des Mittelalters, ist das Hemma-Culinarium auch hilfreicher Begleiter auf dem Hemma-Pilgerweg: Am Ziel der Reise, im Dom zu Gurk, findet sich der Pilger vor sechs Tafelbildern, die Ausschnitte aus dem bewegten Leben der Hemma von Gurk in lateinischer Sprache beschreiben. Renate Glas hat diese Schilderungen übersetzt und im „Hemma-Culinarium" veröffentlicht. Liebevoll illustriert erschließt sich so das Leben der Kärntner Schutzpatronin.

Hemma-Culinarium
Renate Glas, Wolfgang Granitzer
96 Seiten, Hardcover, € 10,–
ISBN 978-3-7084-0263-5

VERLAG johannes
heyn

www.verlagheyn.at

Gerade die Umgebung der Stadt an der Tiebel ist besonders reich an Wehrbauten und Edelsitzen, die entweder als Burgen oder Türme von Ministerialen bis ins Mittelalter zurückreichen oder aber in der Renaissancezeit neu errichtet wurden. Sie spiegeln einerseits rivalisierende Herrschaftsverhältnisse wider – etwa zwischen dem Landesfürsten und dem Bischof von Bamberg – und sind andererseits ein Indiz für kleinräumige Herr-

schaftsstrukturen. Neben mächtigen Burganlagen wie Glanegg und Liebenfels – beide von rechtsgeschichtlich sehr unterschiedlicher Bedeutung – finden wir guterhaltene kleine Edelsitze der Renaissance wie Bach bei St. Urban. Ein repräsentativer Fideikommisssitz wie Piberstein in Himmelberg ist eher die Ausnahme; und der Feldkirchner Amthof hat überhaupt erst um 1900 seinen heutigen herrschaftlichen Charakter erhalten.

Amthof Feldkirchen
Amthofgasse 3–5
9560 Feldkirchen
+43(0)4276-2176
www.feldkirchen.at

Der Amthof in Feldkirchen (I1)

Nur wenige Schritte vom Hauptplatz entfernt steht auf einer Terrasse über die Tiebel die mächtige geschlossene Vierflügelanlage des Amthofes, das bedeutendste Profangebäude der jüngsten Bezirkshauptstadt Kärntens. Im Gegensatz zu Villach, dem Kanal- und dem Lavanttal hatte der Bischof von Bamberg um Feldkirchen kein geschlossenes Territorium, sondern nur Streubesitz, der unter der Vogtei des Herzogs stand. Die Richter und Amtleute des Bischofs saßen vielleicht schon seit dem 13. Jahrhundert an der Stelle des heutigen Amthofes, doch ist dieser erst ab 1422 sicher nachweisbar. Der von der bambergischen Verwaltung bereits getrennte Amthof kam später in den Besitz der mächtigen Adelsfamilie Ungnad, die ihren Gesamtbesitz um Feldkirchen 1552 an Siegmund Georg von Dietrichstein verkaufte. Nach 1580 erlangte der Bamberger Bischof wieder die Lehenshoheit über den *„Thurn zu Veldtkirchen, im Marckht gelegen, so jetzt der Ambthof genandt würdet"*. Im 17. und 18. Jahrhundert saßen hier die Foregger zu Greiffenthurn. Nach vielfachen Besitzerwechseln wurde der Amthof 1894 von den Ziegeleiunternehmern Johann und Franz Faleschini erworben, die das Gebäude in seine

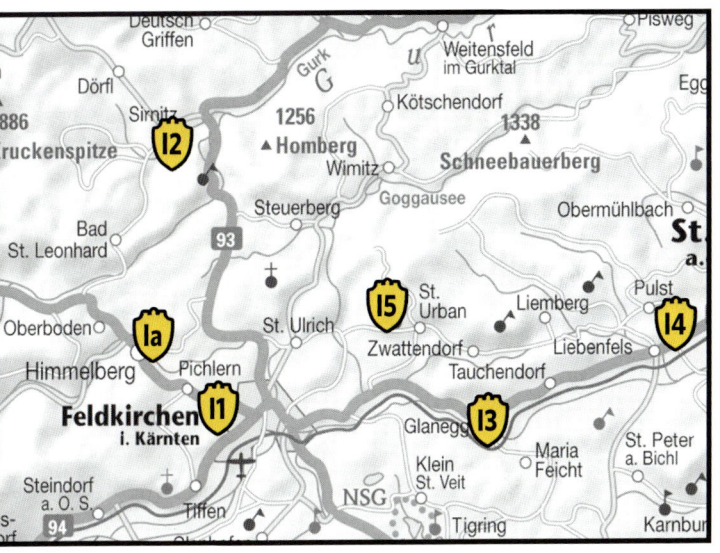

heutige Form brachten und als Mietshaus- und
Spekulationsobjekt nutzten (1910 wohnten hier
41 Parteien!). Nach dem Zweiten Weltkrieg kam
der Kärntner Caritasverband in den Besitz des
Gebäudes und richtete hier ein Altenwohnheim
ein. 1984 kaufte die Stadtgemeinde Feldkirchen
den Amthof und nutzt ihn seit seiner muster-
gültigen Revitalisierung (1991/93) als Musik-
schule, Amthofmuseum (Exponate zur Stadt- und
Regionalgeschichte) und Kulturzentrum für verschiedenste Veranstaltungen und Ausstellungen
samt Gastronomiebetrieb.

Hinter der scheinbar einheitlichen Fassade –
wobei die aufgemalten Ziegel als Fensterumrahmungen offenkundig auf den Beruf der Bauherren anspielen – verbirgt sich eine komplizierte
Baugeschichte. In der Ostecke steckt der 1422
in einer Belehnungsurkunde genannte zweigeschossige Turm über quadratischem Grundriss. Anlässlich der Bedrohung durch die Türken
wurde die Anlage mit einem weiteren Turm in der
Mitte der Südseite sowie mit einem Rundturm
östlich davon versehen. Außerdem wurde gegen
die Tiebel eine Wehrmauer errichtet. Im 17. und
18. Jahrhundert erfolgten weitere Um- und Zu-

Der Amthof zu Feldkirchen.

bauten wie der südwestliche Rundturm und Aufstockungen – doch erst um 1900 wurde der Amthof von friaulischen Baumeistern in seine heutige geschlossene vierflügelige Form mit dem zweiseitigen Arkadenhof und den originelle Turmabschlüssen gebracht.

Schloss Piberstein (Ia)

Schloss Piberstein
Schlossweg 1
9562 Himmelberg

Während die für den heutigen Gemeindehauptort namengebende, längst zur Ruine verfallene Burg Himmelberg über dem Eingang in die Teuchen erbaut wurde, erhebt sich über dem Ort selbst an der hier ins Tal hinabführenden Turracher Bundesstraße das Schloss Piberstein (Biberstein). Himmelberg war ein landesfürstliches Lehen und umfasste auch ein eigenes Landgericht, das zuvor aus dem herzoglichen Gericht Freiberg abgetrennt wurde. Seit 1382 ist hier Marchward der Pybriacher in der Funktion eines Landrichters nachweisbar. Vierzehn Jahre später wurde er von Herzog Wilhelm mit dem Edelmannsitz im Dorfe belehnt, den Marchward offenbar selbst erst errichten hatte lassen und der hinfort Piberstein bezeichnet wurde. Obwohl die alte Hochburg verlassen und Piberstein der neue Herrschaftssitz war, liefen auch späterhin beide Bezeichnungen – Herrschaft Himmelberg und Feste Piberstein – parallel. Durch einen Gütertausch mit dem innerösterreichischen Landesfürsten kam Landeshauptmann Georg Khevenhüller 1571 in den Besitz von Himmelberg. Als Protestant zur Aus-

220

Schloss Piberstein bei Himmelberg.

wanderung gezwungen, verkaufte Hans Khevenhüller 1629 die Herrschaft an den Freiherrn von
Khünigl, doch zog der Kaiser Khevenhüllers Besitz wegen Hochverrats ein – denn Khevenhüller
tat Dienst in der feindlichen schwedischen Ar-
mee. So konnte die energische Katharina Gräfin
Lodron im Jahre 1662 Himmelberg und Piberstein
um 118.000 Gulden aus Mitteln des verstorbenen
Erzbischofs Paris Lodron erwerben und sie zum
bereits neun Jahre zuvor gestifteten Fideikommiss der Sekundogenitur (des Zweitgeborenen)
hinzufügen. Die Grafen Lodron-Laterano besitzen
Piberstein noch heute.

Die unregelmäßig polygonale Anlage des
Schlosses mit vorspringenden Bauteilen und
Erkern dürfte einen spätmittelalterlichen Kern
aufweisen, doch ist sie im 16. und 17. Jahrhundert beträchtlich umgebaut worden. Insbesondere scheint den älteren südlichen Bauteilen
im 16. Jahrhundert nördlich eine Flucht dreier
großer Räume mit geradem Abschluss angefügt worden zu sein. Dazwischen blieb Platz für
einen kleinen Arkadenhof. Außerdem wurde das
Schloss auf drei Geschosse aufgestockt und im
17. Jahrhundert mit einem offenen Dachstuhl mit
Ochsenaugen versehen.

Der Schlosseingang führt über einen Stiegenaufgang zu einem bemerkenswerten Schmiedeei-
sengitter, das um 1920/25 aus barocken Grab-

kreuzen des 18. Jahrhunderts zusammengestellt wurde. Während die Erdgeschossräume Gewölbe mit Stuckgraten des 16. Jahrhunderts besitzen, blieb in einem Raum des Obergeschosses eine Stuckdecke von vermutlich Kilian Pittner aus der Zeit um 1735 mit mythologischen Darstellungen erhalten (Diana und Aktäon, Dionysos in der Schmiede des Vulkan etc.). In der Schlosskapelle befindet sich ein barockes Altarbild der Anbetung durch die Könige. Und im Schlosshof werden einige Grenzsteine (1603, 1612) des Landgerichts Himmelberg verwahrt.

Schloss Albeck (I2)

Schloss Albeck
Neualbeck 1
9571 Sirnitz
+43(0)4279-303
www.schloss-albeck.at

Die erstmals 1155 genannte Burg Albeck – von der nur mehr bescheidene Reste hoch über der Engen Gurk stehen – stiftete der Ministeriale Otto von Albeck, dessen Sohn damals Gurker Bischof war, im Jahre 1191 zusammen mit seinen anderen Besitzungen dem Bistum Gurk. Auch die später auf der Burg ansässigen Lehensleute des Bischofs nannten sich nach Albeck. Noch 1651 wurde sie durch den Pfleger Ulrich von Bassayo instand gesetzt, doch bald nach 1680 endgültig aufgegeben. Stattdessen errichtete man etwa zwei Kilometer weiter nördlich an der Straße nach Sirnitz ein neues Pfleghaus, für welches auch Baumaterial aus der Burg verwendet wurde. Von diesem Schloss Neualbeck aus agierte der Landrichter und Pfleger der Herrschaft, hob die Abgaben der Grunduntertanen ein und sprach Recht über sie. Um das Jahr 1800 wurde nahe dem Schloss das sogenannte „Dienerhaus" errichtet, ein eingeschossiger rechteckiger Bau mit neun Längsachsen und einem Walmdach. 1848 verlor das Schloss seine Verwaltungsfunktionen und diente in der Folge zunächst als bischöfliches Forstamt, später als Wohnung für Forstarbeiterfamilien, doch verfiel die Bausubstanz zusehends, bis 1987 Dr. Elisabeth Sickl dem Bistum Gurk das Gebäude abkaufte, restaurierte und sich seitdem um eine

Schloss Albeck.

vielfältige kulturelle Nutzung bemüht. So befindet sich im Schloss ein Restaurant, es werden Seminare und Vorträge abgehalten, während das Dienerhaus für Ausstellungen und Konzerte zur Verfügung steht.

Das Schloss ist ein typisches „Stöckl", wie für herrschaftliche Pfleghäuser damals üblich. Der einfache zweigeschossige Rechteckbau im Ausmaß von zehn zu vier Fensterachsen – von denen allerdings einige blind bzw. vermauert sind – besitzt ein charakteristisches Walmdach und einen gartenseitigen vorgebauten Abtritt. Die Fassade wird durch einfachen barocken Ritzdekor mit Eckquadern, Fensterumrahmungen und Gesimsbändern geschmückt. Die Rundbogenportale mit aufgedoppelten Türen besitzen abgefaste Gewände, in denen teilweise spätgotische Spolien von der aufgegebenen Burganlage mitverwendet wurden. Im Inneren verrät sich das typische Querlaubenhaus mit der durchgängigen „Labn" im Erdgeschoss. Die Räume weisen hier Tonnenwölbungen mit Stichkappen auf, während im oberen Geschoss, der Beletage, Stuckfelderdecken erhalten sind.

Burgruine Glanegg.

Burgruine Glanegg

Mautbrücken
9555 Glanegg 82
+43(0)4277-
2390/-2276
burg.glanegg.info

Burgruine Glanegg (I3)

Die Burg Glanegg, die zu den bemerkenswertesten des Landes zu zählen ist, erhebt sich in beherrschender Lage auf einem felsigen, gegen Norden und Westen steil abfallenden Rücken über einer Engstelle des Glantales. 1121 erstmals genannt, wurde sie um 1100 vermutlich von salzburgischen Ministerialen errichtet und war am Ende des Investiturstreits Schauplatz der Unterwerfung des letzten Herzogs aus dem Geschlecht der Eppensteiner, Heinrich, unter den Salzburger Erzbischof Konrad. Später im Besitz der steirischen Markgrafen, dann der Herren von Ras, bestimmte der letzte Glanegger aus diesem Geschlecht 1374 den österreichischen Herzog Leopold III. von Habsburg als Erben. Unter Kaiser Friedrich und seinem Sohn Maximilian waren hier Pfleger eingesetzt und 1511 wurde Glanegg an die Herren von Ernau verpfändet, welche Umbauten an der Burg durchführten. Bernhard Khevenhüller, der das Pfand rücklöste, ließ die Kapelle in einen Prunksaal umbauten. 1573 war die Burg in einem so schlechten Bauzustand, dass man fürchtete, ein Erdbeben oder Sturm würde sie umwerfen; die Reparaturkosten wurden von Hans Freymann, dem ersten Baumeister des Klagenfurter Landhauses, auf 2.000 Gulden geschätzt! Nachdem die Ernauer wegen ihrer Ausweisung als Protestanten Glanegg verkauften, wechselten die Besitzer häufig (Kronegg, Seenuhs, Windischgrätz, Stampfer, Batthyany).

Glanegg war bis 1848 Sitz eines umfangreichen Landgerichtes, das von den Wimitzer Bergen bis an den Wörthersee reichte. Die mehrfach terrassenförmig erweiterte bzw. umgebaute Anlage blieb bis ins 19. Jahrhundert bewohnt. Noch während der Napoleonischen Kriege wurde sie in Verteidigungsbereitschaft gesetzt, erst ab etwa 1860 verfiel sie. Der 1996 gegründete Burgverein Glanegg bemüht sich seit einer Nutzungsvereinbarung zwischen den Besitzern und der Gemeinde Glanegg um die Erschließung und Instandhaltung der anschaulichen und lehrreichen Burganlage, die vielfältig für Veranstaltungen aller Art (Festlichkeiten, Konzerte, Aufführungen und Ausstellungen) genutzt wird.

Der Zugang erfolgt durch eine erste äußere Toranlage vom Süden her, die sowohl vom angebauten massiven Rundturm wie auch vom höher gelegenen Vorhof gut zu verteidigen war. Ein Zwinger führt zum mächtigen zweiten Torbau mit einer zweiteiligen tonnengewölbten Einfahrt neben einem Wohngebäude. An der nördlichsten Stelle des Burgfelsens erhebt sich der mächtige rechteckige Wirtschaftsbau des 15. Jahrhunderts – lichte Weite ca. zwölf mal acht Meter – mit einer dreischiffigen Halle auf sechs Pfeilern im Untergeschoss, die ein Kreuzgratgewölbe tragen, vermutlich der Pferdestall. Darüber erhebt sich der heute so genannte Rittersaal. Der Burgweg wendet sich nun nach Süden und führt durch ein drittes Tor unter dem Bergfried des 13. Jahrhunderts mit Hocheinstieg vorbei in den inneren Burghof mit Resten eines Arkadenganges (16. Jahrhundert). Ein letztes, zwischen Turmhaus und Kapelle eingezwängtes Tor führt in den ältesten Teil der Burg (12. Jahrhundert), dessen polygonaler Bering den Felsen optimal ausnutzt. An der höchsten Stelle steht das fünfeckige Turmhaus („Festes Haus"), das zugleich als Wohn- und Wehrbau diente. Im Süden an das Tor angebaut liegt die

Kapelle, ein im 17. Jahrhundert umgebauter Saalraum mit Chorquadrat. Die Burg war im Süden und Westen durch spätmittelalterlich-frühneuzeitliche Mauern weitläufig gesichert.

Burgruine Liebenfels (14)

Die auf einem isolierten Felshügel oberhalb von Pulst thronende, überaus eindrucksvolle Anlage ist in mehreren Etappen seit etwa 1300 entstanden. Ausgangspunkt waren zwei beträchtlich voneinander entfernte quadratische Bergfriede, die erst durch eine spätgotische Mauer des 15. Jahrhunderts unter Schaffung eines riesigen dreieckigen Hofes verbunden wurden. Der ursprüngliche Zugang der eigentlichen Hochburg erfolgte vom Westen: Der erste Torbau führt in einen kleinen Hof mit einer zweiten Toranlage, in dessen Verlängerung die stark zerstörte gotische Doppelkapelle St. Nikolaus (urkundlich 1419) mit einem 5/8-Chorschluss im oberen Geschoss und einem quadratischen Abschluss auf Substruktionen im Untergeschoss steht. Nördlich davon erhebt sich ein lang gestreckter Wohnbau des 15. bis 16. Jahrhunderts. Ein stark verfallener Stiegenabgang zur östlichen Steilwand diente offenbar als Fluchtweg. Der Burgweg biegt vor der Kapelle nach rechts ab, durch ein drittes Tor am Küchenbau vorbei zu einem Rondell vor dem vierten Tor, durch welches man erst die dreieckige Ober- oder Kernburg der ersten Bauphase um 1300 erreicht. Ihren Nordteil nimmt der geländebedingt geknickte Palasbau ein. An der höchsten Stelle erhebt sich der sechsgeschossige Bergfried mit einer auffallenden Fenstergruppe wie in Glanegg. Entweder nach dem ersten Tor rechts durch eine Hofdurchfahrt hindurch oder von einem weiteren Tor zwischen Bergfried und Palas aus führen Wege in den geräumigen Hof der Vorburg, an deren südwestlichem Ende über steilem Fels der zweite, viergeschossige Bergfried mit einem östlich anschließenden Wirtschaftsbau steht.

Burgruine Liebenfels
Hochliebenfels
9556 Liebenfels

Information:
Andrea Ehrlich
Waggendorf 49
9556 Liebenfels
+43(0)664-4580366
www.liebenfels.at
www.gemma-
liebenfels.at

Burgruine Liebenfels.

Daneben befindet sich das jüngere „Ungartor" (15. Jahrhundert), in der Südecke, wieder über steilem Felsen, ein zusätzlicher Turmbau.

Die Burg wurde erst verhältnismäßig spät (um 1300) von Peter von Liebenberg im Zuge der Absicherung des neuen Herzogsgeschlechtes der Grafen von Görz-Tirol im Westen des St. Veiter Burgenkranzes errichtet. Erstmals 1312 urkundlich nachgewiesen, war sie ein landesfürstliches Lehen. Die Liebenberger besaßen die Burg bis 1429, dann kauften die Schenken von Osterwitz die „Veste" um 2.200 Gulden. Die hoch verschuldeten neuen Besitzer, deren große Zeit längst vorbei war, besaßen sie ein knappes halbes Jahrhundert. Im Zuge kriegerischer Auseinandersetzungen zwischen Kaiser Friedrich III. und König Matthias Corvinus von Ungarn wurde die seit fünf Jahren von Kaiserlichen besetzte, jedoch unbewachte Burg 1489 im Handstreich von ungarischen Söldnern genommen, welche hierauf sechs Jahre lang die umliegende Bevölkerung mit hohen Geld- und Naturalforderungen drangsalierten. Schon damals war die Burg nur mehr temporär bewohnt und blieb es bis ins späte 17. Jahrhundert. Valvasor bezeichnet sie um 1680 als *fast verödet und an einem langweiligen Ort*"! Die grundherrschaftliche Verwaltung war schon früher in den Pfleghof übertragen worden, einen dreigeschossigen, im Kern spätgotischen Bau nordwestlich der Burg, der heute bäuerlich genutzt wird. Nach mehrmaligen Besitzerwechseln übernahmen 1696 die Grafen Goëss Burg und Herrschaft, sie sind noch heute im Besitz der Ruine.

Schloss Bach bei St. Urban (I5)

Schloss Bach
Schlossstraße 1
9554 St. Urban

Information:
+43(0)4277-8342
johanna.franz@aon.at

Nahe dem Dorf St. Urban steht nördlich oberhalb eines kleinen Sees der malerische dreieinhalbgeschossige Edelsitz Bach. Der hoflose rechteckige Hauptbau besitzt an der Nordost- und Südwestecke gegenübergestellt je einen wuchtigen Turm, während die anderen beiden Ecken je einen übereck gestellten Erker aufweisen. Das rundbogige Haupttor an der Südseite zeigt noch spätgotische Profile, ebenso mehrere mit Korbgittern versehene Fenster. Von einem südöstlich ansetzenden Trakt ist seit einem Brand von 1890 nur mehr die östliche Einfahrt mit Resten eines Laubenganges und später vermauerten gekuppelten Rundbogenfenstern erhalten. Das profilierte Portal weist eine Bauinschrift des Carl Freiherrn von Egkh und Hungersbach von 1609 auf. Die Fassade war zumindest teilweise freskiert, doch sind davon nur das Fragment einer Sonnenuhr und ein Wappen erhalten geblieben. Das typische Querlaubenhaus des 16. Jahrhunderts besitzt im Erdgeschoss eine mächtige kreuzgratgewölbte „Labn". In den beiden repräsentativen Wohngeschossen über ihr erstrecken sich zwei Säle mit Zwillingsfenstern über die ganze Gebäudetiefe. Seit 1997 wird das Schloss restauriert, wobei die bislang vermauerten Arkaden der Loggia im Osten freigelegt und im südöstlichen Raum des zweiten Obergeschosses Wappenmalereien entdeckt wurden. Eine Holzkassettendecke der Renaissance ist mit aufgeklebten Holzschnitten von Holzmaserungen mit Bänderrahmen versehen – ein seltenes Beispiel des sogenannten „Fladerpapieres". Ein wertvoller Renaissanceofen

Fassade von Schloss Bach mit dem Fresko einer Sonnenuhr.

und ein holzgetäfeltes Portal von 1592 wurden im 20. Jahrhundert in die Schlösser Hohenstein und Ebenthal verkauft.

Der nachmalige Edelmannsitz ist aus dem vielleicht schon 1192 genannten mittelalterlichen Ministerialenturm „zu Pach" hervorgegangen, der 1433 als herzogliches Lehen in der Hand des Oswald Mordax war. 1546 erhielten die Mordax einen kleinen Burgfried verliehen und begannen wohl bald danach mit dem Ausbau des Turmes zu einem typischen Edelmannsitz der Renaissance. Durch Verschwägerung kam Bach vor 1592 an Hannibal Freiherrn von Egkh und Hungersbach. Die folgenden Jahrhunderte sahen zahlreiche Besitzerwechsel, bis der jetzige Inhaber ernsthafte Restaurierungsarbeiten in die Wege leitete.

Das Jauntal ist sowohl durch landschaftliche Viel-
falt als auch mit kulturellen Kleinoden gesegnet.
Die alte Grafschaft Jaun, in der das spätantike
„Juenna" (eine keltisch-römische Siedlung in
Globasnitz bzw. am Hemmaberg) weiterklingt
und in der etwa die bedeutende Adelssippe der

Aribonen – zu der die heilige Hildegard von Stein und ihr Sohn Albuin von Brixen zählen – reichen Besitz hatte, wurde im 13. Jahrhundert in mehrere Landgerichte aufgeteilt. Hier wurzelten die Grafen von Heunburg, die im 13. Jahrhundert eine sehr selbständige Politik betrieben – die bis zum

Aufstand gegen den Landesfürsten führte – und ein eigenes reichsunmittelbares Territorium anstrebten, das zumindest ihre Erben, die Grafen von Cilli, kurzfristig verwirklichen konnten. Auch die Weißenegger oder später die Ungnad mit ihrer Hauptburg Sonnegg sind weitere wichtige Adelsfamilien der Region. Die heilige Hemma, Gräfin von Zeltschach-Gurk (gest. 1045) war wiederum im Trixner Tal begütert, das zu einer der an Burgen reichsten Regionen des Landes zählt. Und die Burg Griffen, welche die bambergischen Besitzungen des Lavanttales schützen sollte, ist eine der größten Kärntens gewesen. In Rechberg ver-

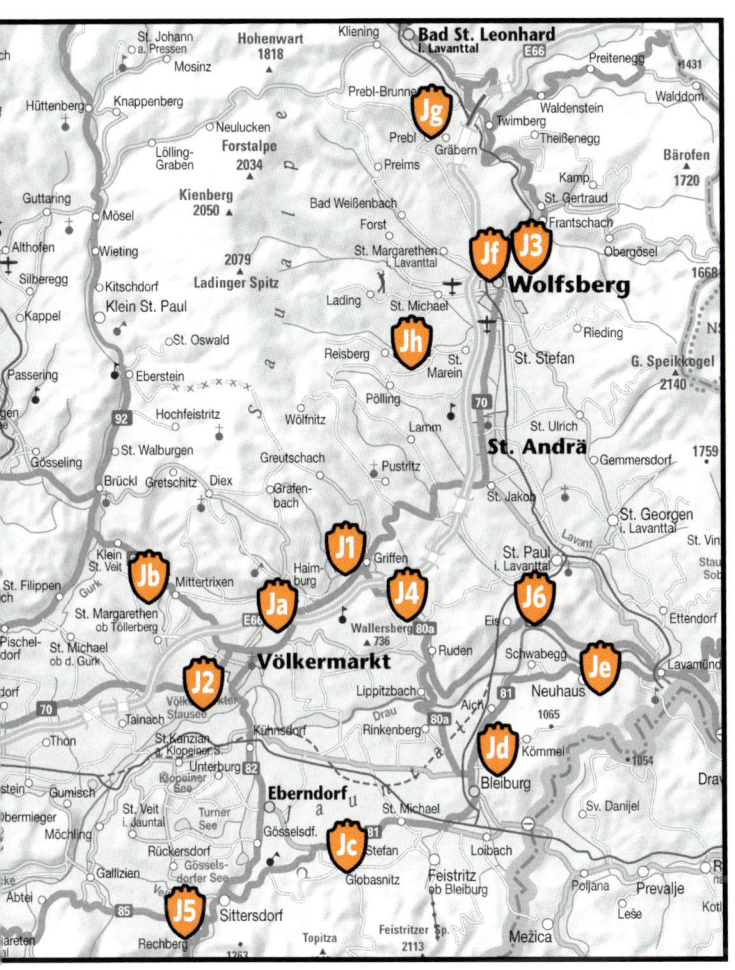

suchte der St.-Georgs-Ritterorden vergeblich, die
Türken am Eindringen ins Land zu hindern.

Sind die meisten der mittelalterlichen Burgen
längst zu Ruinen zerfallen, so gibt es doch auch
eine Reihe frühneuzeitlicher oder noch jüngerer
Edelsitze und Schlösser, die allerdings in ihrer Ausstattung eher die provinzielle Situation
Kärntens und die beschränkten Mittel der Bauherren vor Augen führen, so etwa in Ehrenegg.
Schloss Neuhaus bei Lavamünd zeigt hingegen,
dass ein Kunstsammler unserer Tage durchaus
auch in einem Jauntaler Schloss sesshaft werden

„Das Lavanttal ist das Paradies Kärntens, St. Paul das Herzstück davon."

Die Marktgemeinde St. Paul

mit ihren 3800 Einwohnern erstreckt sich von den Flussauen der Lavant bis hin zu den kammartig hervortretenden St. Pauler Bergen. Das milde Klima und der Reiz der Landschaft verleihen dem Ort einen einzigartigen Charakter.

Über der Talsohle erhebt sich eine der mächtigsten Kirchenburgen des Landes. Einst Stammsitz der Kärntner Herzöge ist das Benediktinerstift St. Paul heute eines der bedeutenden kulturellen und geistigen Zentren und mit seinen Kunstsammlungen das „Schatzhaus Kärntens".

Im Jahre 2009 ist St. Paul Schauplatz der EUROPA-AUSSTELLUNG „Macht des Wortes – Macht des Bildes". Neben den Kostbarkeiten der Buchkunst werden bedeutende Werke der Gold- und Silberschmiede Europas zu sehen sein, die durch Meisterwerke namhafter europäischer Maler und Bildhauer zu einer Einheit zusammen geführt werden.

Konzerte und Festmessen des St. Pauler Kultursommers, die Sommerkurse für Musik und zahlreiche internationale Großveranstaltungen beleben jedes Jahr die ganze Region.

Darüber hinaus garantieren das Lavanttaler Obstbaumuseum, die Galerie der Mostbarkeiten, der Granitztaler Mostwanderweg, die St. Pauler Berge mit der Burgruine Rabenstein, historische und mystische Plätze sowie zahlreiche Freizeiteinrichtungen für ein breit gefächertes Urlaubsangebot und zeigen, wie Natur und Kultur in ihrer Einheit verschmelzen können.

Beherbergungsbetriebe mit gepflegter Gastronomie, Privatquartiere, Bauernhöfe und Mostbuschenschänken runden das Angebot ab und laden zu allen Jahreszeiten ein . . .

. . . St. Paul ist immer eine Reise wert!

Marktgemeinde/Tourismusbüro
Tel. +4357/2017-22
st-paul-lavanttal@ktn.gde.at
www.sanktpaul.at

Schloss Ehrenegg.

kann, während „Elberstein" in Globasnitz die Ver-
wirklichung des Lebenstraumes eines vielseitigen
Handwerkers verkörpert.

Eine Einführung in die Geschichte des Lavanttals
lesen Sie, ehe Sie mit der Burg Rabenstein selbi-
ges betreten (S. 126).

Schloss Ehrenegg (J4)

Südöstlich von Griffen erhebt sich unweit des
Dorfes St. Kollmann am Hang des Haberberges
der wohlerhaltene Edelsitz Ehrenegg. Der dreigeschossige hoflose Rechteckbau besitzt talseitig
übereck gestellte Türme und hangseitig im Südosten einen Eckturm sowie im Nordosten einen
etwas fragilen Eckerker. Das rustizierte Portal wird
von einem barocken Allianzwappen der Familien
Dietrichstein und Paradeiser in einer Kartusche
aus dem Jahre 1673 bekrönt. In der Eingangshalle
ist ein Gedenkstein eingemauert, nach dem Eberhard Ertl von Hainstatt und seine Frau Prisca geborene Waschla den Bau „von gruenem Wasen"
(d. h. ohne Vorgängerbau) im Jahre 1586 begannen. Im ersten Obergeschoss finden wir u. a.
eine Holzbalkendecke mit Groteskenmalerei, im
durchgängigen Mittelsaal des zweiten Obergeschosses – der talseitig durch ein dreifach gekuppeltes Rundbogenfenster betont wird – eine
prächtige hochbarocke Stuckdecke aus der Zeit
um 1680 sowie Teile eines Renaissancekamins
mit Hermenpilastern aus der Bauzeit.

Schloss Ehrenegg
St. Kollmann 1
9112 Griffen

Information:
Mag. Edgar Piskernik
Gmündgasse 1
9100 Völkermarkt
apotheke@aon.at

235

Der Bauherr war bambergischer Pfleger und erhielt den Grund zum Schlossbau vom Stift St. Paul zur Verfügung gestellt. Charakteristisch ist der über Jahrhunderte oftmalige Wechsel der Besitzer, unter denen als frühbarocke Bauherren ab 1670 die Dietrichstein und 1775 bis 1884 die Grafen von Egger, bzw. die Freiherren von Helldorff als ihre Nachfahren, Erwähnung verdienen. Die gegenwärtige engagierte Besitzerfamilie versucht, den talseitig anschließenden, ummauerten und an den Ecken mit Pavillons versehenen Zier- und Lustgarten wieder mit Buchsbaum und anderen Sträuchern in seine ursprüngliche Renaissanceform zu bringen. Nördlich des Schlosses verdient als Rest einer Meierei ein stattlicher Wirtschaftsbau des vorigen Jahrhunderts in Ziegelbauweise mit talseitigen Stützpfeilern Beachtung.

Die Burgruine Griffen (J1)

Burgruine Griffen
Schlossberg

Information:
Marktgemeinde
9112 Griffen 5
+43(0)4233-2247
www.griffen.at

Wer von Völkermarkt kommt, dem bietet – insbesondere im milden Lichte der Abendsonne – die rund 130 Meter hohe bizarre Klippe des Griffner Burgberges aus Triaskalk einen imponierenden Anblick. Wir wissen nicht genau, wann die deutschen Könige den Bamberger Bischöfen das Gebiet schenkten, weil sie deren Loyalität höher einschätzten als die des örtlichen Adels. Aber das fränkische Hochstift erbaute wohl in den Wirren des Investiturstreites um 1100 auf dem Felsen eine räumlich noch beschränkte Burg zum Schutze seiner Lavanttaler Besitzungen und ließ sich von Kaiser Barbarossa 1160 zu Pavia bestätigen, dass diese niemals als Lehen ausgegeben werden dürfe. Nur während des Heunburger Aufstandes gegen die Grafen von Görz-Tirol 1292/93 war die Burg zeitweilig in den Händen der Rebellen, deren Anführer Graf Ulrich hier wiederholt urkundete. Im 13. und frühen 14. Jahrhundert genoss die Burg wegen des hier residierenden bambergischen Hauptmannes eine zentrale militärische und polizeiliche Bedeutung. Später saßen auf der

Ein Schalenturm mit der Außenmauer der Burgruine Griffen.

Burg ein Pfleger und im Orte der Kastner als Verwalter der herrschaftlichen Abgaben und Zinse. Erst 1491 wurde die Burg nach Übertragung des Weißenegger Landgerichtes auch Gerichtssitz.

Der Krieg mit Venedig und die Türkenbedrohung erzwangen im frühen 16. Jahrhundert den Ausbau der Burg. Erst damals wurden die Vorwerke, Zwinger und Schalentürme errichtet, die sich noch heute über einen Großteil des Griffner Burgfelsens erstrecken. Im 18. Jahrhundert waren nur mehr einige Zimmer bewohnbar, und der Verkauf der bambergischen Güter an Österreich 1759 beschleunigte den Verfall. In den letzten Jahrzehnten sogar baubehördlich gesperrt, ist die Ruine erst seit dem Ankauf durch die Marktgemeinde 1999 aus einem Dornröschenschlaf erwacht und nach Schlägerung des Bewuchses sowie Planierung des Geländes im Mai 2000 der Öffentlichkeit übergeben worden.

Besucher können den Burgberg vom Westen (oberhalb des Friedhofs) oder über zwei unterschiedlich steile Wege nördlich der Pfarrkirche erwandern. Der Weg schlängelt sich an Toranlagen, Schalentürmen und durch ein raffiniertes System von Zwingermauern vorbei bis zum höchsten Punkt des Felsens. Während von der ursprünglich dort gelegenen Hochburg des 13. Jahrhunderts mit Bergfried und Kapelle nur mehr wenige

Steinlagen inmitten des freigelegten Geländes zum Vorschein gekommen sind, ist der nördliche Mauerkranz mit drei Schalentürmen und einem Wohnbau besser erhalten. Der westliche Turm über steilem Felsabfall zeigt Schlüsselscharten. In den letzten Jahren wurde etwa in der Mitte der Burganlage ein Veranstaltungsraum neu errichtet. Seit April 2002 gibt es am Schlossberg die sogenannte „Schlossbergschänke". Dieses Lokal bietet neben kleinen Imbissen und Getränken einen wunderschönen Ausblick auf den Ort Griffen.

Die Heunburg (Ja)

Burgruine Heunburg
9111 Haimburg 1

Information:
Mori Friedrich
9111 Haimburg 85

Auf einem Kalkfelsen nahe den Ausläufern der Saualpe erheben sich weithin sichtbar die Ruinen der Heunburg, dem Stammsitz eines der bedeutendsten Adelsgeschlechter Kärntens. Der erste urkundlich gesicherte Ahnherr war Gero (1070). Den Höhepunkt ihrer politischen Macht erreichte die Familie unter Graf Ulrich, der 1293 am Wallersberg gegen die Grafen von Görz-Tirol unterlag und mit dessen Sohn Hermann 1322 das Geschlecht erlosch. Rechtsnachfolger auf der Heunburg waren nach den Pfannbergern die Grafen von Görz-Tirol, seit 1460 die Landesfürsten aus dem Geschlecht der Habsburger. Der folgende rege Besitzerwechsel wurde erst 1794 durch die Grafen von Egger gestoppt, deren Erben, den Freiherren von Helldorff, die Heunburg noch heute gehört.

Ein bequemer Weg windet sich um die lang gestreckte Ruine und führt unterhalb des schlanken Torturmes aus dem 16. Jh. in den Burghof, von dem man einen guten Ausblick nach Süden und Osten hat. Ein lang gestreckter mittelalterlicher Trakt aus einer Abfolge von vier Räumen, von denen der westlichste die alte Burgküche birgt, verbindet den Torturm mit dem baugeschichtlich interessantesten Hauptgebäude, das seit einigen Jahren nicht nur durch ein Walmdach wieder vor dem

Die Heunburg.

Verfall geschützt ist, sondern als Bühne und Zuschauerraum für anspruchsvolle Theaterstücke des professionellen Ensembles K.L.A.S. adaptiert wurde. Die gegen Westen unregelmäßig polygonal vorspringende, bis 2,4 Meter dicke Außenmauer umschloss bei ihrer Errichtung im 13. Jahrhundert im Osten ursprünglich einen Wohnbau mit Pultdach – von dem die bemerkenswerte Torhalle in der Südostecke mit Kreuzgratgewölben auf einem Mittelpfeiler erhalten geblieben ist – und im Westen einen Hofraum. Im Spätmittelalter erfolgte dessen Verbauung mit gewölbten Räumen im Untergeschoss und Räumen mit hölzernen Balkendecken darüber; auch zwei Stiegen wurden eingebaut.

Östlich dieser Anlage erhebt sich auf einer kleinen Terrasse des Burgberges als einfacher Rechteckbau das sogenannte Schloss, eigentlich das **Pfleghaus** (neuzeitliche Verwaltungsgebäude) der Herrschaft.

Die Burgruine Waisenberg (Jb)
Inmitten der bergigen und an Burgen und Schlössern besonders reichen Landschaft des Trixner Tales ragt die über 600 Meter hohe Triaskalkklippe schroff auf, welche die mächtige Ruine Waisenberg trägt. Sie war wohl Rechtsnachfolgerin einer der beiden Burgen, die König Arnulf 895 den Vorfahren der Hemma von Gurk bzw. ihres Gatten schenkte, wenngleich ohne gesicherte bauliche Kontinuität. Die durch Hemmas Klosterstiftung an den Gurker Bischof gekommene

Burgruine Waisenberg
9102 Mittertrixen
+43(0)463-54161
+43(0)664-1743270

Die Burgruine Waisenberg bei Markus Pernhart
Mitte des 19. Jahrhunderts.

Burg wird anlässlich des Rückkaufs nach mehrmaligen Entfremdungen 1167 erstmals genannt.
Zuweilen urkundete hier der Bischof, die meiste
Zeit wurde sie von Dienstmannen bewohnt und
1530 endgültig an Hans von Silberberg verkauft.
Um 1790 fiel die damals im Besitz der Grafen von
Christalnigg befindliche Burg einem Brand zum
Opfer und wurde nicht mehr aufgebaut. Erst vor
wenigen Jahren hat ein eigenwilliger Klagenfurter Architekt die Ruine langfristig gepachtet und
durch Sicherungsarbeiten sowie durch die Besei-
tigung vom Schutt wieder für die Allgemeinheit
erschlossen. Das breite und flache Behelfsdach
auf dem mächtigen Rundturm – nicht nach jeder-
manns Geschmack – verleiht der Burgruine jedenfalls eine charakteristische Silhouette.

Auf einem im letzten Abschnitt über anmutige
Weiden führenden Gehweg erreicht man die mit
dem Wappen des Andrä von Spangstein um 1570
versehene Toranlage: Der geböschte Unterbau,
das Kordongesims, zwei Nischen – die wohl allegorische Figuren bargen – und eine Wendeltreppe
im Inneren erweisen den Einfluss der oberitalienischen Festungsbautechnik der Renaissance.
Eine ursprünglich hier angebrachte Inschrifttafel,
die den Namen des Schlosses fälschlicherweise
von „Waisen" ableitet, befindet sich heute im Hof
von Schloss Eberstein im Görtschitztal. Ein Zwinger führt den Besucher um die Hochburg herum
durch eine zweite Toranlage mit Sperrmauer vor
die noch mehrgeschossige westliche Hauptfront
des Schlossbaues, der hauptsächlich im 15. und
16. Jahrhundert in seine heutige Form gebracht

wurde. Die geräumige und wohnliche Anlage umschloss an drei Seiten – an der vierten nur mit einem Verbindungsgang – einen Hof, der heute Sitzgelegenheiten für gesellige Veranstaltungen bietet. Ein in den Hof gebautes Stiegenhaus und vor allem das gewölbte Untergeschoss des mächtigen Rundturmes an der Nordwestecke vermitteln noch etwas herrschaftliche Atmosphäre der frühen Neuzeit. Südlich unterhalb der Ruine wurde der Getreidespeicher der ehemaligen Schlossmeierei von drei Bauernfamilien zu Wohnzwecken ausgebaut.

Schloss Neudenstein (J2)

Auf einer Felskuppe über dem Edlinger Stausee vor Völkermarkt erhebt sich das Schloss Neudenstein. Von der „Ruhstatt", einem Plateau der Packer Straße vor Völkermarkt mit bekannter Gastwirtschaft, hat man den schönsten Fernblick nicht nur auf das – ob seines dunklen Gemäuers gerne als „Schwarzes Schloss" bezeichnete – Objekt, sondern über das ganze Jauntal, die Aulandschaft der Drau und die Karawanken. 1329 gestattete Herzog Heinrich seinem Gefolgsmann Konrad von Aufenstein die Erbauung dieser Feste auf dem strategisch günstigen Hügel unter St. Ulrich. Wegen eines Aufstandes seiner Nachkommen fiel sie 1368 an die Kärntner Herzöge, welche die Burg nacheinander an Getreue ausgaben, darunter die Himmelberger, die Herren von Graben, die Plumegger, Windischgrätz, Kemetter und Mandorf. Zu Beginn des 20. Jahrhunderts lebte hier der Kärntner Landschaftsmaler Gilbert von Canal (1849 – 1927), von dem auch einige Werke im Schloss erhalten geblieben sind. 1970 erwarb die Familie Comelli-Stuckenfeld – Nachfahren eines im Dienste des polnischen Königs Jan Sobieski u. a. beim Entsatz Wiens von den Türken 1683 bewährten Artillerieoffiziers (das Wort Stuck bedeutet hier Kanone) – das verwahrloste Schloss und sanierte es liebevoll.

Schloss Neudenstein
Neudenstein 1
9100 Völkermarkt

Information:
Comelli-Stuckenfeld
Neudensteiner Weg 1
9100 Völkermarkt
+43(0)4232-3840

Das „schwarze Schloss" Neudenstein.

Um einen unregelmäßigen Hof mit mehrgeschossigen toskanischen Säulenarkaden des 17. Jahrhunderts gruppieren sich Wohntrakte unterschiedlicher Höhe; im östlichen dürfte noch das spätmittelalterliche „Feste Haus" stecken. Ein Torturm wurde erst 1841 abgetragen, auch andere Wehrelemente wie Türme und Erker – in zwei Ansichten bei Valvasor 1688 überliefert – kamen später ab. Das Portal zeigt ein Allianzwappen der Kemetter und Pranckh (17. Jahrhundert) sowie einen Inschriftenstein von 1675, dieses Datum dürfte auf wichtige Umbauarbeiten an den Gebäuden anspielen. Der Ziehbrunnen im Hof verlor durch den Bau der Wasserleitung 1893 seine Funktion. Einige Innenräume des Südtraktes verdienen Erwähnung, insbesondere der stuckierte Mittelsaal im ersten Stock mit zwei Deckengemälden Antonio Biepos (Sturz des Ikarus und Sturz des Phaeton vom Sonnenwagen) sowie mit Kaiserbüsten an den Wänden. Im Geschoss darüber schuf der gleiche Maler – in einer Stuckdecke mit allegorischen Putti der vier Jahreszeiten – Leinwandbilder von Orpheus in der Unterwelt sowie der Flucht des Aenaeas aus dem brennenden Troja.

Die flach gedeckte Kapelle mit gewölbtem Apsispolygon im Obergeschoss des Osttraktes weist noch Reste gotischer Wandmalereien aus dem dritten Viertel des 15. Jahrhunderts auf (Grablege, triumphierender Christus), darüber hinaus

Die Kommende Rechberg von Westen aus gesehen.

ein Altarblatt mit der Darstellung der Märtyrerin Ursula (17. Jahrhundert) sowie ein aus der Pfarre Ferlach stammendes Glasfenster.

Älter als das Schloss ist die nördlich davon durch einen Graben getrennte Filialkirche St. Ulrich, die wohl vom Völkermarkter Kapitel errichtet wurde, vielleicht sogar unter dessen erstem Propst, dem gelehrten und hochangesehenen Ulrich (gest. ca. 1266). Nördlich von ihr ließen die Buzzi als langjährige Besitzer von Neudenstein im 19. Jahrhundert eine kleine freistehende Kapelle als Familiengrablege errichten.

Die Kommende Rechberg (J5)

Während heute die Seebergstraße bei Miklauzhof in einer schluchtartigen Engstelle mit der unberechenbaren Vellach (von slowenisch „biela", die Weiße) zusammentrifft und sie bis zu den Serpentinen des Seeberges begleitet, führte die alte Handelsstraße über den Höhenrücken von Rechberg. In windiger Höhe gut hundert Meter über dem Talboden blieb hier eine malerische Bautengruppe mit Kirche, Karner, dem ummauertem Schloss – der „Kommende" – und einer höher gelegenen Burgruine erhalten. Wer mit einem Personenkraftwagen unterwegs ist, dem sei die steilere, aber wirkungsvollere Zufahrt vom Süden aus Richtung Eisenkappel empfohlen. Ein Nischenbildstock mit einem „modernen" Bartholomäusbild und dahinter der „Gasthof zur Maut"

Kommende Rechberg
Rechberg
9133 Miklauzhof

Herr Zunder:
+43(0)4237-2142
Pfarre: +43(0)4238-319

243

– ein Bau im „Stöckltyp" mit Dreiecksgiebel – führen uns die einstige Bedeutung des Ortes an der Fernstraße vor Augen.

Inmitten einer Phase reger Kolonisationstätigkeit und des organisierten Ausbaues der Verkehrswege nach Krain ließ hier Herzog Bernhard vor 1236 eine Burg als Gerichts- und Verwaltungsmittelpunkt erbauen, die im Erbvertrag seiner beiden Söhne als eine ihrer Hauptburgen bezeichnet wird. Die Burgsiedlung entwickelte sich so gut, dass sie 1267 als Markt bezeichnet wurde. Über die Heunburger und Aufensteiner kam Rechberg im 14. Jahrhundert in die Hände der österreichischen Herzöge, die Rechberg von Kastellanen verwalten ließen oder verpfändeten. Kaiser Friedrich III. verkaufte die Herrschaft 1491 an Ladislaus Prager, doch stiftete dieser schon vier Jahre später Burg, Kirche und das benachbarte neue Schloss dem St.-Georgs-Ritterorden, der in Millstatt seinen Sitz hatte, als neue Ordensniederlassung (Kommende). Für den personell schwach besetzten Orden, dessen Aufgabe die Türkenabwehr gewesen wäre, bedeutete Rechberg einen strategisch wichtigen Punkt, noch mehr aber bedeutende Einkünfte. Mit dem Ende des Ordens im späten 16. Jahrhundert kam die Herrschaft Rechberg an die Grazer Jesuiten. Nach deren Aufhebung 1773 ging die Würde des Kommendators, des Vorstehers, der auch Sitz und Stimme im Ständischen Landtag besaß, an den jeweiligen Pfarrherrn über.

Eine Brücke auf zwei gemauerten Pfeilern führte über einen Halsgraben zur hochgelegenen **Burg** (heute eine Ruine), die eigentlich nur aus einem fünfeckigen Turm und einem langrechteckigen verbauten Hof bestand. Sie war wohl nur zeitweilig besetzt, während der Burggraf im tiefer liegenden Schloss residierte. Dieses spätmittelalterliche Gebäude, die eigentliche „Kommende" – ein dreigeschossiger kastenförmiger Bau mit großen Rechteckfenstern – am Kamm des Höhenrückens zwischen Jaun- und Vellachtal , ist gut erhalten geblieben. Über dem westlichen Rundbogenportal sind noch die Rollen der Zugbrücke und darüber Reste eines Freskos des Ordenspatrons Georg zu sehen (ehemals bezeichnet 1581). Die Schießscharten unter dem hohen Walmdach dürften auf die Ordensritter nach 1495 zurückgehen (ähnliche finden wir am Hochmeisterschloss in Millstatt). Eine Toranlage in den Ort hinab und ein Eckturm im Nordwesten dokumentieren noch die Ummauerung des Ordensritterschlosses und damit auch die Angst vor den Türkeneinfällen des Spätmittelalters. Nach längerem Besitz der Fürsten Orsini-Rosenberg wurde Rechberg von der Diözese Gurk angekauft und erfreut sich heute als von der Pfarre betreutes Sommerlager für Kinder neuer Beliebtheit; die Malereien an dem angebauten Wohngebäude zeugen davon.

Ein besonderes kulturgeschichtliches Juwel ist die etwas hangaufwärts errichtete **Pfarrkirche St. Bartholomäus** sowie der südwestlich der Kirche fast in den Steilhang hineingebaute romanische **Rundkarner** mit östlicher 3/4-Apsis.

„Schloss Elberstein" in Globasnitz (Jc)
Mitten im Dorfzentrum von Globasnitz, dem Museum fast gegenüberliegend, überrascht den Besucher eine fast unwirkliche romantische Schlossanlage: Hinter einem Torbau mit Doppelturm, Gusserker und Kragsteinfries mit allerhand merkwürdigen Stuckornamenten – darunter auch Büsten – erhebt sich ein traumhaftes Gebilde wie aus Zuckerguss, bei dem Assoziationen mit Disneyland durchaus berechtigt sind. Mit dem von elf Türmchen, drei Erkern und 49 bleiverglasten Fenstern gezierten Gebäude, das innen eine Kuppel mit Spiegelapplikationen und kunstvoll verzierte Nussholztüren birgt, hat sich der Bauherr Johann Elbe seit nunmehr dreißig Jahren in über 30.000

Schloss Elberstein
9142 Globasnitz 102
Johann Elber
+43(0)4230-667

245

Das märchenhafte „Schloss Elberstein".

Arbeitsstunden sein persönliches Märchen-
schloss „Elberstein" geschaffen, für dessen Be-
sichtigung er auch eifrig wirbt.

Schloss Bleiburg (Jd)

Schloss Bleiburg
Schlossberg
9150 Bleiburg

Das kleine Grenzstädtchen Bleiburg, das als
„Liupicdorf" schon um 1000 genannt wird, im
13. Jahrhundert politisch eine beträchtliche Aufwertung erfuhr, aber erst unter den Habsburgern – nach erlittenen Schäden anlässlich eines
Aufstandes der Aufensteiner im Jahre 1370 – ein
Stadtrecht nach St. Veiter Vorbild erhielt, wird
im Osten auf einem Ausläufer des Kömmel von
einer mächtigen Schlossanlage überhöht, die
letztlich dem Ort den Namen gab.

Durch das ehemalige Schlosstor am Ostabschluss
des Hauptplatzes erreicht man die Bleiburg. Erbaut im 12. Jahrhundert, wurde sie in der zweiten
Hälfte des folgenden Jahrhunderts gleichsam zur
Residenz der Grafen von Heunburg. Unter den
Habsburgern war sie verpfändet oder an Pfleger
ausgegeben, und seit 1601 befindet sie sich un-
unterbrochen in Familienbesitz der Grafen Thurn-
Valsassina, die sich vom alten Mailänder Geschlecht della Torre herleiten, später in Krain
und Görz begütert waren und einen Papst sowie
mehrere Patriarchen von Aquileja stellten. Von
der mittelalterlichen Burg ist nur mehr die Grundform der Anlage erhalten – ein unregelmäßiges

Schloss Bleiburg und seine Kapelle.

Polygon um den Hof –, denn unter den Thurn erfolgte in der ersten Hälfte des 17. Jahrhunderts schrittweise ein repräsentativer und wohnlicher Umbau im Stile der Spätrenaissance bzw. des Manierismus.

Das südliche Hauptportal mit Rustikaumrahmung ist mit 1606 bezeichnet. An der Südostecke ist dem Bering die zweijochige Kapelle zu Ehren des Apostels Paulus mit Chorpolygon und Kreuzgratwölbung angebaut. Sie wurde bereits 1346 von den Aufensteinern gestiftet, von den Grafen Thurn jedoch nach 1601 weitgehend neu errichtet. Reste figuraler Gewölbemalerei des 17. Jahrhunderts finden sich im Westteil. Neben den beiden Barockaltären sind besonders ein großes Bronzeepitaph des Wolf von Thurn von 1595 (von den Franzosen aus Laibach verschleppt und später aus Privatbesitz zurückgekauft!) und ein kleines Messingepitaph von 1618 zu nennen.

Im unregelmäßigen Hof verdient der Osttrakt mit Erdgeschossarkaden und darüberliegenden gekuppelten Renaissancefenstern Erwähnung. Schon im Stiegenhaus begegnen uns Fresken mit Jagdtierdarstellungen des frühen 17. Jahrhunderts. Die herrschaftlichen Repräsentationsräume in den Obergeschossen besitzen Rankenwerk- und Bandlwerkstuck aus dem ersten Viertel des 18. Jahrhunderts. Sie sind vorzüglich möbliert

Schloss Neuhaus aus der Vogelperspektive.

(17. – 19. Jahrhundert) und teilweise mit Gobelins aus dem Beginn des 17. Jahrhunderts sowie mit gemalten Tapeten um 1780 versehen. Im zweiten Obergeschoss des Nordflügels ist der Bibliothekstrakt mit einer Kassettendecke und intarsierten Türen des frühen 17. Jahrhunderts (aus Schloss Landskron) untergebracht.

Schloss Neuhaus bei Lavamünd (Je)

Schloss Neuhaus
Neuhaus 1
9155 Neuhaus

Information:
HL Museumsver-
waltung GmbH
Bösendorfer Straße 6
1010 Wien
+43(0)1-5135787-0

Östlich der Dobrowa, beim Zusammentreffen der Drau mit einem Ausläufer des Kömmel, duckt sich in geschützter Lage Neuhaus. Über dem Dorf und Gemeindehauptort thront stolz in beherrschender Lage das namengebende Schloss, das im 13. Jahrhundert von Ministerialen der Grafen von Heunburg erbaut und zur Unterscheidung von der Bleiburg ab 1278 als „neues Haus" bezeichnet wurde. Es stand lange im Besitzverband mit der Bleiburg und wurde öfters als Pfand ausgegeben. Nach der Zerstörung durch die Ungarn 1481 erfolgte die Wiederinstandsetzung durch die Herren von Ungnad; später war Neuhaus im Besitz der Herberstein, Kollnitzer und anderen, wobei es zu Burgfriedstreitigkeiten mit Bleiburg kam. Gegen 1600 gelangte es in den Besitz der Paradeiser, die sich hinfort „Herren zu Gradisch und Neuhaus" nannten. 1629 erfolgte der Ankauf durch Andrä Prüggler, Bestandinhaber der Herrschaft Unterdrauburg. Nach oftmaligem Besitzerwechsel (darunter u. a. die Freiherren von Deutenhofen und das Stift Admont) erwarb der erfolgreiche Unternehmer und Manager Herbert

Liaunig das Schloss 1988 und ließ es bis 1992 von Günther Domenig aufwendig renovieren.

Das in seinem heutigen Zustand vor allem Umbauten des 16. und 17. Jahrhunderts widerspiegelnde Schloss kann vom Dorf aus von zwei Seiten erwandert werden. Die breite talseitige Schaufront mit unregelmäßigen Fensterachsen – ein Hinweis auf die Einbeziehung älterer Mauern –, hinter denen sich ein annähernd quadratischer Hof mit frühbarocken Säulenarkaden verbirgt, wird von zwei dachgleichen Eckrisaliten eingefasst. An den nördlichen ist die barocke Josefskapelle angefügt, die Wandmalereien des Rokoko birgt, darunter eine Ansicht des Schlosses und einen illusionistisch gemalten Hochaltar. Das Altarblatt mit der Immaculata wird Johann Andreas Strauß zugeschrieben (um 1755). Ein mit „1720" bezeichnetes Eisengittertor führt auf einen Vorplatz mit einer Plastik von Bruno Gironcoli. Im vorbildlich und architektonisch anspruchsvoll renovierten Inneren hat der Besitzer eine bedeutende Kunstsammlung zusammengetragen, die im Sommer 2008 in das neu erbaute „museum liaunig neuhaus" etwas außerhalb des Ortes übersiedeln wird. Südöstlich am Fuße des Schlossberges verdient noch der frühneuzeitliche hoflose Rechteckbau der Schlossmeierei im Besitz der Gemeinde Neuhaus Beachtung.

Das Lavanttal

Das sonnenreiche und fruchtbare Lavanttal – im Kärntner Heimatlied als „Pomonens Tempel" bezeichnet – zeichnet sich insbesondere um Wolfsberg durch eine besonders große Zahl an Schlössern, Wehrbauten und Edelsitzen aus. Die nicht immer friedlich ausgetragenen Rivalitäten zwischen dem Erzbistum Salzburg, dem Hochstift Bamberg, dem Bistum und Domkapitel Lavant in St. Andrä sowie dem Landesfürsten und seinen Gefolgsleuten begünstigten die Entstehung eines dichten Netzes ritterlicher Ansitze. Die Burg Rabenstein entspricht dabei einem salzburgischen Bautyp (mit einem „Festen Haus" anstelle eines Bergfrieds), während Thürn als Vorwerk von Reisberg vermutlich zunächst nur einen Turm mit Bering umfasste und erst später einen eigenen Palasbau erhielt. Die Stadtburg von St. Leonhard (Gomarn) blieb bis zu ihrer Aufgabe in den Grenzen des mittelalterlichen Berings. Die meisten Burgen und ritterlichen Ansitze wurde jedoch im 15. und vor allem 16. Jahrhundert sowohl aus wehrtechnischen, Wohn- oder repräsentativen Zwecken in Stilformen der Renaissance umgestaltet bzw. erweitert (Thürn, Bayerhofen, Wolfsberg). Erker, (Rund-)Türme und Arkadengänge erfreuten sich nun besonderer Wertschätzung. So verkörpert Wiesenau in idealer Weise einen hoflosen Edelsitz des 16. Jahrhunderts. Sein Erbauer, Siegmund von Pain, ist – ebenso wie Mathias Freidl als Bauherr von Bayerhofen in Wolfsberg – beispielhaft für die Bedeutung der Gewerken (Montanunternehmer) als Auftraggeber heimischer Herrschaftsarchitektur. Während das Barock im Schlossbau des Lavanttales keine Rolle spielte, folgten Hugo und Laura Henckel von Donnersmarck um die Mitte des 19. Jahrhunderts einer Mode des europäischen Hochadels und schufen mit dem Umbau von Schloss Wolfsberg ein überregional bedeutendes Meisterwerk des romantischen Historismus.

Die Burgruine Rabenstein.

Die Burgruine Rabenstein (J6)

**Burgruine
Rabenstein**
Unterhaus
9470 St. Paul
+43(0)4357-2017
www.sanktpaul.at
www.rabensteiner.at

Südlich von St. Paul im Lavanttal erhebt sich in fast 700 Meter Seehöhe eine an drei Seiten sehr steile und schroffe Felsklippe mit den stark zerstörten Ruinen einer einst großen und eindrucksvollen Burganlage. Archäologische Untersuchungen anlässlich einer Sicherung der Mauern erbrachten ab 1997 – gleichsam als „Nebenprodukte" – zahlreiche Siedlungs- und Kleinfunde aus der Jungsteinzeit, darunter eine Axt, Keramik etc. Auch wurde hier im 4. oder 5. Jahrhundert eine befestigte spätantike Höhensiedlung angelegt. Aus der Frühzeit der Burg wurden Keramikreste und aus dem 16./17. Jahrhundert der Sockel eines Kachelofens sowie grün glasierte Ofenkacheln gefunden. Die mittelalterliche Burganlage ist bald nach der Gründung des Benediktinerklosters St. Paul (1091) von der Stifterfamilie, den Grafen von Spanheim, zum Schutze des Stifts erbaut worden und erscheint erstmals um 1096/1105 als „Ramenstein". Das erste Besitzergeschlecht, Ministerialen der Spanheimer, starb um 1200 aus und wurde von den Grafen von Pfannberg im Erbwege abgelöst. 1307 nahmen kaiserliche und mit ihnen verbündete salzburgische Truppen die Burg ein und zerstörten sie. Weitere Besitzer waren die Vanstorfer (Fohnsdorfer), der Salzburger Erzbischof und ab 1459/61 Kaiser Friedrich III., welcher Rabenstein 1514 an die Dietrichsteiner verlieh, die sie über ein Jahrhundert behaupten konnten.

Schon bald nach der Erbauung hatte sich Rabenstein von einem Schutz zur dauernden Bedrohung des Klosters St. Paul gewandelt. Erst 1629 vermochte der Abt Burg und Herrschaft zu erwerben und damit das Problem zu lösen. Doch schon 1636 brannte Rabenstein fast vollständig ab und wurde aufgegeben. Über den Religionsfonds kam Rabenstein nach der Aufhebung des Klosters in bäuerlichen Privatbesitz.

Am höchsten Punkt des Burgfelsens erhebt sich als zugleich ältester Teil das „Feste Haus", welches mit einer Seitenlänge von rund zwölf Meter im Quadrat zugleich Wohn- und Wehrbau war. Westlich davon blieben etwas tiefer liegend die Reste eines lang gestreckten Wohngebäudes aus dem 15. Jahrhundert erhalten, im Norden der ältere Kapellenraum. An der Ost- und Südseite erstrecken sich wiederum Zwingermauern mit einem halbrunden Turm. Rabenstein ist ein gutes Beispiel für die Verwendung von Gussmauerwerk: Zwischen die äußeren und inneren Steinlagen wird eine Mischung von Sand, Steinen und ungelöschtem Kalk gegossen, die später zu einer sehr harten Masse erstarrt. Nach dem Brand von 1636 wurde die Burg als Steinbruch verwendet, was dazu führte, dass ein Wappenstein der Vanstorfer aus dem 14. Jahrhundert an der Rückseite des ehemaligen Stiftsmeierhofes eingemauert wurde und dort erhalten geblieben ist.

Schloss Wolfsberg (J3)

Die heutige Bezirkshauptstadt Wolfsberg wird von einer großartigen, besonders vom Süden her gut einsehbaren, reich mit Zinnen und Türmchen versehenen Burganlage überragt. Diese erstmals 1178 genannte Burg des Bischofs von Bamberg bot die Voraussetzung zur Entwicklung der gleichnamigen Handwerker- und Händlersiedlung an ihrem Fuße, die noch im 13. Jahrhundert zur Stadt in vollem Rechtssinne aufstieg. Die Burg

Schloss Wolfsberg
Schloss Wolfsberg 1
9400 Wolfsberg
+43(0)4352-2365-22
www.schloss-
wolfsberg.at

Der Reitschulbau von Schloss Wolfsberg.

kam im Laufe des 13. Jahrhunderts in den Besitz eines Ministerialengeschlechts, das sich nach ihr nannte und erst 1288 von Ortolf von Wolfsberg wieder an Bischof Arnold verpfändet und nicht mehr zurückgelöst wurde. Seit dem zweiten Viertel des 14. Jahrhunderts diente sie – bis zum Verkauf der bambergischen Herrschaften an den österreichischen Staat im Jahre 1759 – als Residenz des hochstiftischen Vizedoms, welcher den Bischof in allen herrschaftlichen Angelegenheiten vertrat. Sie wurde vor allem im 16. Jahrhundert von italienischen Bauleuten festungsartig ausgebaut und um Wohntrakte, Toranlagen und Türme erweitert; noch Mitte des 19. Jahrhunderts befand sie sich in gutem Bauzustand.

Der bedeutende schlesische Industriepionier Hugo Graf Henckel von Donnersmarck (1811 – 1890) erwarb die Herrschaft Wolfsberg 1846 vor allem wegen ihres Reichtums an Holz und Wasserkräften, die er zum Betrieb seiner Eisenwerke benötigte. Er und seine Gemahlin Laura geb. Gräfin Hardenberg ließen die Burg durch die beiden Wiener Architekten Romano und Schwendenwein von 1847 bis 1853 zu einem der bedeutendsten Beispiele der Windsor- oder Tudorgotik in Österreich umbauen. Dabei wurden die alten Baulinien im Wesentlichen beibehalten, die Innenräume aber den neuesten Standards angepasst und mit einer überaus kostbaren Einrichtung ausgestattet.

Der Festsaal von Schloss Wolfsberg.

Heute kann das Schloss über eine Fahrstraße vom Norden her erreicht werden. Linker Hand vor dem Vorplatz erhebt sich der 1855 errichtete, großzügig bemessene Reitschulbau in Formen der Neoromanik, für den Teile des Hanges abgetragen werden mussten. Stadtseitig wurde auf einer etwas tiefer liegenden Terrassenstufe eine Orangerie errichtet, und die Parkanlage ist eine der besterhaltenen Schöpfungen des Historismus in Kärnten! Der ursprünglich vor dem Schlosstor befindliche Halsgraben der alten Burg wurde mit Hubmaterial sowie sonstigem Bauschutt gefüllt. Der wuchtige Turm links an der strengen Nordfront des Schlosses gehört zum Altbestand (bezeichnet 1561), der schlanke rechte wurde als Aussichtsturm neu errichtet. Alle sind bezinnt und besitzen teilweise kleine Erkertürmchen, sogenannte „Pfefferbüchsen". Das Tor mit Fallgitter führt durch eine monumentale Einfahrt in den Hof, der erst beim Neubau seine ebene Form erhielt und seitdem von einem eleganten Verbindungsgang überspannt wird. Der heutigen Einfahrt fast gegenüber befand sich im Süden die alte Einfahrt von der Altstadt her, in welche eine neugotische Kunigundenkapelle eingebaut wurde. An den Wänden im Hofe sind Bauinschriften mit Wappen vornehmlich aus dem 16. Jahrhundert angebracht.

Von der Einfahrt führt links eine breite und hohe Stiege in das erste Obergeschoss mit der Beletage der Gräfin, in deren Planung sie immer wieder eingegriffen hat: Zuerst betritt man den Wintergarten mit auffallender Bambusverkleidung, dann einen Speisesaal in Stuckmarmor mit herabhängenden Rippen im englischen Tudorstil. Daran schließt der hohe Festsaal an, von dessen Tribüne eine gekrümmte Treppe in den zweiten Stock des alten Ostturmes mit seinem Jagdsaal bzw. Billardzimmer führt. Unter den weiteren Repräsentativräumen sind ein Salon, das Boudoir der Gräfin mit brauner Holzvertäfelung samt darin eingefügter Porträtmedaillons sowie vor allem der Stucksaal im südwestlichen, stadtseitig gelegenen Rundturm zu nennen. Leider wurden diese für Kärntner Verhältnisse unverhältnismäßig aufwändig ausgestatteten Räume besonders durch die englischen Besatzer ab 1945 schwer in Mitleidenschaft gezogen. Seit ihrer Restaurierung 1996 werden die Räume von der Kärntner Montanindustrie-Gesellschaft für öffentliche und private Nutzungen vermietet (Ausstellungen, Verkaufsmessen, Präsentationen etc.) und beherbergen auch ein gediegenes Restaurant.

Auf einem bewaldeten Hügel im Süden des Schlosses ließ Hugo Henckel von Donnersmarck für seine jung verstorbene Frau Laura von Friedrich August Stüler aus Berlin in den Jahren 1858 bis 1862 ein **Mausoleum** in einem Stilgemisch aus lombardischer Romanik und italienischer Renaissance erbauen. Den künstlerischen Höhepunkt bildet die lebensgroße marmorne Liegefigur der Gräfin, die 1862 von August Kiss nach dem Vorbild des Grabes der preußischen Königin Luise im Schlosspark von Charlottenburg bei Berlin gestaltet wurde.

Der Arkadenhof von Schloss Bayerhofen in Wolfsberg.

Schloss Bayerhofen
Bayerhofenstr. 4 & 6
9400 Wolfsberg

Information:
Ingeborg Gattereder
August-
Jaksch-Straße 12
9020 Klagenfurt
+43(0)463-516968

Schloss Bayerhofen (Jf)

Am rechten Lavantufer erhebt sich etwas südlich des ehemals ummauerten unteren Altstadtbereiches von Wolfsberg das mächtige Schloss Bayerhofen. Am unregelmäßigen Vierflügelbau fällt zunächst an der Westfassade der auffallende dreigeschossige Wohnstock mit den drei straßenseitigen Giebeln und parallelen Krüppelwalmdächern auf; in ihm steckt wohl der älteste, vielleicht noch gotische Bauteil. Dann sticht der übereck gestellte turmartige Risalit in der Südwestecke hervor, dem ein ebensolcher Erker in der Südostecke (bezeichnet 1582) gegenübersteht. Das ostseitige Rundbogenportal aus dem Jahre 1566 mit einem steinernen Kopfrelief führt in einen bemerkenswerten zweigeschossigen Säulenarkadenhof. In seinen Bogenzwickeln befinden sich Rundmedaillons des Bauherrn Mathias Freidl sowie des Kaisers Maximilian II. und vermutlich seines Bruders Karl II. von Innerösterreich. Weiters sind hier steinerne Löwenköpfe sowie im Erdgeschoss des Westtraktes zwei Wappensteine (Freidl und Amon) aus dem Jahre 1566 angebracht. Zu beachten ist auch der blecherne Drachenkopf als Wasserspeier der Dachrinne beim Stiegenaufgang. Nördlich schließt als eigener frei stehender Trakt ein Wirtschaftshof an.

Bereits 1239 scheint der bambergische Ministeriale Chunrad der Payer zu Wolfsberg als erster urkundlich nachweisbarer Angehöriger der für die Stadt wichtigen Ritterfamilie auf. Hans Payer ließ möglicherweise im Zusammenhang mit der Neuanlage der Unteren Stadt am rechten Lavantufer um 1377 einen neuen Edelsitz errichten. Im Besitz der Erbauerfamilie blieb dieser Bayerhof bis 1539, dann ging er im Erbweg (und nach Abfindung seiner Miterben) an Claus Amon über, den bambergischen Landrichter zu Hartneidstein. Durch die Eheschließung seiner Tochter Barbara fiel der Ansitz an den Montangewerken Mathias Freidl (Freydl), der ihn ab 1566 zum Schloss ausbauen ließ. Nach seinem Tod im Jahre 1578 vermählte sich seine Witwe mit dem Arzt Dr. Christoph Siebenburger, der das Schloss in den achtziger Jahren fertigstellte und durch Anstellung eines Prädikanten zum Zentrum des lokalen Protestantismus machte. Eine von ihm erbaute Kapelle wurde jedoch im Zuge der Gegenreformation um 1600 mitsamt dem lutherischen Friedhof zerstört. Von 1650 bis 1803 war Bayerhofen im Besitz der Freiherren von Waidmannsdorf, unter denen das Schloss, vor allem seit einem Brand 1777, zuletzt jedoch verwahrloste. Unter den Schnerich gelangte Bayerhofen im 19. Jahrhundert wieder zur Blüte und präsentiert sich heute als hervorragend sanierter Schlossbau mit Mietwohnungen.

Vor dem Schloss steht heute in einer Parkanlage eine Kopie des um 1583 von den Wolfsberger Bürgern gesetzten „Bischofssteines" mit Wappen und Köpfen zweier Bamberger Bischöfe sowie ihres Vizedoms als beredtes Beispiel vergebens erhoffter religiöser Toleranz. Das Original befindet sich auf Schloss Reideben.

Schloss Wiesenau.

Schloss Wiesenau
Wiesenau 1
9462 Bad St. Leonhard

Schloss Wiesenau bei Bad St. Leonhard (Jg)

Südlich der alten bambergischen Stadt St. Leonhard versteckt sich im Talgrund – westlich der Lavanttaler Straße nahe der Abzweigung auf das Klippitztörl – halb hinter Bäumen und einem Sägewerk Wiesenau, ein in seiner Außenwirkung gut erhaltenes und typisches Beispiel eines Edelsitzes der Renaissance. Der hoflose dreigeschossige Rechteckbau über leicht querrechteckigem Grundriss besitzt ein hohes, von einem Glockentürmchen geziertes Walmdach und je zwei Türme und Erker an den Ecken, von denen insgesamt drei übereck gestellt sind. Das deutlich aus der Mittelachse gerückte Rundbogenportal führt in die typische kreuzgratgewölbte „Labn", die ursprünglich durch die ganze Gebäudetiefe reichte und deren Wände mit einigen in der Nähe gefundenen römischen Reliefsteinen geschmückt sind. Die herrschaftlichen Gemächer im ersten Obergeschoss, der Beletage, sind durch drei gekuppelte Rundfensterpaare in der Mitte der Südfassade hervorgehoben, von denen jedoch zumindest eines erst um 1900 nachgemacht wurde; rechts daneben springt ein flacher Erker aus der Fassadenflucht vor.

Nach einer am Südwesterker eingemauerten Kachel wurde der Edelsitz 1579 von Siegmund Pain, Herr auf Lichtengraben (gest. 1595), neu errichtet. Mit seinem Sohn starb das Geschlecht 1652 verarmt aus. Nach mehrfachem Besitzerwechsel besaßen die Freiherren von Siegersdorf von 1648 bis 1778 den Edelsitz. 1814 ersteigerte Johann Soellner, Direktor der Wolfsberger Bleiweißfabrik, den Edelsitz. Er und seine Ehefrau Elisabeth, eine geborene Fortschnigg, versammelten einen Kreis wissenschaftlich hochstehender Persönlichkeiten um sich, darunter den landwirtschaftlichen Reformer und Schwiegersohn Dr. Johann Burger, Franz Paul Freiherr von Herbert und den Wiener Astronomen Tobias von Bürg. Dieser „Wiesenauer Kreis" stand mit Kant, Schiller und anderen bedeutenden Literaten und Wissenschaftern ihrer Zeit in Verbindung. Dem Ehepaar Soellner war aber auch die Verbesserung des Lavanttaler Obstbaues ein wichtiges Anliegen. Seine Tochter Adalberta erbte Wiesenau 1838, sie starb aber bereits vier Jahre später, woraufhin ihr Mann den Edelsitz 1847 an die Grafen Henckel von Donnersmarck verkaufte. Ab 1933 war das Schlösschen Eigentum der Holzeinkaufstelle Schweizerischer Papieraktionäre in Luzern (HESPA), die hier Dienstwohnungen einrichtete. Das vor wenigen Jahrzehnten mustergültig sanierte Gebäude befindet sich seit einigen Jahren im Besitz der RZ-Holzindustrie und wird für Wohnzwecke genutzt.

Wer noch ein Stück weiter das Lavanttal hinauf nach Bad St. Leonhard reisen möchte, dem sei ein Besuch der sehenswerten **Burgruine Gomarn** empfohlen. Auf einem vorgeschobenen Felskopf über dem Flussbett der Lavant gelegen und mittlerweile im Besitz der Stadtgemeinde, wurde sie in den letzten Jahrzehnten von Bewuchs befreit; man hat ihre Mauern konserviert und Teile der Anlage für eine öffentliche Nutzung (Veranstaltungen, Burgfeste) adaptiert. Der bereits 931 urkundlich bezeugte Name „Gamanaron" war ursprünglich eine Gebietsbezeichnung für das gesamte obere Lavanttal, die sogar einen Teil des Obdacher Landes über die steirische Landesgrenze hinaus mit einbezog. Gemeinsam mit dem im Kern ebenfalls ins 13. Jahrhundert zurückreichenden, in seiner heutigen Form aber im 16. Jahrhundert weitgehend erneuerten Schloss **Ehrenfels** im Norden sicherte die Burg die westliche und nördliche Seite der Stadtbefestigung. Besonders erwähnenswert ist der Bergfried aus der Zeit um 1300, der einen Hocheinstieg im zweiten Geschoss besitzt, vor allem aber einen hierzulande seltenen Talus, einen schrägen Mauerfuß zum Schutz der Fundamente im Falle eines Angriffes. Die gesamte Nordseite der dreieckigen Anlage wird von einem mächtigen, einst viergeschossigen Saalraum von acht mal 33 Meter (!) Grundfläche eingenommen, der im Spätmittelalter als Palas diente.

Schloss Thürn (Jh)

Schloss Thürn
Thürn
9431 St. Marein

Auf einem Ausläufer der Saualpe halbwegs zwischen St. Andrä und Wolfsberg erhebt sich beherrschend über dem Tal – und seit gut zwei Jahrzehnten wieder wie in früheren Jahrhunderten von Weinbergterrassen umgeben – das Schloss Thürn. Die vermutlich aus einem Vorwerk (Turm) der Burg Reisberg entstandene mittelalterliche Burganlage – aus dem Turm leitet sich ihr Name ab – wurde vor allem in den achtziger Jahren des 16. Jahrhunderts zu einem Renaissanceschloss umgebaut und hat dabei ihre charakteristische heutige Silhouette erhalten. Die talseitige Ostfront wird vom ehemaligen viergeschossigen Bergfried mit dem kleinen aufgesetzten Glockentürmchen und seinem barocken Zwiebeldach beherrscht; nördlich ist eine Terrasse angefügt. Im Süden schließt an den Bergfried, von zwei Strebepfeilern gestützt, der ehemalige zweigeschossige Palas mit seinem ostseitigem Flacherker auf figuralen Kragsteinen und mit dem Wappen derer von Reisberg an. Westlich folgt ein weiteres, etwas vorspringendes Gebäude. An der Westseite befindet sich neben einem turmartigen Rundbau das ehemalige Zugbrückentor; die an der

Schloss Thürn mit Weingärten, Ölgemälde, Steininger 1922.

talseitigen Ecke mit dem runden Kapellenturm abschließende Nordfassade ist sehr einfach gestaltet. Der im Kern spätmittelalterliche Hof (ein Kragstein ist mit 1508 bezeichnet) wurde an der Verbindung zwischen Palas und Turm mit Arkaden versehen; der Stiegenaufgang mit dem Doppelwappen Eibiswald-Rain stammt aus dem Jahre 1578. In einem Saal im Obergeschoss ist noch eine Holzdecke von 1487 erhalten geblieben; eine mächtige, reich intarsierte Holzkassettentüre von 1589, die einst in die Schlosskapelle im nordöstlichen Rundturm führte, ist heute in der Schausammlung des Stiftes St. Paul im Lavanttal zu bewundern. Die ursprüngliche Kapelle befand sich allerdings in einem Raum über der ehemaligen Toreinfahrt an der Ostseite, die – weil für neuzeitliche Fahrzeuge zu eng – später entfernt wurde. In ihrer teilweise erhaltenen Apsis finden sich noch Reste gotischer Wandmalereien aus dem letzten Viertel des 15. Jahrhunderts (Heilige und Rankenwerk).

Es waren wohl Salzburger Ministerialen, welche Thürn im 13. Jahrhundert als Vorwerk der etwa zwei Kilometer westlich erhöht liegenden Burg Reisberg errichteten. 1243 wird ein Wulfing von dem Thurn genannt. Die Burg ging 1372 an die Lonsperger (Landsberger) und 1520 an das Geschlecht der Reisberger über. Für das Aussehen prägend wurden die weststeirischen Herren von Eibiswald, welche Thürn von 1545 bis 1667 besaßen und in dieser Zeit zu einem Renaissanceschloss umbauten. Erzbischof Max Gandolf von Khuenburg erwarb es 1675 und überließ es wenig später dem nur ärmlich ausgestatteten Domstift von St. Andrä. 1859 bis 1922 im Besitz der Jesuiten von St. Andrä, kam es danach in Privatbesitz und zeigt sich gegenwärtig in gutem Bauzustand.

Ausgewählte Literatur

Angeführt werden hier hauptsächlich auf Kärnten bezogene allgemeine Werke über Burgen, Schlösser und Villen oder solche über bestimmte Epochen bzw. Schwerpunkte der lokalen Kunstgeschichte, soweit für das Thema von Bedeutung (Renaissance, Manierismus, Barock). Wer Literatur zu einzelnen Objekten sucht, wird meist in der jeweiligen Gemeindechronik fündig, manchmal auch in Ausstellungskatalogen (z. B. über die Straßburg oder die Bischöfliche Residenz in Klagenfurt). Als wahre Fundgrube zum vorgegebenen Thema erweisen sich die Zeitschriften *Carinthia I* des Geschichtsvereins für Kärnten) bzw. *Die Kärntner Landsmannschaft*. Wichtige Informationen über die lokalen Burgen und Schlösser finden sich auf der Homepage des EU-Projektes „Burgen, Schlösser & Baukultur": *www.burgenundschloesser.at*. Empfehlenswert ist auch ein Blick auf Martin Aigners Burgenseite *www.burgenseite.com*.

Die nachfolgenden Titel sind in chronologischer Ordnung angeführt:

Johann Weichard von Valvasor, Topographia archiducatus Carinthiae, Nürnberg 1688 (Nachdruck Klagenfurt 1975).

Bilder aus Kärnten. Nach der Natur gezeichnet von Markus Pernhart und mit beschreibendem Text begleitet von Vaterlandsfreunden, Klagenfurt 1863–1868.

Renate Wagner-Rieger, Das Schloss zu Spittal an der Drau in Kärnten. Mit einem Beitrag von Ingeborg Mitsch (Studien zur österreichischen Kunstgeschichte Bd. 3), Wien 1962.

Hugo Henckel, Burgen und Schlösser in Kärnten, 2 Bände, Klagenfurt/Wien 1964.

Franz X. Kohla, Kärntens Burgen, Schlösser, Ansitze und wehrhafte Stätten. Mit Ergänzungen, Exkursen und Nachträgen von Gotbert Moro (Kärntner Burgenkunde 1. Teil. Aus Forschung und Kunst Bd. 17), 2. vermehrte Auflage Klagenfurt 1973.

Gustav Adolf von Metnitz, Quellen- und Literaturhinweise zur geschichtlichen und rechtlichen Stellung der Burgen, Schlösser und Ansitze in Kärnten sowie ihrer Besitzer (Kärntner Burgenkunde 2. Teil. Aus Forschung und Kunst Bd. 17), Klagenfurt 1973.

Richard Milesi, Manierismus in Kärnten. Zur Kunst des späten 16. Jahrhunderts (Buchreihe des Landesmuseums für Kärnten 33), Klagenfurt 1973.

Markus Pernhart. Burgen und Schlösser in Kärnten. 194 Bleistiftzeichnungen aus der Zeit um 1860. Mit einem Beitrag von Anton Kreuzer, Klagenfurt 1976.

Hermann Wiessner/Gerhard Seebach, Burgen und Schlösser um Wolfsberg, Friesach, St. Veit (Kärnten I), 2. erw. Auflage Wien 1977.

Hermann Wiessner/Gerhard Seebach, Klagenfurt – Feldkirchen – Völkermarkt (Kärnten II), 2. erw. Auflage Wien 1980.

Hermann Wiessner/Margareta Vyoral-Tschapka, Hermagor – Spittal/Drau – Villach (Kärnten III), 2. erw. Auflage Wien 1986.

Karl Dinklage, Kärnten um 1620. Die Bilder der Khevenhüller-Chronik, Wien 1980.

Barbara Kienzl/Wilhelm Deuer, Renaissance in Kärnten. Mit einem Beitrag von Eckart Vancsa, Klagenfurt 1996.

Ulrich Harb, Architekt Franz Baumgartner 1876–1946, 2. erw. Auflage, Klagenfurt 1997.

Barbara Neubauer-Kienzl/Wilhelm Deuer/Eduard Mahlknecht, Barock in Kärnten, Klagenfurt 2000.

Michael Leischner/Alois Brandstetter, Burgen und Schlösser in Kärnten (Bildband mit ergänzender Broschüre: Wissenswertes über Burgen und Schlösser in Kärnten), beide Klagenfurt 2000.

Dehio-Handbuch. Die Kunstdenkmäler Kärntens, 3. erweiterte und verbesserte Auflage bearbeitet von Gabriele Russwurm-Biró, Wien 2001.

Wilhelm Deuer, Jauntaler Kulturwanderungen. Ein kunstgeschichtlicher Begleiter durch den Bezirk Völkermarkt, Klagenfurt 2001.

Dieter Buck, Im Reich der Ritter. Ausflüge zu den schönsten Burgen und Ruinen in Kärnten, Wien/Graz/Klagenfurt 2007.

Wilhelm Deuer, Burgen und Schlösser in Kärnten. Ein kunsthistorisch-typologischer Überblick, in: Villas – Kärntens Burgen und Schlösser (lebensräume.kärnten.extra), Amt der Kärntner Landesregierung, Abteilung 20 – Landesplanung, Klagenfurt 2007, 12-15.

Wilhelm Deuer/Johannes Grabmayer, Transromanica. Auf den Spuren der Romanik in Kärnten, Klagenfurt 2008.

Monographien bzw. Spezialuntersuchungen des Verfassers:

Schloss und Herrschaft Karlsberg 300 Jahre im Besitz der Familie Goëss, in: Carinthia I Jahrgang 177/1987, 273-312 (auch als Separatum erschienen).

Das Landhaus zu Klagenfurt, Klagenfurt 1994.

Zur Baukultur der Kärntner Gewerken vom 16. bis ins ausgehende 19. Jahrhundert, in: Grubenhunt und Ofensau. Vom Reichtum der Erde, Landesausstellung Hüttenberg/Kärnten 1995, Bd. 2: Beiträge, Klagenfurt 1995, 513-521.

Das Ferlacher Schloß. Vom Gewerkenwohnstock zum „unteren" Ferlacher Schloß. Beiträge zur Bau- und Besitzgeschichte des Ausstellungsgebäudes, in: alles jagd … eine Kulturgeschichte, Katalogbuch Klagenfurt 1997, 1-11.

Schloss Wasserleonburg und seine Geschichte, Nötsch (Forstverwaltung Wasserleonburg) 1999.

Die Bautätigkeit der Welzer im 16. Jahrhundert unter dem
Aspekt der Kärntner Hauptstadtfrage, in: Kärntner Landesge-
schichte und Archivwissenschaft. Festschrift für Alfred Ogris
zum 60. Geb. (Archiv f. vaterl. Gesch. u. Top. 84), Klagenfurt
2001, 215-235.

Der Gößnitzerhof zu Feistritz im Rosental („Schloss Feistritz")
als Gewerkenhaus des späten 16. Jahrhunderts, in: Die Kärntner Landsmannschaft H. 9/10, Oktober 2002, 32-36.

Baukultur und Tourismus in Kärnten zwischen Weltbürgertum
und Heimatschutz, in: Carinthia I 193/2003, 531-564 (auch
als Separatum erschienen).

Schloss und Gut Ebenthal bei Klagenfurt 300 Jahre im Besitz
der Familie Goëss (1704-2004), Ebenthal 2004.

Die Klosterruine Arnoldstein, Arnoldstein 2006.

Glossar

abgefast
Schräg abgearbeitet, z. B. ein Gewände.

Abtritt
Toilette.

Bastei
Vorspringender Teil einer neuzeitlichen Befestigungsanlage.

Beletage
Französisch: „Schönes Stockwerk". Herrschaftliches Hauptgeschoss, meistens im ersten Stock.

Bergfried
Meist gegen die Angriffseite einer Burg gerichteter Hauptturm
und zugleich letzter Zufluchtsort.

Bering
Ringmauer einer Burg.

Beschlagwerk
Flachplastische Dekorationsform der deutschen Renaissance, die
Metallbeschläge imitiert.

Butzenscheiben
Kleine runde Glasscheiben.

Dechantei
Pfarrhof eines Dekans bzw. Dechanten.

Dienste
Lange, dünne Säulchen, die die Gurte oder Rippen eines Gewöl-
bes aufnehmen.

Erblandstabelmeister
Kärntner Hofamt, das den Inhaber berechtigte, bei bestimmten festlichen Verrichtungen beim Auftragen der Speisen voranzugehen.

Exerzitien
Geistliche Übungen.

Fideikommiss
Adelige Familienstiftung, bei welcher zur Verhinderung einer Besitzteilung nur das Fruchtgenussrecht an jeweils einen festge-
legten Erben weitergegeben wird (Primogenitur: Recht des Erstgeborenen; Sekundogenitur: Recht des Zweitgeborenen usw.).

Französische Raumfolge
Parallel geführte bzw. ineinander übergreifende Raumfolge anstelle einer einfachen Reihe von Räumen, die nacheinander oder jeweils von einem (Arkaden-)Gang aus erreichbar sind.

Freihaus
Rechtlich privilegiertes (u. a. steuerfreies) Stadthaus eines Adeligen oder einer geistlichen Institution.

Gaden
Gebäude, eigenständiger Bauteil.

Generaleinnehmer
In Kärnten vom 15. bis ins 19. Jahrhundert der Finanzreferent der ständischen Regierung.

Gewände
Auch Laibung: Bauplastisch hervorgehobene, meist abgeschrägte Binnenfläche eines Fensters oder eines Tores.

Halsgraben
Graben vor der Ringmauer einer Burg.

Karner
Beinhaus (von lat. Carnarium)

Kartusche
Zierrahmen für Wappen oder Inschriften.

Kasten
Speicherbau u. a. für grundherrliche Abgaben.

Kastner
Verwalter des herrschaftlichen Kastens bzw. der Abgaben.

Kavaliershaus
Höflingshaus bei einem Schloss.

Kemenate
Zunächst beheizbarer (mit einem Kamin versehener) Raum, später Damengemach.

Kommende
Kleinste Verwaltungseinheit eines Ritterordens.

Komtur
Leiter einer Ordenskommende.

Kordongesims
Gurtgesims.

Landesverweser
In Kärnten Stellvertreter des Landeshauptmannes.

Madonna lactans
Darstellung der Gottesmutter Maria, das Jesuskind stillend.

Mansardwalmdach
Allseitig geschlossenes (d. h. giebelloses) und geknicktes Dach, dessen unterer Teil steiler ist als der obere (nach den französischen Baumeistern Mansart).

Mantelkamin
Kamin mit mantelförmigem Rauchabzug.

Mezzanin
Halb- oder Zwischengeschoss.

Ministeriale
Ritterlicher Dienstmann.

Nobelantichambre
Warteraum für hohe Gäste.

Ochsenaugen
Querliegende ovale Dachbodenfenster.

Ökonomie
Meierei.

Orangerie
Palmenhaus.

Palas
Wohntrakt einer Burg.

Patrimonialgerichtsbarkeit
Von der Grundherrschaft ausgeübte Rechtspflege.

Pechnase
Kleiner, erkerartiger Ausguss für Flüssigkeiten in einer Wehranlage, meist über dem Tor.

Pfalz
Kaiserliche Wohn-, Hof- und Gerichtsstätte.

Pfleger
Verwalter.

Pilaster
In der Art einer Säule gestaltete Wandvorlage.

Prädikant
Evangelischer Geistlicher und Prediger.

Propst/Probstei
Vorstand einer Propstei, der Vereinigung von Regular- oder Säkularkanonikern, wie den Augustiner-Chorherren, Prämonstratensern oder eines Kollegiatkapitels.

Refektorium
Speisesaal.

Rezess
Vertrag.

Rustika
Grob bearbeitetes Mauerwerk aus Bruch- oder Buckelsteinen, besonders geschätzt zur Zeit der Renaissance und des Manierismus.

Schlüsselscharten
Schießscharten in Form eines Schlüssellochs.

Schüttkasten
S. Kasten.

Sgraffito
Kratzputz: Putz aus mehreren getönten Schichten, wobei die gewünschten Farbkombinationen durch Abkratzen der darüberliegenden Schichten erreicht werden.

Söller
Balkon.

Spolie
Wiederverwendeter Bauteil eines abgebrochenen Gebäudes.

Sterngratgewölbe
Sternförmiges Gewölbe mit (meist aufgeputzten) Graten.

Sturz
Der gerade obere Abschluss einer Tür- oder Fensteröffnung.

Substruktionen
Futtermauern.

Suffragan
Einem Erzbischof unterstellter Bischof.

Supraporten
Gerahmte und ausgeschmückte Flächen über einem Türsturz.

Truchsess
Hofmeister bzw. Vorsteher der Gefolgschaft und Aufseher über die Hoftafel.

Veduten
Naturgetreue Darstellung einer Landschaft.

Verordnete
Mitglieder des Kärntner Verordnetenkollegiums, der ständischen Kärntner Landesregierung.

Verweser
Verwalter.

Vestibül
Eingangshalle.

Viadukt
Bogenbrücke.

Villa suburbana
Stadtnaher Landsitz.

Vizedom
Stellvertreter und Güterverwalter eines weltlichen oder geistlichen Fürsten.

Vogt
Weltlicher Schutzherr einer geistlichen Institution.

Vorwerk
Einer Burg, einem Schloss oder einer sonstigen Verteidigungsanlage vorgelagerte Befestigung.

Zeughaus
Waffenlager.

Zwinger
Bereich zwischen Vor- und Hauptmauer einer Burg bzw. der leichter bestreichbare Bereich zwischen zwei parallel geführten Mauern.

Ortsregister

Bildnachweise

Die doppelseitigen Abbildungen zeigen Motive folgender Burgen, Schlösser oder Villen: S. 26/27: Schloss Rosegg, S. 38/39: Schloss Tanzenberg, S. 64/65: Schloss Hunnenbrunn, S. 80/81: Rotturm Friesach, S. 96/97: Schloss Damtschach, S. 118/119: Parkvilla Wörth, S. 130/131: Schloss Hallegg, S. 166/167: Burgruine Ortenburg, S. 196/197: Schloss Lerchenhof, S. 216/217: Amthof Feldkirchen, S. 230/231: Burgruine Griffen.

Amt der Kärntner Landesregierung, Abt. 20 – Landesplanung: S. 190, 191, 212, 224, 248, 254.
Archiv Kärnten Werbung: S. 17, 58, 193, 204.
Diözese Gurk: S. 137.
Wilhelm Deuer: S. 15, 31, 49, 52, 124, 147, 150, 170, 172, 179, 185, 209, 253, 256, 258.
Gemeinde Großkirchheim: S. 16, 181.
Peter Günzl: S. 125.
Hotel Dermuth (Parkvilla Wörth): S. 118/119, 126.
Hotel Post Villach: S. 200.
Johann Jaritz: S. 10, 13, 14, 26/27, 33, 35, 36, 38/39, 42, 43, 46, 51, 54, 55, 57, 61, 64/65, 68, 69, 71, 72, 76, 93, 96/97, 100, 101, 102, 105, 106, 109, 111, 112, 115, 130/131, 139, 141, 143, 144, 145, 152, 155, 158, 160, 161, 163, 166/167, 175, 196/197, 201, 214, 216/217, 220, 221, 223, 229, 230/231, 235, 237, 239, 242, 243, 246, 247.
Kärntner Landesarchiv: S. 22 (Verlag Otto Bauer), 23, 134, 122 (Verlag Johann Leon sen.), 128 (Privatbesitz), 187 (Verlag Ferdinand v. Kleinmayr), 205 (Amt der Kärntner Landesregierung), 261 (Privatbesitz).
Landesmuseum Kärnten: S. 20.
Familie Liechtenstein: S. 30.
Marktgemeinde Liebenfels: S. 227.
Marktgemeinde St. Paul im Lavanttal: S. 251.
Mediacom ART: S. 177.
Ferdinand Neumüller: S. 59, 90.
Markus Pernhart, mit freundlicher Genehmigung des Geschichtsvereins für Kärnten: S. 11, 20, 21, 70, 104, 206, 240.
Seevilla Elli: S. 127.
Stadtarchiv Friesach: S. 80/81, 84, 87, 88.
Tourismusbüro Obervellach: S. 183.
Johann Weichard von Valvasor, Topographia archiducatus Carinthiae: S. 12, 19, 75.